工程建设项目管理方法与实践丛书

工程项目成本控制

《工程建设项目管理方法与实践丛书》编委会　组织编写
何成旗　马卫周　编著

中国建筑工业出版社

图书在版编目（CIP）数据

工程项目成本控制/何成旗等编著. —北京：中国建筑工业出版社，2013.3
工程建设项目管理方法与实践丛书
ISBN 978-7-112-15131-8

Ⅰ.①工… Ⅱ.①何… Ⅲ.①基本建设项目-成本管理 Ⅳ.①F284

中国版本图书馆 CIP 数据核字（2013）第 031037 号

成本控制是工程项目管理的核心任务之一。对于施工企业而言，工程项目的成本控制不仅在公司，更在项目部甚至施工班组。本书试图分别从公司角度和施工项目部角度，讨论施工企业如何在决策层、管理层和实施层等各层面进行全面的工程项目成本控制。其中，公司层面的成本控制包括成本测算、责任成本确定、成本过程监控、成本考核等环节，重在事前明确目标、事中监控督查、事后考核兑现；项目层面的成本控制包括目标成本确定、成本计划、成本过程控制、二次经营、成本分析等环节，重在事前缜密筹划、事中开源节流、事后总结分析。全书共 7 章，分别是：绪论，项目成本预测和成本计划，成本控制的方法和途径，工程项目成本核算，工程项目成本分析与考核，工程项目的资金管理，工程项目成本管理体系。本书以成本管理全过程为主线，以理念＋方法＋流程＋表单＋案例为内容，理论结合实际，包含较多的案例和操作表单。本书既可供对施工企业各层次管理人员在工程实践中参考学习，也可作为大中专学校相关专业师生的教学参考书。

责任编辑：范业庶
责任设计：董建平
责任校对：陈晶晶　党蕾

工程建设项目管理方法与实践丛书
工程项目成本控制
《工程建设项目管理方法与实践丛书》编委会　组织编写
何成旗　马卫周　编著

*

中国建筑工业出版社出版、发行（北京西郊百万庄）
各地新华书店、建筑书店经销
北京科地亚盟排版公司制版
北京云浩印刷有限责任公司印刷

*

开本：787×960 毫米　1/16　印张：15¼　字数：295 千字
2013 年 6 月第一版　2017 年 1 月第五次印刷
定价：**36.00** 元
ISBN 978-7-112-15131-8
（23208）

版权所有　翻印必究
如有印装质量问题，可寄本社退换
（邮政编码　100037）

《工程建设项目管理方法与实践丛书》
编写委员会

主　任：李福和　张兴野
副主任：何成旗　郭　刚　赵君华　曾　华　李　宁
委　员：（按姓氏笔画排序）
　　　　马卫周　戈　菲　计　渊　李效飞　杨　扬
　　　　杨迪斐　张　明　张军辉　范业庶　易　翼
　　　　胡　建　侯志宏　栗　昊　蒋志高　舒方方
　　　　蔡　敏

丛书序言一

做项目管理实战派

实践如何得到理论指导，理论又如何联系实际，是各行业从业者比较困惑的问题，工程建设行业当然也不例外。这些困惑的一个直接反映，便是如汗牛充栋般的项目管理专著。这些专著的编撰者主要有两类，一类来自于大专院校和科研院所的专家教授，一类来自于长期实践的项目经理，虽然他们也在努力地尝试理论联系实际，但由于先天的局限性，仍表现出前者着力于理论，后者更重视实践的特点。而由攀成德管理顾问公司的咨询师编写的这套书，不仅吸收了编写者多年的研究成果，同时汲取了建筑施工企业丰富的实践经验，应该说在强调理论和实践的有机结合上做了新的探索。这也是攀成德公司的李总邀请我为丛书写序，而我马上欣然应允的原因所在。

咨询公司其实是软科学领域的研发者和成果应用者，他们针对每一个客户的不同需求，都必须量身打造适合的方案和实施计划，因此需要与实际结合，不断研究新的问题，解决新的难题。总部设在上海的攀成德公司，作为国内唯一一家聚焦于工程建设领域的专业咨询公司，其术业专攻的职业精神和卓有成效的咨询成果，无疑是值得业界尊敬的。

此次攀成德公司出版的这套项目管理丛书，是其全面深入探讨工程项目管理的集大成之作。全书共有 11 本，涉及项目策划、计划与控制、项目团队建设、项目采购、成本管理、质量与安全管理、风险管控、项目管理标准化、信息化，以及项目文化等内容，涵盖了项目管理的方方面面，整体上构架了一个完整的体系；与此同时，从每本书来看，内容又非常专注，专业化的特点十分明显，并且在项目内容细分的同时，编写者也综合了不同专业工程项目的特点，涉及的内容不局限于某个细分行业、细分专业，对施工企业具有比较广泛的参考价值。

更难能可贵的是，本套丛书顺应当今项目大型化、复杂化、信息化的趋势，立足项目管理的前沿理论，结合国内建筑施工企业的管理实践，从中建、中交、中水等领军企业的管理一线，收集了大量项目管理的成功案例，并在此基础上综合、提炼、升华，既体现了理论的"高度"，又接了实践的"地气"。比如，我看到我们中建五局独创的"项目成本管理方圆图"也被编入，这是我局借鉴"天圆

地方"的东方古老智慧,对工程项目运营管理和责任体系所做的一种基础性思考。类似这样的总结还有不少,这些来自于实践,基于中国市场实际,符合行业管理规律的工具,都具有推广价值,我感觉,这样的总结与提升是非常有意义的,也让我们看到了编写者的用心。

来源于实践的总结,最终还要回到实践。我希望,这套书的出版,可以为广大的工程企业项目管理者提供实在的帮助。这也正是编者攀成德的理想:推动工程企业的管理进步。

是为序。

中国建筑第五工程局有限公司董事长

丛书序言二

人们有组织的活动大致可以归结为两种类型：一类是连续不断、周而复始，靠相对稳定的组织进行的活动，人们称之为"运作"，工厂化的生产一般如此，与之对应的管理就是职能管理。另一类是一次性、独特性和具有明确目标的，靠临时团队进行的活动，人们称之为"项目"，如建设万里长城、研发原子弹、开发新产品、一次体育盛会等。周而复始活动的管理使人们依靠学习曲线可以做得很精细，而项目的一次性和独特性对管理提出了重大挑战。

项目管理的实践有千百年的历史，但作为一门学问，其萌芽于70年前著名的"曼哈顿计划"，此后，项目管理渗透到了几乎所有的经济、政治、军事领域。今天，项目管理的研究已经提升到哲学高度，人们不断用新的技术、方法论探讨项目及项目管理，探索项目的本质、项目产生和发展的规律，以更好地管理项目。

工程建设领域是项目管理最普及的领域之一，项目经营、项目管理、项目经理是每个工程企业管理中最常见的词汇。目前中国在建的工程项目数量达到上百万个，在建工程造价总额达几十万亿，工程项目管理的思想、项目管理的实践哪怕进步一点点，所带来的社会效益、环境效益、经济效益都是无法估量的。

项目管理是系统性、逻辑性很强的理论，但对于多数从事工程项目管理的人来说，很难从哲学的高度去认识项目管理，他们更多的是完成项目中某些环节、某些模块的工作，他们更关注实战，需要现实的案例，需要实用的方法。基于此，我们在编写本丛书时，力求吸取与时俱进的项目管理思想，与工程项目管理结合，避免陷入空谈理论。同时，精选我们身边发生的各类工程项目的案例，通过案例的分析，达到抛砖引玉的目的。作为一家专业和专注的管理咨询机构，攀成德的优势在于能与众多企业接触，能倾听到一线管理者的心声，理解他们的难处；在于能把最新的管理工具应用到管理的实践中，所以这套丛书包含了工程行业领导者长期的探索、攀成德咨询的体会以及中国史无前例的建设高潮所给予的实践案例。书中的案例多数来自优秀的建筑企业，体现行业先进的做法及最新的成果，以期对建筑企业有借鉴意义和指导作用。

理论可以充实实践的灵魂,实践可以弥补理论的枯燥。融合理论和实践,这是我们编写本丛书的出发点和归宿。

前　　言

中国的建筑行业历经30余年的改革开放，伴随着国民经济持续快速增长、固定资产投资规模高位运行的步伐，走过了快速发展期，实至名归地成为国民经济支柱产业之一。2011年，我国建筑施工行业增加值达到了32020亿元，对国民经济的贡献率达到了6.79%，建筑施工作为关系国计民生的支柱产业，在我国经济发展中发挥着至关重要的作用。

随着中国市场形势的发展，建筑施工行业竞争越来越激烈，全行业处于"微利"时代，"找活难、利润少"，便是当下建筑施工企业面临的最严峻现实。特别是由于市场机制和招标投标体制的不完善，一些建筑施工企业为了获取工程项目，降价投标，以致中标价格偏低，使企业经济效益下滑，严重危及建筑施工企业的生存和发展。另一方面，一些优秀企业尽管中标价格较低却仍能取得较好的经济效益。同样的市场环境下，为什么会有"冰火两重天"的区别？究其原因，第一，要在源头上控制好成本；第二，要善于从节流方面深挖潜力，不断完善工程项目成本控制方法，降低成本，提高经济效益。控制工程项目成本、提高经济效益是建筑施工企业的经营目标，也是企业生存与发展的根本保证。新的竞争环境下，粗放的管理方式已经不能满足企业发展的需要。向管理要效益已经成为一批优秀施工企业的共识。

本书就是在这样的背景下，为了给建筑施工企业实践中的成本控制提供更多可操作的思路而构思编著的。本书以成本预测、成本计划、成本控制、成本核算、成本分析、成本考核等成本管理全过程为主线，以"理念+方法+流程+表单+案例"为内容，总结我们多年的建筑施工行业工作经验和管理咨询经验，并吸取了部分优秀企业在工程项目成本控制方面的成功做法，理论结合实际，突出实用性、操作性、指导性，力图以案例来说明项目成本管理的原理、方法、实施和效果。本书适用于工程建设领域项目管理人员、研究人员和大中专院校相关专业师生阅读和借鉴。

本书的主要编著者为上海攀成德企业管理顾问公司专家顾问何成旗和上海攀成德企业管理顾问公司咨询顾问马卫周。多年从事工程成本研究的资深注册会计

师齐辉辉先生和上海融利投资管理有限公司 CEO、国际注册财务规划师钟晟维先生也参与了本书的编写，在这里向他们表示由衷的感谢。

本书第 1 章、第 7 章由何成旗编写；第 2 章、第 3 章、第 4 章由马卫周编写；第 5 章由齐辉辉编写；第 6 章由钟晟维编写。最后由何成旗对全书进行统筹修改、增删、审定。本书在编写过程中，曾参考和引用了部分国内外有关的研究成果和文献，在此一并向相关作者和机构，以及所有曾经帮助过本书编写和出版的朋友们表示诚挚的感谢！

编者

目 录

1 绪论 …………………………………………………………………… 1

  1.1 工程项目成本管理的概念及其意义 ………………………………… 1
  1.2 工程项目成本的构成 ………………………………………………… 1
    1.2.1 工程项目成本的构成要素 ……………………………………… 1
    1.2.2 工程成本构成要素的辨析 ……………………………………… 5
  1.3 影响成本的主要因素 ………………………………………………… 7
    1.3.1 投标报价 ………………………………………………………… 8
    1.3.2 合同 ……………………………………………………………… 9
    1.3.3 施工方案 ……………………………………………………… 10
    1.3.4 施工质量 ……………………………………………………… 12
    1.3.5 施工进度 ……………………………………………………… 14
    1.3.6 施工安全 ……………………………………………………… 15
    1.3.7 施工现场平面管理 …………………………………………… 16
    1.3.8 工程变更 ……………………………………………………… 19
    1.3.9 二次经营 ……………………………………………………… 21
  1.4 项目效益方圆图 …………………………………………………… 25
    1.4.1 "方圆图"的含义 …………………………………………… 26
    1.4.2 "方圆图"的启示 …………………………………………… 27

2 项目成本预测和成本计划 ………………………………………… 29

  2.1 成本预测 …………………………………………………………… 29
    2.1.1 项目成本预测的概念 ………………………………………… 29
    2.1.2 项目成本预测的意义 ………………………………………… 29
    2.1.3 项目成本预测的程序 ………………………………………… 30
    2.1.4 项目成本预测的方法 ………………………………………… 32
  2.2 成本计划的编制 …………………………………………………… 39
    2.2.1 项目成本计划的意义 ………………………………………… 39

  2.2.2 项目成本计划的作用 …………………………………… 39
  2.2.3 项目成本计划编制的原则 ………………………………… 40
  2.2.4 项目成本计划的分类 …………………………………… 41
  2.2.5 项目成本计划的编制依据和程序 ………………………… 42
  2.2.6 项目成本计划的编制方法 ………………………………… 44
 2.3 项目成本计划的分解 ……………………………………………… 47
 2.4 责任资金预算的编制 ……………………………………………… 51
  2.4.1 工程项目责任资金预算的编制 …………………………… 51
  2.4.2 职能部门责任资金预算的编制 …………………………… 52
 2.5 工程项目成本计划的编制方法 …………………………………… 53
  2.5.1 定额估算法 ……………………………………………… 54
  2.5.2 计划成本法 ……………………………………………… 55
 2.6 成本管理责任制 …………………………………………………… 57

3 成本控制的方法和途径 …………………………………………… 60

 3.1 项目成本控制概述 ………………………………………………… 60
  3.1.1 项目成本控制的意义 …………………………………… 60
  3.1.2 项目成本控制的原理和工具 ……………………………… 62
  3.1.3 项目成本控制的依据 …………………………………… 67
  3.1.4 项目成本控制的要求 …………………………………… 68
  3.1.5 项目成本控制的原则 …………………………………… 69
  3.1.6 项目成本控制的程序 …………………………………… 71
 3.2 成本控制的实施 …………………………………………………… 71
  3.2.1 项目成本控制实施的步骤 ………………………………… 71
  3.2.2 项目成本控制的对象和内容 ……………………………… 72
  3.2.3 项目成本控制的实施方法 ………………………………… 74
  3.2.4 实践中常见的项目成本控制方法 ………………………… 86
 3.3 成本控制的主要途径 ……………………………………………… 89
  3.3.1 直接费用的控制 ………………………………………… 90
  3.3.2 间接费用的控制 ………………………………………… 103

4 工程项目成本核算 ………………………………………………… 108

 4.1 项目成本核算概述 ………………………………………………… 108
  4.1.1 项目成本核算的概念 …………………………………… 108

4.1.2　项目成本核算的意义 ……………………………………… 108
　　4.1.3　项目成本核算的任务 ……………………………………… 110
　　4.1.4　项目成本核算的基本要求 ………………………………… 110
　　4.1.5　项目成本核算的基本程序 ………………………………… 112
4.2　待摊和预提费用的核算 ………………………………………… 117
　　4.2.1　待摊费用的核算 ……………………………………………… 117
　　4.2.2　预提费用的核算 ……………………………………………… 118
4.3　辅助生产费用的核算 …………………………………………… 120
　　4.3.1　辅助生产成本的归集 ………………………………………… 120
　　4.3.2　辅助生产费用的分配 ………………………………………… 121
4.4　机械作业成本的归集 …………………………………………… 124
　　4.4.1　机械作业及其特点 …………………………………………… 124
　　4.4.2　机械作业成本的归集 ………………………………………… 124
　　4.4.3　机械作业成本的分配 ………………………………………… 125
4.5　工程项目实际成本的核算 ……………………………………… 126
　　4.5.1　人工费的核算 ………………………………………………… 127
　　4.5.2　材料费的核算 ………………………………………………… 129
　　4.5.3　机械使用费的核算 …………………………………………… 132
　　4.5.4　其他直接费的核算 …………………………………………… 134
　　4.5.5　施工间接成本的核算 ………………………………………… 136
4.6　工程项目成本明细账的设置和登记 …………………………… 142
4.7　已完工程实际成本的计算 ……………………………………… 146
4.8　期间费用的核算 ………………………………………………… 149

5　工程项目成本分析与考核 …………………………………………… 154

5.1　工程项目成本分析 ……………………………………………… 154
　　5.1.1　工程项目成本分析概述 ……………………………………… 154
　　5.1.2　项目成本分析的内容 ………………………………………… 156
　　5.1.3　项目成本分析的方法 ………………………………………… 156
5.2　项目成本考核 …………………………………………………… 166
　　5.2.1　项目成本考核的意义 ………………………………………… 166
　　5.2.2　项目成本考核的内容 ………………………………………… 167
　　5.2.3　项目成本考核的实施 ………………………………………… 168
5.3　竣工结算的审计 ………………………………………………… 169

  5.3.1 项目成本审计的意义和作用 …………………………… 169
  5.3.2 项目成本审计的内容 ……………………………………… 170
  5.3.3 项目成本审计的程序 ……………………………………… 172

6 工程项目的资金管理 …………………………………………… 173
6.1 项目资金管理概述 ……………………………………………… 173
  6.1.1 资金管理的概念 …………………………………………… 173
  6.1.2 资金管理的原则 …………………………………………… 173
  6.1.3 资金管理的内容及要点 …………………………………… 174
6.2 项目资金管理的内容 …………………………………………… 176
  6.2.1 资金回收管理 ……………………………………………… 176
  6.2.2 资金支出管理 ……………………………………………… 178
  6.2.3 代付材料分包费的管理 …………………………………… 178
  6.2.4 项目备用金的管理 ………………………………………… 179
  6.2.5 资金管理的方法 …………………………………………… 180

7 工程项目成本管理体系 ………………………………………… 189
7.1 成本管理体系 …………………………………………………… 189
  7.1.1 成本管理体系的概念 ……………………………………… 189
  7.1.2 成本管理制度 ……………………………………………… 192
  7.1.3 成本核算台账 ……………………………………………… 197
7.2 成本管理的组织和职责 ………………………………………… 205
  7.2.1 成本管理的组织和职责概述 ……………………………… 205
  7.2.2 项目经理责任制与成本管理的责权 ……………………… 206
  7.2.3 成本管理的组织设置与职责 ……………………………… 207
  7.2.4 项目经理部成本管理职责和权力 ………………………… 211
7.3 责任成本目标的确定 …………………………………………… 213
7.4 成本管理的流程 ………………………………………………… 218
7.5 成本管理的基础工作 …………………………………………… 219
  7.5.1 企业内部定额 ……………………………………………… 219
  7.5.2 企业标准 …………………………………………………… 225
  7.5.3 记录表单 …………………………………………………… 227

参考文献 ……………………………………………………………… 228

1 绪 论

1.1 工程项目成本管理的概念及其意义

什么是成本？根据中国成本协会CCA2101：2008《成本管理体系 术语》的定义，成本是"为过程增值或结果有效已付出或应付出的资源代价"。这里，"资源代价"是一个总合的概念，资源包括：人力、物力、财力和信息等资源，"应付出的资源代价"是指应该付出、但还未付出、而且迟早要付出的资源代价。

在工程项目成本管理中，"资源代价"一般是用货币来计量的。它是生产耗费的补偿尺度，也是划分生产耗费和企业剩余的依据。企业盈余的多少，主要取决于产品成本的高低；它是反映企业工作质量的综合指标，反映了企业各方面工作的业绩，是进行经营决策的重要依据。

工程项目成本管理是施工企业为降低生产成本而进行的各项管理工作的总称，包括对成本的计划、控制、统计、核算、分析考核和竣工结算与审计等工作。工程项目成本管理是以不断降低项目成本为宗旨的一项综合性管理工作。

工程项目成本管理的目的是在预定的时间、预定的质量前提下，通过不断改善项目管理工作，充分采用经济、技术、组织措施和挖掘降低成本的潜力，以尽可能少的劳动（包括物化劳动和活劳动）耗费，实现预定的目标成本。

成本管理是实现企业财务目标——利润最大化的主要手段之一，成本预测、成本计划、成本控制、成本核算、成本分析和成本考核有机构成了成本管理系统。组织好成本管理，对全面提高企业管理水平，落实企业各部门经济责任制，提高企业经济效益，有很大的推动作用。在竞争日趋激烈的市场经济环境中，成本管理工作显得尤为重要。

1.2 工程项目成本的构成

1.2.1 工程项目成本的构成要素

根据财政部、建设部《建筑安装工程费用项目组成》（建标［2003］206号）

文件，建筑安装工程费用由直接费、间接费、利润和税金组成，见表 1-1。

建筑安装工程费用项目组成 表 1-1

0 级	一级	二级	三级
建筑安装工程费	直接费	直接工程费	1. 人工费
			2. 材料费
			3. 施工机械使用费
		措施费	
	间接费	规费	
		企业管理费	
	利润		
	税金		

表 1-1 所列建筑安装工程费用项目中，除利润及税金外，全部构成建筑安装工程的成本。其中：

（1）直接费中的直接工程费，是指施工过程中耗费的构成工程实体的各项费用，包括人工费、材料费、施工机械使用费。

① 人工费，指直接从事建筑安装工程施工的生产工人开支的各项费用，组成内容见表 1-2。

人工费组成表 表 1-2

三级	四级	内涵（含五级项目）
人工费	1. 基本工资	是指发放给生产工人的基本工资
	2. 工资性补贴	是指按规定标准发放的物价补贴，煤、燃气补贴，交通补贴，住房补贴，流动施工津贴等
	3. 生产工人辅助工资	是指生产工人年有效施工天数以外非作业天数的工资，包括工人学习、培训期间的工资，调动工作、探亲、休假期间的工资，因气候影响的停工工资，女工哺乳时间的工资，病假在六个月以内的工资及产、婚、丧假期的工资
	4. 职工福利费	是指按规定标准计提的职工福利费
	5. 生产工人劳动保护费	是指按规定标准发放的劳动保护用品的购置费及修理费，徒工服装补贴，防暑降温费，在有碍身体健康环境中施工的保健费用等

② 材料费，是施工过程中耗费的构成工程实体的原材料、辅助材料、构配件、零件、半成品的费用。组成内容见表 1-3。

 1 绪 论

材料费组成表 表1-3

三级	四级	内涵（含五级项目）
材料费	1. 材料原价（或供应价格）	
	2. 材料运杂费	是指材料自来源地运至工地仓库或指定堆放地点所发生的全部费用
	3. 运输损耗费	是指材料在运输装卸过程中不可避免的损耗
	4. 采购及保管费	是指为组织采购、供应和保管材料过程中所需要的各项费用。包括：采购费、仓储费、工地保管费、仓储损耗
	5. 检验试验费	是指对建筑材料、构件和建筑安装物进行一般鉴定、检查所发生的费用，包括自设试验室进行试验所耗用的材料和化学药品等费用。不包括新结构、新材料的试验费和建设单位对具有出厂合格证明的材料进行检验费，对构件做破坏性试验及其他特殊要求检验试验的费用

③ 施工机械使用费，是指施工机械作业所发生的机械使用费以及机械安拆费和场外运费。

建标〔2003〕206号文件在这里列出了施工机械台班单价的七项费用组成，见表1-4。

施工机械台班单价组成表 表1-4

三级	四级	内涵（含五级项目）
施工机械台班单价	1. 折旧费	指施工机械在规定的使用年限内，陆续收回其原值及购置资金的时间价值
	2. 大修理费	指施工机械按规定的大修理间隔台班进行必要的大修理，以恢复其正常功能所需的费用
	3. 经常修理费	指施工机械除大修理以外的各级保养和临时故障排除所需的费用。包括为保障机械正常运转所需替换设备与随机配备工具附具的摊销和维护费用，机械运转中日常保养所需润滑与擦拭的材料费用及机械停滞期间的维护和保养费用等
	4. 安拆费及场外运费	安拆费指施工机械在现场进行安装与拆卸所需的人工、材料、机械和试运转费用以及机械辅助设施的折旧、搭设、拆除等费用；场外运费指施工机械整体或分体自停放地点至施工现场或由一施工地点运至另一施工地点的运输、装卸、辅助材料及架线等费用
	5. 人工费	指机上司机（司炉）和其他操作人员的工作日人工费及上述人员在施工机械规定的年工作台班以外的人工费
	6. 燃料动力费	指施工机械在运转作业中所消耗的固体燃料（煤、木柴）、液体燃料（汽油、柴油）及水、电费等
	7. 养路费及车船使用税	指施工机械按照国家规定和有关部门规定应缴纳的养路费、车船使用税、保险费及年检费等

3

(2)直接工程费中的措施费,是指为完成工程项目施工,发生于该工程施工前和施工过程中非工程实体项目的费用,共包括11项,见表1-5。

措施费组成表 表1-5

三级	内涵(含四级项目)
1. 环境保护费	施工现场为达到环保部门要求所需要的各项费用
2. 文明施工费	指施工现场文明施工所需要的各项费用
3. 安全施工费	施工现场安全施工所需要的各项费用
4. 临时设施费	是指施工企业为进行建筑工程施工所必须搭设的生活和生产用的临时建筑物、构筑物和其他临时设施费用等。 临时设施包括:临时宿舍、文化福利及公用事业房屋与构筑物、仓库、办公室、加工厂以及规定范围内道路、水、电、管线等临时设施和小型临时设施。 临时设施费用包括:临时设施的搭设、维修、拆除费或摊销
5. 夜间施工费	因夜间施工所发生的夜班补助费、夜间施工降效、夜间施工照明设备摊销及照明用电等费用
6. 二次搬运费	因施工场地狭小等特殊情况而发生的二次搬运费用
7. 大型机械进出场及安拆费	机械整体或分体自停放场地运至施工现场或由一个施工地点运至另一个施工地点,所发生的机械进出场运输及转移费用及机械在施工现场进行安装、拆卸所需的人工费、材料费、机械费、试运转费和安装所需的辅助设施的费用
8. 混凝土、钢筋混凝土模板及支架费	混凝土施工过程中需要的各种钢模板、木模板、支架等的支、拆、运输费用及模板、支架的摊销(或租赁)费用
9. 脚手架费	指施工需要的各种脚手架搭、拆、运输费用及脚手架的摊销(或租赁)费用
10. 已完工程及设备保护费	指竣工验收前,对已完工程及设备进行保护所需费用
11. 施工排水、降水费	指为确保工程在正常条件下施工,采取各种排水、降水措施所发生的各种费用

(3)间接费中的规费,指政府和有关权力部门规定必须缴纳的费用(简称规费),其组成见表1-6。

规费项目表 表1-6

二级	三级	四级	内涵
规费	1. 工程排污费		施工现场按规定缴纳的工程排污费
	2. 工程定额测定费		按规定支付工程造价(定额)管理部门的定额测定费
	3. 社会保障费	(1)养老保险	企业按规定标准为职工缴纳的基本养老保险费
		(2)失业保险	企业按照国家规定标准为职工缴纳的失业保险费
		(3)医疗保险	企业按照规定标准为职工缴纳的基本医疗保险费
	4. 住房公积金		企业按规定标准为职工缴纳的住房公积金
	5. 危险作业意外伤害保险		按照建筑法规定,企业为从事危险作业的建筑安装施工人员支付的意外伤害保险费

 1 绪 论

(4) 间接费中的企业管理费,是指建筑安装企业组织施工生产和经营管理所需费用。内容见表 1-7。

企业管理费组成表　　　　　　　　　表 1-7

二级	三级	内涵(含四级项目)
企业管理费	1. 管理人员工资	指管理人员的基本工资、工资性补贴、职工福利费、劳动保护费等
	2. 办公费	指企业管理办公用的文具、纸张、账表、印刷、邮电、书报、会议、水电、烧水和集体取暖(包括现场临时宿舍取暖)用煤等费用
	3. 差旅交通费	指职工因公出差、调动工作的差旅费、住勤补助费,市内交通费和误餐补助费,职工探亲路费,劳动力招募费,职工离退休、退职一次性路费,工伤人员就医路费,工地转移费以及管理部门使用的交通工具的油料、燃料、养路费及牌照费
	4. 固定资产使用费	指管理和试验部门及附属生产单位使用的属于固定资产的房屋、设备仪器等的折旧、大修、维修或租赁费
	5. 工具用具使用费	指管理使用的不属于固定资产的生产工具、器具、家具、交通工具和检验、试验、测绘、消防用具等的购置、维修和摊销费
	6. 劳动保险费	指由企业支付离退休职工的易地安家补助费、职工退职金、六个月以上的病假人员工资、职工死亡丧葬补助费、抚恤费、按规定支付给离退休干部的各项经费
	7. 工会经费	指企业按职工工资总额计提的工会经费
	8. 职工教育经费	指企业为职工学习先进技术和提高文化水平,按职工工资总额计提的费用
	9. 财产保险费	指施工管理用财产、车辆保险
	10. 财务费	指企业为筹集资金而发生的各种费用
	11. 税金	指企业按规定缴纳的房产税、车船使用税、土地使用税、印花税等
	12. 其他	包括技术转让费、技术开发费、业务招待费、绿化费、广告费、公证费、法律顾问费、审计费、咨询费等

1.2.2　工程成本构成要素的辨析

建标〔2003〕206号文件所列的成本项目在实践中有诸多易混淆,以致误解之处:

(1) 人工费不完全等同于人工成本

由建标〔2003〕206号文件可知,人工费是指直接从事建筑安装工程施工的生产工人开支的各项费用,其中并未包括施工现场的项目管理人员开支的费用和施工现场其他用工,如施工机械上司机(司炉)和其他操作人员的工资等费用、施工现场二次搬运所发生的人工费用等,它们分别被列在了"管理费"、"机械使用费"、"二次搬运费"等项目中,也即是说,控制工程项目的人工成本应当包括控制项目的人工费、控制项目的管理费、控制项目的其他用工等多个方面。人工

5

费在整个成本中所占的比例是否下降不应作为考核人工成本是否降低的唯一绩效指标。

(2) 劳务分包费用也不完全等同于人工费

目前，总承包企业和专业承包企业一般都把劳务作业分包给了劳务承包企业，一些人就认为人工费就是劳务公司的承包价格，由于劳务工资的稳定性、确定性，劳务分包价格要以政府造价管理部门制定的指导价作为交易双方的参考，于是他们认为对劳务分包价格已没有控制的余地。其实，人工费可能全部纳入了劳务公司的承包价格，但劳务公司的承包价格却不一定全是人工费。实行包工包料的"大包"模式以及包工、包一部分小型工具、设备和周转材料的"扩大的劳务分包"模式时，劳务分包价格中包括的除人工费外还有措施费、机械使用费等，仍然是有成本控制空间的。

(3) 三级项目中的"人工费"和四级项目、五级项目的"人工费"

根据建标〔2003〕206号文件的划分，项目成本的直接费项目中包括人工费、材料费、机械使用费三级项目，然而，在机械使用费、措施费这些项目之下还有"人工费"项目，例如，施工机械设备的台班单价组成项目中包括司机（司炉）和其他操作人员的工作日人工费及上述人员在施工机械规定的年工作台班以外的人工费，它们并未在三级项目的人工费中；在机械设备台班单价组成项目的安拆费及场外运费中又有一笔施工机械在现场进行安装与拆卸所需的人工费用。这些成了四级，甚至五级项目的人工费，都称为人工费，但其属性却不同，控制的方法和途径也应当是不相同的。

(4) 周转材料费用不包括在材料费之中

材料费是施工过程中耗费的构成工程实体的原材料、辅助材料、构配件、零件、半成品的费用，而人们常说的周转材料中的模板、脚手架等的费用"脚手架费"和"混凝土、钢筋混凝土模板及支架费"均列在了直接费项目中的"措施费"里。周转材料仅仅是施工中为方便施工、确保工程质量和施工安全的措施工具，它们并不构成工程产品实体，因此，它们不构成材料费的组成部分。也正因如此，不应当把减少周转材料的使用数量或增加周转次数当成控制材料费的内容。

(5) 施工现场二次搬运的成本不在材料费中开支

材料费包括了材料运杂费、运输损耗费、采购及保管费等，但这里的"运杂费"指的是材料的运输过程，在材料从供应商处运到施工现场这个过程就终止了，施工现场因场地狭小或组织不当将材料从现场的一个地方搬到另一个地方已经不属于"材料运输"，因此其所发生的费用不在材料费中。

(6) 施工机械使用费同固定资产使用费、工具用具使用费的区别

后两者都在管理费范畴内，仅是"固定资产"和"非固定资产"的区别，似

乎不难区别清楚。而施工机械除向外租用的机械外，也是企业的固定资产，然而，"固定资产使用费"只包括"管理和试验部门及附属生产单位使用的属于固定资产的"部分，施工机械使用费却是"施工机械作业所发生的"部分，所针对的对象是不同的。也即是说，施工现场所使用的"试验用机械设备"，如压力机、水泥软练设备、混凝土试验设备、外加剂试验设备等，都属于"组织施工生产和经营管理"的措施和工具，它们的使用成本不属于直接费。这一点，对于要求施工现场配备等级试验室的公路桥梁等专业的施工企业尤其要注意。

（7）同施工机械有关的两个"安拆费"

"施工机械使用费"和"措施费"中分别有"安拆费及场外运费"（见表1-4）、"大型机械设备进出场及安拆费"（见表1-5）。建标［2003］206号文件对二者的叙述几乎完全相同，区别在哪儿呢？

其实，区别就在于"大型"二字上。

直接工程费中的机械使用费原本包括了各类施工机械使用的费用，这个费用根据机械的台班单价确定，因此有个"施工机械台班单价的七项费用组成"。然而，大型机械的"安拆"和"进出场"耗时、耗工较多，且安装后往往还要进行检验或鉴定，验收合格后才允许投入使用，这样，大型机械的安拆和进出场就很难用"台班"的方式计价。中小型机械则不存在这个问题。因此，对大型机械的安拆和进出场费用需要单独计提费用，这就是措施费。中小型机械则不论使用还是安拆都正常按施工机械使用费的台班单价计提。

当然，大小型机械的具体分类各地不同，如有些地区界定大型机械为塔式起重机、打桩机、压桩机、施工电梯、潜水钻孔机、喷粉桩或深层搅拌钻机、混凝土搅拌站等，这些要计大型机械安拆费；履带式推土机、起重机、挖掘机、柴油打桩机、塔吊、压路机、混凝土搅拌站、压桩机、施工电梯、潜水钻孔机、喷粉桩或深层搅拌钻机、转盘钻机等要计大型机械场外运输费。

这种划分是从工程预算的角度考虑的，两类机械的预算成本因此有了不同的计算方式。工程项目在进行成本分析时，要对实际成本和预算成本加以对照，宜使用建标［2003］206号文件的划分；而进行成本核算时，可以将二者都计入机械使用费中，便于财务核算。

作以上辨析的目的是要认清成本要素的庐山真面目，防止在进行成本分析时不能将它们"对号入座"，结果发生成本超支时也就不能正确分析超支的原因，所采取的纠正措施也就可能会南辕北辙了。

1.3 影响成本的主要因素

影响工程项目成本的因素是多方面的，涵盖了从项目投标到结算的全过程。

1.3.1 投标报价

工程投标时，商务标即是承包方向发包方承诺的工程造价。这个承诺是在承包方根据施工图纸和自己所确定的施工方案的基础上编制工程预算后得出的。预算是算钱的，财务也是算钱的，但二者的最大区别在于财务不能有一分钱的差错，预算却可能会有非常大的差别。有的预算员认为，差错率在3‰～5‰以内的预算都可以称为准确。同一图纸、同一个人做三次预算，会得出完全不同的三个结果。因此，标书制作水平不但对于是否能够中标关系甚大，对于中标的价格和一旦中标后的工程成本状况相关性更大。

标书制作过程中，首先，要详细阅读招标文件，特别是对招标文件中投标范围的描述，一定要仔细阅读。有些招标文件写得很简单，有的则写得很模糊，这些都应在答疑的时候提出来，得到发包方的肯定答复。其次，是要仔细阅读图纸，实行清单报价的情况下，预算人员无须仔细算工程量，但结构形式、细部构造等问题却要弄明白。再次，是要去拟建工程的施工现场进行踏勘，进行自然条件调查和施工条件调查，并走访相关单位，核对招标文件同现场实际的吻合程度。正常情况下，施工企业都是采用"不平衡报价"，发包方关注的重点是总价，只要总价控制在发包方的承受范围内，就有中标的希望。然而，不平衡报价如何组成？哪些子项报低价？哪些子项报高价？这时的策划将影响项目实施过程中的变更和工程的结算，影响到工程项目最终的效益。在这方面，每家施工企业都有自己的绝招。但一定要牢记的是：切忌刚拿到图纸就立即开始做预算。

案例1-1：某公司预算员总结的房建工程土建施工容易漏项的项目。
（1）砌体拉结筋。
（2）基础防潮层。
（3）屋面排气帽及落水管等。
（4）主体的预埋件及预留洞口的过梁。
（5）装修中的零星砌体（便台等）、女儿墙内侧抹灰。
（6）零星：窗台板、窗帘盒、镜面、卫生纸盒等零星构件。
（7）门窗：门锁。
（8）土方：应注意土质、运距、地下水情况、支护等。
（9）吊顶：块料吊顶的收边线、石膏板吊顶的灯槽、嵌缝。
（10）施：垂直运输及特殊的脚手架搭设等。

案例 1-2：某水库工程的不平衡报价。

某水库工程，招标文件明确在库区左岸下游 1km 处设置砂石骨料场，土料场位于上游左岸 0.8km 处，其质量和储量均满足施工需要。承包商在考察现场时，发现土料场覆盖层平均厚度约 1m，远大于招标文件注明的 0.4m；招标文件所明确的砂石骨料场却是砂石骨料天然级配，严重不合理，大粒石含量最多，而砂的含量极低，且含泥量严重超标，在砂石骨料生产中，砂是控制条件，如果仅通过筛分天然骨料获取砂，则弃料率非常高。如果采用人工破碎制砂，调整弃料率，其质量又达不到规范的要求。因此，若使用业主所指定的砂石骨料场将大大增加人力、物力的投入。经过认真研究和考察，只有距工地 75km 处有天然砂石骨料场，砂的质量和储量均能够满足施工要求，最好能采用此料场。于是承包商在投标报价时，标书中注明土料场覆盖层厚度按招标文件的 0.4m 考虑，适当提高覆盖层剥离单价；砂石骨料按招标文件提供的下游天然料源进行设计和生产，且压低砂的生产单价。工程开工后，土料场和砂石骨料场的情况如现场考察所见，土料场平均厚度约 1.7m，工程所用砂从距工地 75km 的料场进行开采和运输，承包商为此提出索赔，索赔中砂的价格由 38.2 元/m^3 提高到 183.2 元/m^3，砂的用量为 15320m^3，仅此一项就获得索赔 222.14 万元，同时，对于土料场的覆盖层厚度差也给予了相应的补偿。

1.3.2 合同

承包方通过投标竞争中标后，承发包双方要通过商谈签订工程承包合同，所约定的合同价格构成承包方在工程上的预算成本。

然而，合同价格并非会是承包方必然的工程收入，如果合同条款中约定的双方责、权、利不明，或不对等，合同的任一方都可以自己对合同的理解，单方面采取不利于另一方的措施，此时承包范围内的实际价格可能会发生变化。现实生活中，承发包双方的地位是不平等的，发包方往往处于比较强势的地位，若承包方在合同谈判中不能发现和消除对自己不利的条款，将会加大承包方成本控制的风险。

案例 1-3：合同条款不明确造成的损失。

某工程，承包商为了中标，投标报价几乎是工程成本价。中标后，合同价为 1780 万元，合同条款按业主的意见办理。在合同实施过程中，业主将部分工程项目分包给其他施工队伍，分包的工程价款约 500 万元。为此，承包商向业主提出取消被分包工程项目应摊销的管理费及临建设施摊销费，但业主不予认可。承包商提出索赔的理由是管理人员是依据原合同工作量所含管理费进行配置的。事实上，合同工作量的降低，其所含管理费也随之降低。而业主的理由是原合同中没有关于减少工作量应给予索赔的条款。仔细查看施工承包合同，承包商才发现，合同中已注明：此合同为总价承包合同，但若发生变更，以实际发生的工程量调整其结算价款。而对业主取消合同中某些工程项目（分包给其他施工单位），给承包商造成的损失，合同中无法找到能给予承包商相应补偿的条款。最后，经过承包商的据理力争，业主同意支付取消工程项目价款的1‰作为补偿，但承包商仍遭受了较大的损失。

案例1-3的教训说明在合同谈判阶段，受急切中标思想的影响，忽略或不敢坚持对合同条款提出公正合理的要求，必然造成施工过程中的被动。

1.3.3 施工方案

施工方案是"以分部（分项）工程或专项工程为主要对象编制的施工技术与组织方案，用以具体指导其施工过程"的文件（见GB/T 50502—2009《建筑施工组织设计规范》），它包括的内容有施工安排、施工进度计划、施工准备与资源配置计划、施工方法及工艺要求等，这些内容中的任一项发生变化都会导致资源投入的变化，从而带来成本的变化。技术方案和施工工艺直接决定了资源要素的配置，合理的技术方案和施工工艺有利于工程质量的保证，也有效地控制了成本费用的支出，好的施工方案还可以避免设计施工脱节带来的成本损失。

因此，根据各分部分项工程的施工要求和工程施工的外部环境条件编制施工组织设计和施工方案，并随施工进展逐步和有序地对其进行优化，是对项目实施有效管理、组织科学施工、降低工程成本、实现项目效益最大化的关键手段。通过优化，使施工技术方案更为合理和经济，这是施工技术管理中的重头戏，也是施工阶段安全保证、质量保证和成本保证的主要环节。当然，施工方案优化过程中要对项目实施进行综合考虑，不能为了经济目标而造成工期、安全、质量的损失，施工方案优化不得降低质量标准和增大施工安全风险。

优化施工方案应包括：采用新技术、新工艺、新材料、新设备（工具），合理安排和调整施工网络，优化材料、人员、设备的配置等。

案例1-4：某水电站工程优化施工方案有效控制成本。

中国水利水电×局承建的红叶二级水电站首部枢纽工程，因施工技术复杂、地下渗水严重、施工场地狭窄等一系列不利施工因素，使得工期压力和成本控制的难度非常大。在业主、监理、设计、施工四方共同努力下，采取二期提前截流、右岸护坦齿槽改为防渗墙等一系列重大施工方案调整，使总工期提前了约一个月，施工成本和施工质量、安全都得到有效的控制。

例如，按照招标投标文件，水电站工程闸坝导、截流均在枯期进行，二期截流时间为开工当年的11月初，导流时段为11月至翌年4月底，在枯水期围堰保护下进行1号泄洪闸、1号铺盖、右岸护坦、右岸海漫、右岸储门槽、右岸挡水坝及右岸防渗墙等施工。

若按原导流方案施工，其防渗墙正常施工进度是：开工当年11月初截流，11月底具备开钻条件，次年4月底完成右岸全部防渗墙施工（因右岸防渗墙均为深孔，平均深度在53m左右，加之地层复杂，地层架空严重，地下渗水特大等特点，5个月完成防渗墙的施工已为最快速度），5月15日完成平台拆除与平台开挖，5月底完成防渗墙戴帽混凝土施工，6月进行坝体混凝土浇筑。根据前面所述，工程导流为枯水期导流，围堰需在5月上旬拆除，从而意味着右岸挡水坝、1号铺盖混凝土施工无法进行，要进行混凝土浇筑只有再到枯水期11月初再次截流后进行，大约在开工后第三年1月完工，这才具备挡水发电条件，如此施工总工期约滞后7个月，这是合同工期所不允许的。

要满足合同工期要求，唯一的解决办法就是将二期截流提前，在汛期到来前将坝体混凝土浇出水面。

开工当年8月底，施工单位会同业主、监理、设计等单位就二枯提前截流事宜进行了认真仔细的分析，决定将二期截流提前到开工当年9月初（实际截流时间为9月7日）。二期截流提前实现首先得源于将原一孔过流改为两孔过流，满足了10月份和翌年5月份过流要求，其次是改砂壤土麻袋围堰为浆砌石围堰。上述方案的实施使二枯坝体混凝土在汛期前均浇出了水面。

实际工程进度是：开工当年9月7日截流，防渗墙9月底开钻，第二年2月底完成防渗墙混凝土浇筑，3月底完成防渗墙平台开挖与防渗墙戴帽。4月完成坝体混凝土浇筑，总工期提前一个半月。

由案例1-4可见，合理、优秀的施工方案对于保障工程进度、节约投资、降低成本的巨大作用。因此，施工企业的项目经理部不应把施工组织设计和施工方案仅作为技术性的文件应付甲方和监理公司的检查使用，而应该将施工组织设计和施工方案作为工程施工的指导性文件和项目成本控制与管理的辅助性文件。施工组织设计和施工方案除能体现工程的施工组织和生产技术性策划外，还应该对日后核（结）算需要涉及的内容进行深化和细化，特别是日后设计图纸、施工合同未明确而后期会有争议的地方，如：钢筋支承筋、水平钢筋的断料长度与连接方式、止水螺杆的布设间距与做法、快易收口网的布置方式、电梯井的开挖与支护方法、基础垫层外边线、双排脚手架的搭设范围等。在技术管理方面，加强技术管理与项目成本管理的结合，通过技术手段为后期项目核（结）算工作提供充分的依据，尽量帮助预（结）算人员将原有劣势环境转化为优势条件。

1.3.4 施工质量

工程成本与工程质量是工程项目管理的主轴，也是一对矛盾，一直是参与工程建设各方所关注的重点和难点。

除设计水平的高低外，对同一项目来说，施工质量高的工程，不仅在材料的选用管理上有较多的投入，而且要消耗较多的人工劳动和技术含量，其转化到工程中的物化劳动、活劳动和技术价值更大，投入与耗费也较大，因此，工程成本也将较高。然而，对于工程项目来说，质量好虽然是一件好事，但过高的质量不仅其成本很难承受，而且也会造成质量功能的浪费。不同的工程，质量要求并不完全相同，应看其功能是否符合预期的目标。如何实现以最佳的成本达到满意的质量，以期获得最大的经济效益，是项目管理所要解决的重要课题。

另一方面，片面追求低成本，不但可能对工程质量造成难以挽回的损失和影响，而且最终可能带来因返工或返修导致的缺陷成本的增加。

开展质量成本的统计和分析是解决好质量和成本这一对矛盾的较好方法。2006年12月4日，财政部发布第41号令《企业财务通则》，要求企业"推行质量成本控制办法"，2007年1月1日起施行。这个文件告诉我们，质量成本是产品成本的一部分，是将质量货币化，我们可以准确地知道质量的成本数据，对于认识质量，改进质量，降低成本，提高效益具有重要的意义。

建筑工程质量成本主要包括保证工程质量达到规定的质量水平所需费用和因工程质量问题造成损失的费用。从其细化程度上来说，建筑工程质量成本构成主要有：

（1）预防成本：指改进、提高、巩固、保证工程质量和防止出现质量问题所发生的全部费用。

（2）试验化验检验检测成本：在施工准备阶段和施工过程中，对投入工程建设的材料及工程质量进行试验、化验、鉴定、评价所发生的全部费用。

（3）内部损失成本：指工程交工前因工程质量存在问题或发生质量事故所造成的损失和对其进行处理所需费用的总和。

（4）外部损失成本：指工程交工后所发生的工程质量问题而造成的全部损失费用。

工程质量成本费用构成见表1-8。

工程施工质量成本费用构成 表 1-8

控制成本		损失成本	
1. 预防成本	2. 鉴定成本	3. 内部损失成本	4. 外部损失成本
① 质量规划费 ② 工序控制费 ③ 新工艺鉴定费 ④ 质量培训费 ⑤ 质量信息费用	① 原材料、外购件试验、检验费 ② 施工工序检验费 ③ 工程质量验收评审费	① 返工损失 ② 返修损失 ③ 停工损失 ④ 事故处理费用	① 保修费 ② 索赔费

案例 1-5："掩耳盗铃"的教训。

某市一商品房开发商拟建 10 栋商品房，根据工程地质勘察资料和设计要求，采用振动沉管灌注桩，桩尖深入砂夹卵石层 500mm 以上，按地勘报告桩长应在 9~10m 以上。该工程振动沉管灌注桩施工完后，由某工程质量检测机构采用低应变动测方式对该批桩进行桩身完整性检测，并出具了相应的检测报告。施工单位按规定进行主体施工，个别栋号在施工进行到 3 层左右时，由于当地质量监督人员对检测报告有争议，故经研究决定又从外地请了两家检测机构对部分桩进行了抽检。这两家检测机构由于未按规范要求进行检测，未及时发现问题。后经省建筑科学研究院对其检测报告进行了审核，在现场对部分桩进行了高、低应变检测，发现该工程振动沉管灌注桩存在非常严重的质量问题，有的桩身未能进入持力层，有的桩身严重缩颈，有的桩甚至是断桩。后经查证该工程地质报告显示，在自然地坪以下 4~6m 深处，有淤泥层，在此施工振动沉管灌注桩由于工艺方面的问题，容易发生缩颈和断桩。该市检测机构个别检测人员一味地迎合施工单位的桩长施工记录（施工单位由于单方造价报得低，经常利用多报桩长的方法来弥补造价），将混凝土测试波速由 3600m/s 左右调整到 4700~4800m/s，个别桩身经实测波速推定桩身测试长度为 5.8m，而当时测试桩长为 9.4m，两者相差达 3.6m。这样一来，原本未进入持力层的桩、严重缩颈的桩和断桩就成为了与施工单位记录桩长一样的完整桩。该工程后经加固处理达到了要求，但造成了很大的经济损失。

在案例 1-5 中，桩基施工单位为弥补低价中标的成本不足，采用了"掩耳盗铃"式的愚蠢措施，自以为工程桩深埋地下，谁也看不到，再动用"公关"手段"搞定"同样愚蠢的检测人员，将 5.8m 长的灌注桩谎称为 9.4m 长，以为靠这种措施能够降低工程的成本，但科学就是科学，来不得半点虚假，经济损失的埋单者还是这家施工单位，偷鸡不成蚀把米，教训是深刻的。

1.3.5 施工进度

施工进度和施工成本之间是凹形关系,即工期过短或过长都会造成施工成本大幅上升。合理的进度对项目的成本很重要,进度的滞后势必造成设备租赁费用及管理费用等的增加,同时造成企业信誉成本的增加。而片面的施工进度加快可能需要增大劳务和设备的投入,增加施工成本。因此,应制订合理的工期计划,在满足最优质量控制和成本控制的基础上将工期缩短。

案例1-6:施工进度对成本的影响。

某水电站工程施工过程中,业主将工期缩短了两个月,这意味着根据原定计划15个月的工作必须在13个月内完成,提前幅度非常大,造成工期异常紧张。项目开工以后,各方的员工都为了积极配合缩短工期而努力工作。但是,因时间确实仓促,再加上一些外部因素,严重影响到施工的顺利进行,又由于拆迁、征地、停电、原材料供应等问题影响施工时间累计达50天,造成了大量的人员和机械的窝工损失,也给按时完成工程增加了难度。为了保证时间节点目标的实现,承包商项目部进行了施工方案的整体调整,加大了资源的投放力度,但是抢工期却带来了成本的增加,严重影响了项目的成本控制。窝工及抢工引起的费用增加见表1-9。

窝工和抢工增加费用   表1-9

项目编号	费用项目名称	金额(元)	备 注
一	窝工费用	767,060	
1	人工费	156,000	
2	机械费	524,560	
3	其他直接费、管理费、利润和税金	116,500	1~2项的收费
二	加速施工增加费用	3,409,331	
1	人工费	1,356,200	
2	材料费	257,630	
3	机械费	878,586	
4	其他直接费、管理费、利润和税金	436,520	1~3项的收费
5	堆筑平台土石方费用	256,050	单价分析表中取费
6	抢工时段增加的保险费用	76,505	
7	抢工时段增加的临建费用	135,260	
8	抢工时段增加的人员进出场费用	12,580	
三	窝工费用及加速施工增加费用合计	4,206,391	

1.3.6 施工安全

安全与效益的关系历来受人关注。重视安全并采取有效安全防范措施的企业，防止和减少了事故的发生，为生产经营的正常进行提供了保障，必然带来企业效益的增加。反之忽视安全，在安全方面缺乏足够投入，事故经常发生，企业得到的是负效益。因此，可以说"安全就是效益"。

从表面看，安全投入增加了成本，减少了收入和利润，降低了企业的效益。但安全投入的本质是一种特殊的投资，这种投入所产生的效益并不像普通的投资那样可以直接反映在收益的增加和成本的降低上，而是体现在施工生产的全过程中，保证生产的正常和连续地进行。这种投入的直接结果是，企业不发生或减少事故和职业病，为持续生产、保证正常效益取得的必要条件。

正确理解安全与效益之间的关系可以从两个方面来认识：

（1）安全与生产的统一性，安全促进施工进度。例如：工人高处作业时，在没有安全带、安全网、安全护栏的情况下，工人在作业过程中不得不分配部分，甚至大部分注意力和体力去防范有可能坠落的危险；尤其悬空作业时，一只手稳定身体，只有一只手能从事有效操作，在这种情况下，工作效率自然不高。反之，如果高处作业安全措施落实到位了，工人就可以把主要注意力和体力投入到有效操作上，工作效率自然大大提高。

（2）安全与效益的统一性，安全保障效益目标的实现。企业若不能保障安全措施投入，一是违法，二是事故易发。事故经济损失会直接影响到企业效益目标的实现，往往几起事故就足以抵消一个项目应有的大部分利润。可以认为，安全是"隐性"的效益，是以降低企业生产风险的方式来创造企业效益，所以说安全投入与企业效益是统一的

案例1-7：某工程2006年安全成本费用表（表1-10）

某工程安全城市费　　　　　　　　　　表1-10

类　别	项　目	费用（元）
人工费用	安全员全年工资	59,000
	外聘安全巡视员	7,500
	治安维护费用	45,000
	环卫清理费用	45,000
	安全奖励	24,550
	安全学习培训费	3,000

续表

类 别	项 目	费用（元）
物资费用	安全宣传	29,700
	安全帽等物品	6,789
	劳保费用	13,000
	临时安全防护费用	15,000
保险投入	机动车保险续保	14,500
	工伤保险费用	23,000
	团体意外伤害险	268,675
事故支出	4月15日高空坠物打击事故	245,500
	4月23日高空坠物打击事故	36,750
	6月21日电弧灼伤事故	6,700
	7月8日高空坠物打击事故	46,150
	7月28日摔伤事故	15,600
	9月21日高处坠落事故	60,000
安全成本小计		965,414

由案例1-7可以看出，这项工程的事先安全投入仅占全部安全成本的57.4%，另有4成多的安全成本花在了事故处理的支出上，事故经济损失最终是在企业利润中来支出，这些事故使该项目的直接利润减少了40多万元，还不包括因事故导致的员工情绪波动、事故处理对施工工期的影响等造成的成本损失。据国家安监局透露，我国每年安全事故造成的直接经济损失约占全国GDP的2个百分点，这还不算间接的经济损失。"全国人民辛辛苦苦，才让GDP上升了八九个百分点，结果安全事故一发生，2个百分点就没了！"

1.3.7 施工现场平面管理

工程施工中，一些管理人员往往注意施工中的每一个环节、每一个施工活动中所需要消耗的人工费、材料费和机械费，而容易忽视施工组织过程对成本的影响。例如，由于工序安排不当造成工效降低、窝工甚至返工，导致工程成本增加等。施工平面管理缺陷导致成本增加的常见问题有：现场的临时设施的位置不合适，一些临时设施不得不拆除、搬迁、重建；现场临时道路规划不合理，车辆（尤其是大型构件）运输不便，运距过长，调头不方便，车辆易发生堵塞；临时道路设置时未顾及地下管网、水电系统，故在这些系统施工时不得不破坏临时道路等。

要避免和减少因施工现场平面规划布置不合理而产生的成本增加，可以从以下几个方面入手：

（1）事先要尽量收集工程信息，熟悉拟建工程的一切地上地下的建筑物和构筑物的位置和外观尺寸以及各分项工程之间的关系，并据此制订合理的施工网络进度计划。

(2) 掌握各施工阶段的建筑材料、构件、人员、施工及运输机械的用量。

(3) 合理划分各个专业场地，使之更加符合工艺流程需要，以尽量减少各专业、各工种、各工序之间的相互干扰。

(4) 合理规划施工临时道路，确保施工过程中运输方便通畅，减少运输费用，还最好能利用临时道路作为永久道路的路基，这样又可以减少一定的成本费用。

(5) 要充分利用各类临建设施和原有建筑物或构筑物，或者利用新建设施中的房屋以减少临建的数量等。

案例 1-8：青岛市推行施工现场标准化管理对建筑工程成本影响的分析。

青岛市于 2006 年在全市推行《建筑施工现场管理标准》，为了准确把握推行后对项目成本的影响，青岛市建委组织有关施工企业对此进行了分析测算。工作步骤是：首先由青岛市标准定额站根据《建筑施工现场管理标准》，列出全部测算费用项目及各项目包含的工作内容；然后，选取有代表性的实行标准化管理的工地，由这些工地的项目经理组织安全员等相关人员按照《标准》要求编制临时设施、安全施工、文明施工措施方案，确定工程量，测算、估算各项措施的实际费用；再由安监站和工地监理对措施的合理性及工程量的准确性进行审核把关；最后，各工地专业造价人员以规定的计价方式计算各项费用，由定额站审核。

经严格筛选，确定从推行标准化管理的试点工地中选取青岛帆船中心某工程、青岛海门路某工程、胶州新城某工程等 6 个项目作为测算对象。

青岛市的《建筑施工现场管理标准》在以下方面，提出了新的要求：

(1) 设置安全警示镜（属于安全费）；

(2) 10000m^2 以上工地现场设置视频监控系统（属于管理费）；

(3) 施工现场信息管理系统（属于管理费）；

(4) 5000m^2 以上施工现场开设职工夜校（属于管理费、临时设施费）；

(5) 警示用语牌（属于安全费）；

(6) 建筑工人维权须知牌（属于文明施工费）；

(7) 工地大门内侧设置车辆冲刷设施（属于文明施工费）；

(8) 淋浴间设置太阳能或电热水器（属于人工费、施工管理费）。

在以下方面，提高了标准：

(1) 工地设置铁艺金属大门，1万 m² 以上工地设置电动门（属于临时设施费）；

(2) 统一工地木工制作加工棚（角钢骨架、木脚手板封闭式）（属于临时设施费）；

(3) 统一工地钢筋制作加工棚（角钢骨架、木脚手板开敞式）（属于临时设施费）；

(4) 临建设施全部采用装配式彩钢板活动房屋取代砖混结构（属于临时设施费）；

(5) 工地围挡全部使用彩色喷塑压型钢板取代砖围墙（属于临时设施费）；

(6) 工地全部人员统一工作服（属于人工费、管理费）。

以上要求及标准，涉及临时设施费、文明施工费、安全施工费和管理费。其中，有些费用属于新增加的，有些费用属于工程造价费用，项目组成中已综合考虑，但在实际管理中并未落实的，如工地统一工作服费、职工夜校开办费等。有的变化需要增加成本，如：应列入管理费的视频监控系统（32500元/套，设备摊销次数3～6次）、施工现场信息管理系统（软件安装费1000元/用户，终身维护），每个建设项目增加管理费用平均1万元左右（摊销后）；有的变化则节约成本，如：临建设施全部采用装配式彩钢活动房屋取代砖混结构，单位建筑面积造价由380元左右降至180元左右；工地围挡全部使用彩色喷塑压型钢板取代砖围墙，每米造价由203元降至100元，同时减少了垃圾外运费用。

从分析、计算结果可以看出，虽然由于施工现场设置视频监控系统和信息化管理系统，使施工管理费投入略有增加，但是对一般工程而言，按定额规定的计算方法计取的临时设施、安全、文明施工费都可以满足建筑施工现场标准化管理的需要。对规模较小的单体住宅工程，亦能基本满足使用。个别工程不能满足需要的主要原因是：超标建设、超标投入。例如：生活区地面硬化，一些企业采用同生产区相同做法的混凝土硬化，工程结束后拆除掉不再使用，成本高且造成资源浪费。如果在确定临时设施、安全文明施工方案时进行功能成本分析，采取经济合理的措施，统筹安排，定额计取费用应能满足使用。另外，在贯彻实施《标准》、确定临设方案时，最好与将来建筑物投入使用的功能、配套设施设计相结合，使临时设施有成为永久设施的可能，减少拆除，节约资源，降低成本。

例如，胶州新城某工程主体檐口高度52m，建筑面积3.7万 m²，占地面积约3900m²。结构形式为框架结构，墙体为后填充加气混凝土砌块。建筑安装工程造价9574.83万元，计价方式为96综合定额。工程类别Ⅰ类。工期为15个月。按照批准的施工组织设计、安全施工方案计算的临时设施、安全施工、文明施工设施费用为 93.36 万元。按照计价依据规定可计取的费用为 160.40 万元。实际费用占可计取费用的 58.20%。

1.3.8 工程变更

施工过程中，由于多方面情况变化，经常出现工程量变化、施工条件变化及合同双方在执行合同中的争执等许多问题。其原因：一是由于勘察设计工作粗糙，以致在施工中发现许多招标文件中没有考虑或估算不准的工程量，不得不改变施工项目或增减工程量；二是发生不可预见事故，如自然或社会原因引起停工和工期拖延等。一般情况下，变更是有决策权的一方根据需要，向接受方提出的改变合同项下某项工作的要求。其特征是：(1) 接受方必须无条件执行；(2) 事前发出；(3) 按工作程序办事。这些变更对成本的影响是显而易见的。例如，项目部已按原设计或合同备齐了部分材料和设备，变更可能使这些材料设备无法使用，材料的一进一退及设备的进出场所花费的成本就都"打了水漂"，形成浪费。而积极的变更则可能给承发包双方都带来节约工程投资、降低施工成本、增加承包收入等好处（见案例1-9）。

案例 1-9：一项"双赢"的变更。

某市 SHOPPING MALL 项目，占地面积 275.67 亩，总建筑面积约 25.5 万 m^2，地上部分由 23 个单体工程组成（地下室连同），商业部分地上三层，地下一层，酒店式公寓五层。该工程单层地下室面积达 67000m^2，结构设计复杂，圆弧及线条造型多，现场组织和施工管理难度大。中标该项目施工的建筑公司施工中发现该工程地下回填设计不合理，提出了变更申请。

地下回填原设计为 1:6 水泥焦渣填充层，总共 1577.5m^3 的填充量，合同收入单价为 124.24 元/m^3，支出却要 159 元/m^3，该分项预计将亏损 199159.78 元。该设计考虑的是施工较为简便，质量也易于控制。但项目部发现执行该设计的一大困难是货源组织困难且单价较高。虽有利于减轻建筑物的自重，但本方案在本工程系用于地下室，这个优势得不到发挥。项目部经过考察发现，工程所在的这个地区土质较好，货源组织容易，且单价低；再者填充层基本上都在地下室，该工程地下水位较高，工程设置了用于抵抗浮力的抗拔桩，理应增加地板荷载以有利于抗浮，原设计的 1:6 水泥焦渣填充层起不到这个作用。于是，项目部向建设单位提出变更申请，要求将水泥焦渣填充改为素土回填。素土回填承包方的合同单价仅为 25.15 元/m^3，支出 22 元/m^3，这意味着发包方投资节约达 99.09 元/m^3，承包方也由亏损 34.6 元/m^3 变为盈利 3.15 元/m^3。一项变更甲乙

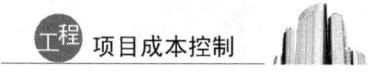

双方都受益。

工程变更通常涉及费用变化和施工进度拖延，需调整合同价，施工单位必须利用变更的契机进行索赔。

工程变更的内容主要有：

（1）施工条件变更。招标文件与现场情况不符；在招标文件上表达不清（包括设计图纸和说明书互相矛盾以及发现设计文件出现遗漏或错误）；施工现场的地质、水文等情况使施工受到限制；招标文件指出的自然或人为的施工条件与实际情况不符；在招标文件中明确指出的施工条件，但却发生了未预料到的实际情况。

（2）工程内容变更。建设单位要求修改设计变更的工程内容。

（3）延长工期。由于天气等客观条件的影响而使工程被迫暂时停工，需延长工期。

（4）缩短工期。建设单位因某些理由必须缩短工期，要求加快施工进度。

（5）因投资和物价的发生较大变动而改变承包金额。

（6）发生天灾及其他不可抗拒力。如暴风大雨、洪水海潮、地震、沉陷、火灾等自然或人为事件，对已完工程、临时设施、已运进现场的施工材料、施工机械和工具等造成的重大损失。

工程变更无论是建设单位、施工单位或监理工程师提出，无论变更是何内容，均需书面发出工程变更指令，设计变更要建立严格的审批制度。

工程变更发生时，施工单位要按要求进行下列变更：

（1）更改工程有关部分的标高、基线、位置和尺寸。

（2）增减合同中约定的工程量。

（3）改变有关工程的施工时间和顺序。

（4）其他有关工程变更需要的附加工作。

我国《建设工程施工合同（示范文本）》GF-1999-0201 对变更有具体规定：

"29.1 施工中发包人需对原工程设计进行变更，应提前 14 天以书面形式向承包人发出变更通知。

29.2 施工中承包人不得对原工程设计进行变更。

31.1 承包人在工程变更确定后 14 天内，提出变更工程价款的报告，经工程师确认后调整合同价款。

31.2 承包人在双方确定变更后 14 天内不向工程师提出变更工程价款报告时，视为该项变更不涉及合同价款的变更。"

本章案例 1-3、案例 1-4、案例 1-6 也都是工程变更的实例。

1.3.9 二次经营

二次经营就是甲、乙双方签订合同后在执行合同过程中的一切商务经济行为,其目的是在合同履行过程中通过降本增效获取最好的效益。

二次经营有主动型和被动型之分。

(1) 主动型二次经营

指施工承包方在执行合同过程中通过创造性思维,发现和创造减亏增效的机会,化解项目投标时因不平衡报价产生的部分分项或子目的亏损,以及工期、质量、成本等方面的风险所开展的经营活动。也即是要对照合同条款和市场行情,积极寻求变更,在变中取胜,在变中获利,变不利为有利。"变"主要体现在:

① 变材料品牌、设备型号。材料设备投标价如果比市场价低,就要想办法,通过设计变更改变材料的品种、规格、型号,以达到高于市场价的目的。

② 变施工工艺和质量标准。对明显要亏损或不可能赚钱的,通过施工工艺的变化,也能取得很好的效益。如有家建筑公司施工的某热电厂循环水管道防腐,原设计施工工艺为内、外壁喷砂除锈2.5级,内壁刷801底漆2道、面漆2道,外壁刷804涂料5油2布。由于该设计造价较高,且不利于机组安全运行,项目技术人员根据以往经验,对施工图设计提出变更建议:外壁改为动力工具除锈,防腐层设计不变,内壁防腐层改为刷红丹防锈漆2道,除锈工艺不变。项目部就此事与业主、设计、监理进行专题讨论,达成一致意见。此施工工艺不但大大降低了成本,同时也为机组稳定运行提供了保障,项目部也降低成本21万元。

③ 变采购方式。项目的主材报价过低,实际采购会亏损,在尝试其他方法失败时,就致力于自己采购,以避免亏损。若自行采购的价格偏低时,也可设法建议由业主采购。

④ 变合同范围和分包单位。根据合同单价的高低、少算、漏算等情况,对分包合同范围和分包单位重新界定和划分。

⑤ 变设计。主要通过对图纸进行变更,包括从数量和质量的变化,以达到盈利目的。

案例1-10:某商贸广场技术支撑的二次经营。

某商贸广场工程,建筑面积19万m^2,签约合同额3.64亿元,地下室单层建筑面积24000m^2,地上单层建筑面积18000m^2,地下四层,地上六层。

某公司中标该工程后,根据工程图纸不全、设计院人手紧张的情况,项目部提出了二次经营工作的思路:依靠技术支撑,从"源头"抓起,从设计图纸抓起，积极办理设计变更。对合同中有利的、效益较好的工作内容，采取确保该部分施工内容和进一步扩大工作量，争取企业效益最大化；对合同中不利的、效益差的工作内容采取变更此部分工作和减少工作量，规避投标风险。在保证工程质量、功能需要和安全的前提下，提出合理化建议和方案，通过优化设计图纸和方案，积极引导业主和设计院向企业利润最大化的方向进行设计变更，达到节约工程成本投入和实现收益共享双赢的目的。

第一是改变设计做法。如地下室防水原投标图为 SBS 卷材防水，由于基础底板下存在 600 多根抗拔桩，业主聘请的专家建议采用聚氨酯涂膜防水。项目部得知此信息后，立即与业主代表及设计院沟通，提出聚氨酯涂膜防水作为地下室底板外防水不妥，因商场工程基础面积近 24000m^2，地基会不均匀沉降，涂膜防水不适合有较大变形的基层，同时外墙卷材防水和聚氨酯涂膜搭接处也容易出问题，防水效果不会很理想，项目部建议采用新型防水材料三元乙丙高分子防水卷材，通过精密策划和说服沟通，得到了设计院和业主认可，出正式图载明防水做法为（1.2mm＋1.2mm）三元乙丙高分子卷材。聚氨酯涂膜防水修改成三元乙丙卷材防水，每平方米获利××元，工程量约 58000m^2。此项变更，为项目获得了约×××万元的利润，同时地下室外防水效果更加理想。

第二是增加设计项目。例如，考虑到该工程的重要性，将屋面防水等级二级改为一级防水要求，增加一道防水层设防，将原有三元乙丙（1.5mm＋1.2mm）改为（1.5mm＋1.2mm＋1.2mm），既为项目获得了约××万元的利润，同时又增加屋面防水施工效果。又如，该工程地上单层面积较大，属于超长结构，设计上未采取任何措施。经过多次计算和论证，项目部提出在长方向楼板中布设预应力钢筋，初步设计约 300t。在组价过程将预应力钢筋拆分成钢绞线制作安装、张拉、螺旋筋制安三个子目分开计价，认价效果非常可观。经核算，每吨预应力约有×××元的利润。经与设计院沟通，将楼板相对短方向（超过 50m）也布设预应力钢筋，工程量约 200t 左右。此项工作获得了×××万元的利润，同时也确保了工程施工质量。

第三是过程优化和变更。在保证工程使用功能和安全的前提下，积极优化设计，提出合理化方案，创造了良好的经济效益。例如，地下室防水规范中建议重要工程外墙混凝土内壁均涂刷新型材料水泥基渗透型结晶防水，项目部得知后立即与设计院、业主沟通，业主采纳了项目部意见。本工程外墙内侧及底板、反梁间涂刷了一道 0.8mm 水泥基渗透型结晶防水。使每平方米获利××元，5 万 m^2 即可获得约××万元的利润，同时又增加了地下室防水设防效果。又如，地下室二层以下为非采暖区，地下室一层以上为采暖区，按照该地区《公共建筑节能设计标准》，项目部建议在地下一层地面和部分覆土顶板增加了 FGC 保温层，使每

平方米获利约××元，工程量约 3.4 万 m^2，此项工作获利××万元，同时也使本工程采暖方面更加完善和节约能源。

第四是参与设计。因设计院人员有限，任务艰巨，同时施工现场进度要求紧，项目部专门派两名技术员配合设计工作，在设计过程中，根据项目二次经营策划方案和施工实际需要，提出了多项合理化建议。如，因工程机电安装调整量较大，需要在结构楼板新增很多设备洞口，为了加快施工进度和方便施工，与设计院协商后，项目部采取了钢梁加固方案，同时在固定钢梁中采用了项目部提出的自切底螺栓，不仅结构加固施工质量更有利于保证，同时也为企业创造了效益，仅此项创造了××余万元经济效益。又如，采用钢渣回填压重新技术，辅以抗拔桩，解决结构自重无法抵抗水浮力的问题。此项技术成本较低，同时符合环保要求，效益也很可观，每立方米可获利××元，共可获取利润约×××万元，不仅满足了工程压重需要，同时也为业主节约大量成本投入。

(2) 被动型二次经营

指施工方在执行合同过程中进行的经济索赔行为。工程索赔是指在建设工程施工合同履行过程中，合同一方由于另一方未恰当履行合同所规定的义务而遭受损失时，向另一方提出赔偿要求的行为。其特征是：①不主张不赔偿；②事后提出；③依法解决的过程。工程索赔是保证施工合同正确履行，获取应得经济效益的有效途径，签证索赔工作在实际的施工过程中经常发生，并非影响承包人和发包人之间关系的非正当行为。施工现场千变万化，可以说实际工程量与施工图纸基本上都不相符合，此外因地质条件、气候等的变化造成工程难度增加，这些都将增加施工成本。变更索赔是相对降低工程成本的有效措施之一。项目部要与监理方、设计院和业主充分协调，认真研究合同和施工图纸。紧盯现场，对施工中出现的各种问题要做好记录，收集证据，建立完整的施工档案，及时出具工程变更联系单并请监理单位、业主签证工程量及价款。

由于受传统管理模式的影响，一些施工企业对于工程索赔工作重视不够，或不敢签证索赔，或不会签证索赔。有些企业认为承揽工程不容易，建设单位（发包人）能将工程交给自己做，就应当听发包人的，一味顺从发包人，遇到该签证索赔的事件为顾及与发包人的关系不去签证索赔；或因工程承包合同中有"总价包死"或"不予签证"之类的条款而放弃索赔的权力；或仅将索赔停留在口头上，错过签证索赔的最佳时机，造成工程索赔不能，形成了公司应得利益的严重流失。

案例 1-11："包死价"工程合同索赔成功的案例。

1999 年 9 月 1 日，某电建公司（以下简称"电建公司"）与某电厂公司（以下简称"电厂公司")签订了《发电厂工程施工承包合同》，合同约定，发包方将合同承包范围内的建筑及设备安装工程发包给电建公司，电建公司依照施工合同和图纸履行施工义务，电厂公司依约向电建公司支付工程价款。合同约定合同价款包死价，即承包范围内的工程项目和费用项目，按批准概算确定的工程项目和费用项目的概算价8762万元作为合同价。

合同签订后电建公司严格按照电厂公司提供的施工图设计全面履行了施工义务，并按约定将建成且经验收合格的两台机组分别移交给了电厂公司投产使用。

电建公司与电厂公司合同约定的概算价是当时双方当事人确定包死合同价的依据，从而也确定了概算价下的合同承包范围内的实物工程量。但在合同的实际履行过程中，电厂公司所提供的施工图设计与签订合同时初步概算设计的工程量存在根本的区别，施工图设计无论从工程量、工程范围、还是工程造价上都大大突破了初步设计，合同原约定的工程量及工程价款因业主的变更，施工方电建公司无法满足施工图的设计要求，如按施工图施工则势必要变更合同，而按合同约定施工则无法按电厂公司提供的施工图施工。事实上，电厂公司的实际图纸大量改变了原合同约定的工程量，电建公司只能按实际施工图设计的新内容进行工程建设施工，无条件满足了发包方电厂公司的要求进行了全面的施工。

但在工程结算时双方发生了分歧：电厂公司认为，既然合同是"包死价"，结算只能按照"包死价"进行结算；电建公司认为，合同虽然约定是"包死价"，但是在合同履行过程中发包方已经变更了原来的初步设计，改变了原来合同约定时的工程量等项目，属工程变更，应按照变更后的实际施工图工程量如实结算。

双方故此产生结算争议。

在长达四年的结算过程中，电厂公司自己委托鉴定单位进行了单方审价，且要求在原包死的范围内审价，而拒绝按变更后的工程量据实结算，这将给承包方电建公司造成了巨大的经济损失。无奈电建公司依据合同的约定，于2004年7月向仲裁委申请了仲裁。电厂公司随后提出反请求，双方涉案标的达15000万元。

仲裁委受理双方的仲裁申请后，通知双方当事人举证，并于2004年11月12日第一次开庭进行了审理。承包方举出变更的证据证明，施工图设计的实际工程量大大超出签订合同时的初设图纸，整个工程的量发生了根本性的变化，由此证明该施工合同发生了质的变化，并依此为突破口，主张不应按照原来所签合同价8762万元结算，而应据实结算，并在庭审中始终围绕这一中心点展开举证和辩论。发包方电厂公司坚决主张依照原来签订的施工合同进行结算，结算额不能突破合同总价8762万元加认可的50万元以上工程变更，拒绝据实结算。最终，仲裁庭在承包方的全面完整的举证之下采纳了承包方的观点，认同该工程应该据实结算，而不应按照原来双方签订的固定价合同结算。这样，承包方基本上突破了结算所依据的原合同的"包死价"的限制。

随后，承包方提出不同意发包方在仲裁之前所搞的单方面鉴定审价结论，要求重新鉴定。仲裁庭在开庭审理后，支持申请人对该工程的造价申请司法鉴定，以求通过司法鉴定解决双方的分歧，结论作为该工程造价的参考或依据，并以鉴定结论作为仲裁裁决的基础。

2005年4月，电建公司正式申请进行司法鉴定，因为在与电厂公司共同选择司法鉴定机构过程中，无法达成一致意见，所以仲裁庭指定了司法鉴定单位，对该工程造价进行了整体鉴定。司法鉴定最终的结果是：电厂整体工程造价为103849163.14元。这个结果大大超出了原"合同包死价"和发包方单方审价的数额，基本上实现了提起仲裁的目的。

仲裁委在该鉴定结果的基础上，再次组织双方进行调解。双方对工程整体造价和还款方式等事项再次进行协商，并达成一致，电厂整体造价为10270万元，仲裁委根据双方协商一致的意见，作出裁决：电厂工程总造价为10270万元，加上电建公司已代付的设备款3185000元，剩余材料款79456.78元，再减去八项消缺费用及油料款928000元后，最终工程结算额为105036456.78元（壹亿零伍佰零叁万陆仟肆佰伍拾陆元柒角捌分），减去电厂公司已经支付电建公司的83567103.59元，电厂公司共欠电建公司工程款21469353.19元，在4个月内付清；本案双方各自已经支付的仲裁费和鉴定费由双方各自行承担。

仲裁结果基本上达到了电建公司的预期目标。

案例1-11说明，无论是发包方还是承包方，在签订了工程承包合同后，就应注重合同履行过程中的管理工作，尤其是索赔与反索赔的基础工作，需要有专门法务工作者、最好是专业律师的提前介入。谁注重了这一点谁就能最大的维护自己的合法权益。

1.4　项目效益方圆图

从第1.3节中我们认识到影响项目成本的诸多因素，中建五局的成本管理工作者据此画出一张项目效益方圆图，较好地表达了影响项目成本的各个因素。

中建五局的"项目效益方圆图"创造性地将古人"天圆地方"、做人"外圆内方"的理念植入到项目管理中，提出对外开源管理应该"圆"——思路要开拓、方法要多样；对内节流管理应该"方"——条理要清晰、制度要严明、措施要到位，如图1-1所示。

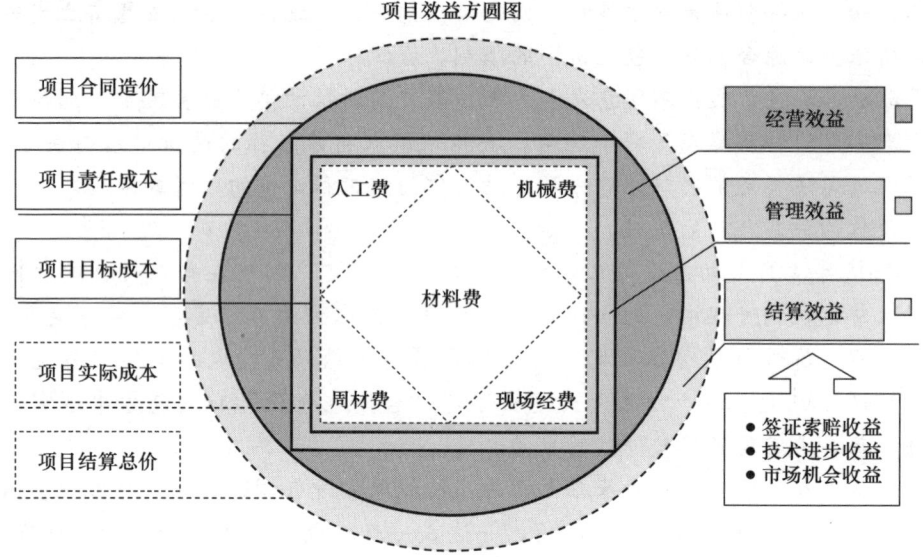

图 1-1 中建五局"项目效益方圆图"

1.4.1 "方圆图"的含义

（1）面向客户的圆

① 实线内圆：项目合同造价。在项目开始前由项目合同确定的价格，用实线表示。

② 虚线外圆：项目结算总价。包括工程实体结算价款、工程变更结算价款、签证索赔结算价款、奖励等，受项目过程中结算管理水平影响，在项目全部完成后方能确定边界，用虚线表示。

（2）面向内部的方

① 实线外方：项目责任成本。依托于标前策划的成本，在项目开始前，由企业与项目管理团队确定的成本最大数额，一般在项目目标责任书中被固定，用实线表示。

② 实线中方：项目目标成本。在项目开始前，由项目管理团队确定的目标成本数额，一般在项目策划中被固定，用实线表示。

③ 虚线内方：项目实际成本。由人工费、材料费、机械费、周材费和现场经费五部分组成，受项目过程中成本管理水平的影响，在项目全部完成后方能确定边界，用虚线表示。

（3）项目效益的组成

① 经营效益：项目合同造价和项目责任成本之间的区域。很大程度上取决

于营销质量、报价策略、营销模式等。经营效益在实际情况中并不总是为正的,在建筑行业的越来越激烈的竞争环境中,传统营销模式下经营效益的空间将越来越小。

② 管理效益:项目责任成本和项目实际成本之间的区域。依赖于企业整体尤其是项目管理团队对成本的管理,节流的空间相对有限,因为实际成本不可能无限度的降低。

③ 结算效益:项目结算总价和项目合同造价之间的区域。通过项目实施过程中技术与商务的有机结合来实现。结算效益的扩张并不是无限的,除了技术可能性以外,也应考虑到业主的心理预期与再次合作的可能。

这幅图案是项目管理工作较为理想的境界:①项目合同造价高于项目责任成本,产生了较好的经营效益;②项目实际成本控制在项目责任成本以内,产生了一定的管理效益;③项目结算总价高于项目合同造价,实现了较高的结算效益;④通过经营效益、管控效益和优化效益来实现项目效益。然而在现实中,并不总是能实现这种组合。

1.4.2 "方圆图"的启示

工程项目是企业利润的源泉,"方圆图"清晰地给出了项目盈利的关键环节。

营销是企业的生命线,企业大多对市场营销投入了巨大的精力。可是营销的质量却千差万别,即使一些管理较为完善的企业也存在着对于"项目肥瘦"的争论。究其原因,就是没能把"经营效益"合理地划分出来。在"方圆图"上,经营效益的内边界是标前策划中确定的责任成本,或者叫做投标成本。可是,很多企业甚至没有标前策划。对于营销人员的激励还是简单地用合同额的单独指标,这个指标并不是对"效益"的导向。在这种指标下,又如何要求营销人员始终将企业的效益作为第一考量因素呢?

在建筑行业低价中标较为普遍的环境下,为什么有的企业却能保持高额的盈利?这就是项目的营销质量、合同质量以及项目实施过程中的二次经营、项目完成后的三次经营等。一些企业对于签证索赔的工作非常头痛,除了人员的能力和经验之外,也在于没有给合同管理人员、结算管理人员足够的激励。

"方圆图"的贡献,其实就是说清了项目效益的切分。从目前施工企业普遍的管理模式来看,三种效益是分别由不同职能去完成的:经营效益的形成更多的是通过投标报价人员的努力来实现,管理效益和结算效益更多的是通过项目部的人员来完成,企业其他的职能部门作为管理、支持、服务的主体,其作用的效果主要显现在管理效益上。在企业文化较好、员工较为进取的环境下,还不足以看出切分效益的优势,但稍有差池,项目效益的一锅粥就会造成创效职责的一锅粥。如果这三种效益的核算能够明确区分，就更容易做到"各尽其责"，也更容易激发各个岗位、各个条线的积极性。从企业管理者的角度上来讲，如何使每个员工都能在其所在岗位上各尽其才，是一个难题，也是企业管理者努力的方向。

那么，究竟怎样才能将项目效益的三个组成部分合理地划分出来呢？对于较为重视标前策划的公司可能相对容易，但一个合理的责任成本，也要经过合理的测算。事实上，好的标前策划通常是由营销、合同、技术、项目部各相关人员群策群力的结果。而对于目前标前策划仍然做得不是很好的公司，则可能要从基础数据的积累开始，对于大量的项目实际成本进行分解和分析，尽早赶上先进公司的步伐。

施工企业的绩效考核是一个复杂的工程。"方圆图"的诞生给了我们这样一个契机，某个群体创造的效益就是对其绩效考核最富有激励性的指标。但不同的职能条线创造效益的难易不同，某些职能条线的管理效益也很难衡量。如材料采购，即使能够通过管理手段保证一直选择一定原则下的最低成本，也仍然要受到市场价格波动的影响。因此，究竟在多大范围内使用激励性薪酬？如何确定固定薪酬和激励薪酬的比例？在每个条线上如何设置奖励的比例？如何保证相似资历、相同努力程度、相当能力的人在不同的条线获得相对公平的待遇？这都需要企业大量的实践经验数据，也值得企业的管理者们深入的思考。

从"方圆图"对效益的分解，到给不同职能条线的激励，再到企业全员的积极性能够被充分调动，共同为增加效益贡献智慧，这才是通向精益建造的"群众革命"之路，也正是方圆图给我们的启示所在。

2 项目成本预测和成本计划

项目成本管理作为项目管理重要的内容之一，它是在保证工期和满足质量要求的情况下，采取相应措施进行成本预测、计划、控制、核算、分析和考核等管理工作，以此来把成本控制在计划可控的范围之内，并进一步寻求最大程度的成本节约，项目成本管理是企业实现"节流"的重要途径。从本章开始将介绍项目成本管理的六个环节，即成本预测、成本计划、成本控制、成本核算、成本分析和成本考核。

成本预测是项目成本管理的第一步，也是最基础的一步。

2.1 成本预测

2.1.1 项目成本预测的概念

项目成本预测是根据项目成本历史资料信息和工程项目的具体现实情况，运用一定的科学方法和手段，对未来的工程成本水平及其可能发展趋势作出科学的估计，从而确定成本目标。成本预测是在工程项目施工以前对成本进行的估算，在实际工作中，建筑施工企业往往是在工程投标之前就已经开始进行成本的预测，其结果往往是企业是否参与投标，以及商务报价取什么水平的重要依据。通过对工程项目进行成本预测，可以在满足项目业主和本企业要求的前提下，选择成本低、效益好的最佳成本实施方案，并能够在工程项目成本形成过程中，针对一些薄弱环节加强成本控制。

另外，通过进行项目成本预测，可以为项目确定责任成本的实现提供可靠的依据，还能为计划期进行各种有关成本方面的决策提供参考依据。同时，项目成本预测也是编制成本计划、确定责任成本的依据和前提，也是企业确定项目部的责任指标或经济承包指标的依据。所以，作为项目成本控制与管理的第一个任务和环节，项目成本预测具有重要的现实意义。

2.1.2 项目成本预测的意义

目前我国施工企业在项目成本控制过程中，大多重视项目实施中的控制和项目完成后的控制，而忽略了项目成本预测，其原因可能是认为预测只是"拍脑袋"、缺乏周密的计算，因此是不准确的，因而也是没多大用处的。这表现了认识上的一个误区，其实加强项目成本预测在现实条件下具有非常重要的意义。

（1）项目成本预测有利于成本的量化管理

在工程项目成本预测中，首先需要搜集相关的资料数据，比如：各类建筑材料的价格水平、当地人工工资水平、机械设备的租赁费用、商品混凝土的市场价格等费用数据。通过进行方案的设计，根据数据资料自身内在的规律性，选定适合的预测分析方法，设计出可行性方案，并在方案中附有丰富的数据资料，所选用的方法为数理统计方法，其运算程序严谨科学。因此，经过这样的步骤得出的预测结果大多有较为准确的数字资料，即预测期可能实现的最低成本，经过计算和分析，最终把指标分解给各个部门。显而易见，成本预测实现了成本的量化管理，使得成本预测能够具有很高的预见性。

（2）项目成本预测有利于全过程成本控制的实施

在一般的工程项目成本管理中，大多数企业以事后成本核算再进行成本分析为主，企业经过分析之后，发现问题进行局部调整。然而这种过程和思路使得企业成本降低幅度受到一定的限制。如果能够进行成本预测，就会使成本管理在事前就可以进行，为控制成本增加重要的环节。目前国外采用的预测方案设计方法，开展价值工程，可以使成本大幅度降低。由于价值工程从方案设计开始，从设计方案到生产过程及事后分析、考核都有了新的标准，各个环节抓重点控成本，所以实现了成本的全过程控制。对于工程项目从预测方案的设计开始，利用价值工程做好成本预测方案，使成本控制形成一个完整的过程，最终实现全过程控制的目标。

（3）项目成本预测有利于工程项目的成本决策

工程项目的成本决策是在成本预测的基础上，利用定量和定性方法，对方案进一步取舍，从中选出最合适的方案。科学的预测是决策的依据，是决策过程的先导，决策只有建立在预测基础上才能成为可能，决策又使得预测方案付诸实施，从而预测和决策形成了密不可分的关系。

2.1.3 项目成本预测的程序

一般来讲，项目的成本预测需要经过以下五个程序。

（1）进行环境调查

对于项目的环境调查可以从以下三个方面来进行：

① 市场需求和容量调查。对项目的市场需求和容量进行调查，主要是了解国民经济发展情况，国家或地区的投资规模、布局和方向，以及主要工程的性质

和结构，市场竞争形势等。

② 技术发展水平调查。对于项目的技术发展水平调查，主要是了解国内外新工艺、新技术、新设计以及新材料采用的可能性及其对成本的影响。

③ 成本水平调查。对项目成本水平进行调查，主要是了解行业中各种类型工程的成本水平；以及本企业在各地区、各类型投标中标建设项目的成本水平和目标利润情况；另外，还要包括建筑材料、劳务供应情况和市场价格及其变化趋势等，也属于成本水平调查的范畴。

（2）收集相关资料

在对项目的环境调查完成之后，接下来就要进行相关资料的收集。主要收集的资料数据包括下面一些内容：

① 过去同种类型项目的成本数据资料。

② 公司总部下达的与成本相关的各项指标。

③ 工程项目所在地的成本水平状况。

④ 工程项目中与成本有关的其他预测资料，例如，材料、机械台班、人工工资等。

⑤ 其他与成本有关的相关资料。例如，新材料、新工艺、新设备，以及项目所在地政府部门的安全、环保、文明施工要求等。

⑥ 临时工程成本核对。例如，工程量、采用的定额、计价和结算标准等。

（3）选择预测方法建模

工程项目在选择预测方法建模时一般要考虑时间、数据和精度三个方面的内容。

① 时间。在选择预测方法建模时，对于不同的预测方法适用于不同的预测时间期限。一般定性预测常用于长期预测（期限在10年以上一般称为长期）；而定量预测则比较常用于中期预测（期限在5年左右一般称为中期）和短期预测（期限在2年以内的一般称为短期）。时间往往取决于工程的规模和对工期的要求。

② 数据。在选择不同的预测方法时，对于不同的预测方法有着不同的数据要求，应该根据数据的特点，选择相应的数据模型。例如，有完整的同种类型项目产值和成本的数据，就可以选择回归分析预测法；有完整月份成本数据的，就可以应用时间序列分析来进行预测。

③ 精度。在选定预测方法时，选择之后应该能够获得足够精确的预测结果，只有已经证明为有效的模型，才可以用于实际预测。

（4）预测结果分析

在选择预测模型进行预测分析的时候，一般主要依据的是历史资料，并且在建立模型时又进行了必要的整理，故而，预测结果只是反映历史发展的一般趋势，并不能反映可能出现的突发性事件对成本变化趋势的影响，例如，通货膨胀、改变施工方案等影响因素。另外，选择的预测模型本身也是有着一定的误差。因此，在产生了预测结果时，还必须要对预测结果进行分析，以便得到更可靠的预测信息。

（5）确定预测结果

在完成了以上几个步骤之后，根据预测分析的结论，最终来确定预测的结果。并且在这个预测结果的基础上提交预测报告，确定目标成本，以此作为编制成本计划和进行成本控制的依据。

2.1.4 项目成本预测的方法

成本预测方法一般有定性分析法和定量分析法两大类。

（1）定性分析方法

项目成本定性预测主要是根据可能掌握和搜集到的信息数据，依靠具有丰富工作经验和综合分析能力的专家，运用主观工作经验判断，对施工项目的材料消耗、市场行情及成本等内容，作出性质上和程度上的推断和估计，然后把各方面的意见进行综合，作为预测成本变化的主要依据。

这种工程项目定性预测的分析方法在实践中被广泛使用。特别适合于对预测对象的数据资料掌握不充分；分析因素复杂，影响因素多样，难以用数字去描述；还有对主要影响因素难以进行数量分析等情况，都适用于定性预测分析方法。

定性预测分析方法偏重于对市场行情的发展方向和施工中各种影响施工项目成本因素的分析，能发挥专家的经验和主观能动性，比较灵活，而且简便易行，可以较快地提出预测结果。但是在进行定性预测分析时，也要尽可能地搜集足够多的分析数据，运用数学分析的方法，其结果通常也是从数据上作出测算。

定性预测分析方法通常主要有：经验判断法，包括经验评判法、专家会议法和专家调查法；主观概率法；调查访问法等。项目成本预测适用的定性预测方法主要有专家会议法和专家预测法两种。

① 专家会议法。

专家会议法又称为集合意见法，是将有关专家集中起来，针对预测的对象，进行交换意见，预测工程成本。参加专家会议的人员，要选择具有丰富经验，对工程项目的经营和管理熟悉，并有一定专业特长的各方面专家。这个方法可以避免依靠单个专家个人的经验进行预测而产生的片面性。例如：对材料价格市场行情预测，可以邀请材料设备采购人员、计划人员、经营人员等；对工料消耗分析，可以邀请技术人员、施工管理人员、材料管理人员、劳资人员等；估计工程成本，可以邀请预算人员、经营人员、施工管理人员等综合判断。

在使用专家会议法的过程中，预测值经常会出现较大的差异。在这种情况下，一般可以采用预测值的平均值或加权平均值作为预测结果。

例 2-1：专家会议对成本的预测。

A 建筑公司承建位于某市的商住楼的主体结构工程（框剪结构）的施工（以下简称 A 工程），建筑面积 $10000m^2$，20 层，工期为 1994 年 1 月至 1995 年 2 月。公司在施工之前将进行 A 工程的成本预测工作，要求采用专家会议法进行预测成本。

该公司召开由本公司的九位专业人员参加的预测会议，预测 A 工程的成本。各位专家的意见分别为：485、500、512、475、480、495、493、510、506（元/m^2）。由于结果相差较大，经反复讨论，意见集中在 480（3 人）、495（3 人）、510（3 人），采用上述的方法确定预测成本 y 为：

$$y = (480 \times 3 + 495 \times 3 + 510 \times 3) \div 9 \text{ 元}/m^2 = 495 \text{ 元}/m^2$$

② 专家调查法。

专家调查法是根据有专业知识的专家的直接经验，采用系统的程序，互不见面和反复进行的方式，对某一未来问题进行判断的一种方法。首先，要草拟调查提纲，提供背景资料，轮番征询不同专家的预测意见，最后再汇总调查结果。对于调查结果，要整理出书面意见和报表。这种方法具有节省时间、匿名性、费用不高等优点。采用专家调查法要比一个专家的判断预测或一组专家开会讨论得出的预测方案更加准确一些，大多用于较长期的工程项目成本预测。专家调查法一般的程序包括以下几个步骤：

首先，确定成本预测组织领导小组。开展专家调查法预测，需要成立一个预测领导小组。领导小组负责草拟预测主题，编制预测事件计划，并选择相关专家，以及对预测结果进行分析、整理、归纳和处理等工作。

第二步，选择专家。选择工程项目成本预测专家是专家调查法的关键一步。专家一般指掌握某一特定领域知识和技能的资深专业人员。专家人数不宜过多，一般 10～20 人较好。这样可以避免专家当面讨论时容易产生相互干扰的弊病，或者专家之间当面表达意见，可能受到约束。该方法以信函、邮件、传真等方式与专家直接进行联系，专家之间不需要有联系。

第三步，明确预测目标，提出相关要求，用书面通知被选定的相关专家。让每位专家说明有什么特别资料可以用来分析这些问题以及这些资料的使用方法。同时，请各位专家提供有关资料，并请专家提出进一步需要哪些资料的计划。

项目成本控制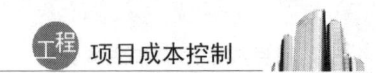

第四步，根据各位专定预测的结果，预测领导小组对这些预测结果加以归纳和整理，对不同的预测值分别说明预测值的依据和理由（根据专家意见，但不注明哪个专家意见），然后再寄给各位专家，要求专家修改自己原先的预测结果，以及提出还有什么要求。

最后，等到专家们接到第二次信函之后，就各种预测的意见及其依据和理由进行分析，再次进行预测，提出自己修改的意见及其依据和理由。如此反复往返征询、归纳、修改，直到意见基本一致为止。对于修改的次数，根据需要而定。从而根据这五个步骤来完成专家调查法对成本的预测过程。

（2）定量分析方法

项目成本预测的定量分析方法一般包括因果预测和趋势预测两大类。因果预测包括量本利分析法、回归分析法、投入产出法和经济计量法等；而趋势预测包括时间序列分析法、高低点法、趋势平均法、移动平均法、算术平均法、加权平均法、指数平滑法等。由于定量预测方法较多，而本书篇幅有限，这里主要介绍因果预测和趋势预测的前两个方法：即量本利分析法、回归分析法和时间序列分析法、高低点法。

① 量本利分析法。

量本利分析法是因果预测重要的分析方法之一，它是根据成本、工作量和利润三者之间的关系来进行分析，它可以用来预测为达到目标利润，应该具备工作量的大小；同时也可以用来预测在一定工作量和目标利润的条件下，目标成本为多少。它们之间的相互关系如下：

$$目标成本 = 经营收入 - 目标利润 - 各种税金$$

从这个公式可以清晰的看到，成本、工作量和利润之间的关系。

案例 2-2：量本利法的应用案例。

某项目部在计划期应有工程款收入 600 万元，其中应交税金 20 万元，目标利润 50 万元，请用本量利分析法进行目标成本预测。

根据本量利分析法公式计算目标成本 =（600－50－20）万元 = 530 万元

② 回归分析法。

对于客观存在的现象之间相互依存关系进行分析研究，测定两个或两个以上变量之间的关系，寻求其发展变化的规律性，从而进行推算和预测，这种分析方法称为回归分析。在进行回归分析时，不论变量的个数是多少，必须选择其中的一个变量为因变量，而把其他变量作为自变量，然后根据已知的历史统计数据资料，研究测定因变量和自变量之间的关系。

回归分析是为了测定客观现象的因变量与自变量之间的一般关系所使用的一种数学方法。它根据现象之间相关关系的形式，拟合一定的直线或曲线，用这条直线或曲线代表现象之间的一般数量变化关系。这条直线或曲线在数学上称为回归直线或曲线，表现这条直线或曲线的数学公式称为回归方程。利用回归分析法进行预测，称为回归预测。

在回归预测中，所选定的因变量是指需要求得出预测值的那个变量，即预测对象。自变量则是影响预测对象变化的，与因变量有密切关系的那个或那些变量。用回归分析预测成本时，就是按照影响成本的各个因素变化来预测成本的变化。这种计算方法得出的数值准确，但计算过程较为复杂，如果有条件最好借助计算机来进行，这样处理会更加便捷。

在预测成本中常用的回归预测法有一元线性回归预测、多元线性回归预测和非线性回归预测等。这里仅介绍最常用的一元线性回归预测方法。

一元线性回归预测法是根据历史数据在直角坐标系上描绘出相应点，再在各点间作一直线，使直线到各点的距离最小，即偏差平方和为最小。因而，这条直线就最能代表实际数据变化的趋势，用这条直线适当延长来进行预测就比较合适。运用一元线性回归预测法的步骤如下：

首先，根据 X、Y 两个变量的历史统计数据，把 X 与 Y 作为已知数，寻求合理的 a、b 回归系数，然后，依据 a、b 回归系数来确定回归方程。这是运用回归分析法的基础。

其次，利用已求出的回归方程中 a、b 回归系数的经验值，把 a、b 作为已知数，根据具体条件，测算 Y 值随着 X 值的变化而呈现的未来演变。这是运用回归分析法的目的。

再次，求回归系数 a 和 b。

求解回归直线方程式中，a 和 b 两个回归系数要运用最小二乘法。具体的计算方法和公式如下所示：

根据成本和产值之间的相互关系，以产值为自变量，用 X 表示；以成本为因变量，用 Y 表示，于是就有公式：

$$Y = a + bX$$

其中，a 和 b 是待辨识参数。用最小二乘法，a 和 b 可用下列公式分别求得：

$$b = \frac{\Sigma(XY) - \overline{X}\Sigma Y}{\Sigma X^2 - \overline{X}\Sigma X}$$

$$a = \overline{Y} - b\overline{X}$$

其中 $\overline{Y} = \frac{1}{n}\Sigma Y, \overline{X} = \frac{1}{n}\Sigma X$。这里的 n 为样本个数，也是历史数据的个数。

案例 2-3：回归分析法案例。

某项目有如表 2-1 所示，已知产值与成本的资料，要求用回归分析法进行成本预测。

项目产值与成本　　　　　　　　　表 2-1

样本期（季度资料）	1	2	3	4	5
施工产值（千元）	540	560	590	640	680
总成本（千元）	506	516	538	588	616

由于项目为临时组织起来的，所以在进行成本预测的时候，或者要使用本项目的成本数据（如果用季度、月度资料来进行季度、月度预测），或者是使用类似项目的历史资料，因此，在求得预测值之后还要根据实际情况作必要的修正。

根据表 2-1 的资料，先作出如表 2-2 的初步计算。

成本预测计算　　（单位：千元）　　表 2-2

样本期	施工产值（X_i）	总成本（Y_i）	X_iY_i	X_i^2
1	540	506	273240	291600
2	560	516	288960	313600
3	590	536	317420	348100
4	640	588	376320	409600
5	680	616	418880	462400
合计	3010	2764	1674820	1825300

$$\overline{X} = \frac{1}{5} \times (540+560+590+640+680) = 602(千元)$$

$$\overline{Y} = \frac{1}{5} \times (506+516+536+588+616) = 552.8(千元)$$

从而得到：

$$b = \frac{\Sigma(XY) - \overline{X}\Sigma Y}{\Sigma X^2 - \overline{X}\Sigma X} = \frac{1674820 - 602 \times 2764}{1825300 - 602 \times 3010} = 0.8202$$

$$a = \overline{Y} - b\overline{X} = 552.8 - 0.8202 \times 602 = 59.04$$

从而，该项目的总成本公式为：

$$Y = 59.04 + 08202X$$

③ 时间序列分析法。

时间序列分析法，又被称为趋势外推法。它是按照时间的顺序排列的历史资料,承认事物发展的连续性,从这种排列成本数据中推测出成本发展的未来趋势。这种分析方法简单易行,只要有历史的成本资料数据,就可以进行预测。但是,这种方法的准确性一般较差,而且只能在社会经济稳定发展的条件下才有一定的实用价值。而实际上,社会经济环境变化复杂多样,很多因素影响着成本的水平。因此,时间序列分析法通常只适用于短期预测。

时间序列分析的方法有很多,比如简单平均法、加权平均法和指数平滑法等。下面就以指数平滑法为例进行介绍。

指数平滑法,也称为指数修正法,是一种简单易行的时间序列预测方法。它是在移动平均法基础上发展起来的一种预测方法,是移动平均法的改进形式。使用移动平均法有两个明显的缺点:第一,它需要有大量的历史观察值的准备;第二,要用时间序列中近期观察值的加权方法来解决,因为最近的观察中包含着最多的未来情况的信息,所以必须相对地比前期观察值赋予更大的权数。即对最近期的观察值应给予最大的权数,而对较远的观察值就给予递减的权数。指数平滑法就是既可以满足这样一种加权法,又不需要大量历史观察值的一种新的移动平均预测法。指数平滑法的公式如下:

$$F_{t+1} = aV_t + (1-a)F_t$$

式中　a——表示平滑系统,$0 \leqslant a \leqslant 1$;

V_t——表示 t 时期的实际发生值;

F_t——表示 t 时期的预测值。

案例 2-4:时间序列分析法案例。

上述公式求得的成本预测值(分别按 $a=0.1$、0.5、0.9 来进行计算)的应用。见表 2-3。

预测值计算　　　　　　　　　　表 2-3

样本期	人工费(万元)	预测值 F_t(万元)		
		$a=0.1$	$a=0.5$	$a=0.9$
1	45	45	45	45
2	47	45	45	45
3	46	45.2	46	46.8
4	54	45.3	46	46.1
5	45	46.2	50	53.2
6	48	46.1	47.5	45.8
7	44	46.3	47.8	47.8
8		46.1	45.9	44.4

由案例 2-4 可以看出，a 值的大小对时间序列分析的结果影响较大，当 a 取值较小，受近期的偶然性影响较小，此时所得预测值可以代表该时间序列的长期趋势；当 a 取值较大时，则能反映最新资料的变化。因此，我们可以根据实际情况来调整 a 的取值。

④ 高低点法。

高低点法是工程项目成本预测的一种惯用方法，它是以统计资料中的完成业务量（产量或产值）最高和最低两个时期的成本数据，通过计算总成本中的固定成本、变动成本和变动成本率来预测成本的。

高低点法依据以下两个公式：

$$变动成本率 = \frac{最高点总成本 - 最低点总成本}{最高点产值 - 最低点产值} \quad 即: b = \frac{Y_1 - Y_2}{X_1 - X_2}$$

总成本 = 固定成本 + 变动成本，即：$Y = a + bX$

案例 2-5：高低点法预测案例。

某项目根据本企业同类项目的产值和成本历史统计数据（表 2-4），作出本项目成本的预测。该项目合同价为 1950 万元。

项目成本数据　　　　　　　　　　　　　　表 2-4

期　数	1	2	3	4	5
施工产值（万元）	1780	1740	1700	1890	2000
总成本（万元）	1750	1680	1760	1650	1850

应用高低点法的公式得出

$$b = \frac{1850 - 1650}{2000 - 1700} = 0.6667$$

$$a = 1850 - 0.6667 \times 2000 = 516.67$$

从而总成本根据公式计算为　　$Y = 516.67 + 0.6667X$

则该项目的预测成本为　　$Y = 516.67$ 万元 $+ 0.6667 \times 1950$ 万元 $= 1816.74$ 万元

经过计算，预计该项目的成本为 1816.74 万元。

以上介绍的是常用的四种成本预测定量分析的方法，结合定性分析方法一起使用效果则更佳，它们各具特点，可以根据项目的具体情况在预测成本时选择使用。

2.2 成本计划的编制

2.2.1 项目成本计划的意义

(1) 成本计划是成本管理的一项重要内容之一,项目成本计划编制是在项目经理负责下,在成本预测的基础上进行的,它是以货币形式预先规定施工项目进行中的施工生产耗费的计划总水平,通过工程项目的成本计划,可以确定对比项目总投资应实现的计划成本降低额与降低率,并且按照成本管理层次、相关成本项目以及项目进展的各个阶段对成本计划加以分解,并制定各级成本实施方案。

(2) 项目成本计划是项目成本管理的一个重要环节,是实现降低施工项目成本任务的指导性文件。从某种意义上来说,编制工程项目成本计划也是工程项目成本预测的继续。如果对工程承包项目所编制的成本计划达不到目标成本要求时,就必须组织施工项目管理班子的有关人员重新研究寻找降低成本的途径,再进行重新编制,从第一次所编制的项目成本计划到改变成第二次或第三次等的成本计划直至最终确定,实际上意味着进行了多次的成本预测。同时,编制成本计划的过程也是一次动员工程项目经理部全体职工,挖掘降低成本潜力的过程,也是检验施工技术质量管理、工期管理、物资消耗和劳动力消耗管理等效果的全过程。故而,项目成本计划的编制对于工程项目成本控制有着重要的现实意义,工程项目部应该积极仔细地完成。

2.2.2 项目成本计划的作用

项目成本计划是项目成本管理的重要环节,正确编制项目成本计划的作用体现在以下几个方面。

(1) 项目成本计划是对生产耗费进行控制、分析和考核的重要依据

成本计划既体现了社会主义市场经济体制下对成本核算单位降低成本的客观要求,也反映了核算单位降低产品成本的目标。成本计划可以作为对生产耗费进行事前预计、事中检查控制和事后考核评价的重要依据。许多建筑施工单位仅仅单纯重视项目成本管理的事中控制和事后考核,往往忽视甚至省略了至关重要的事前计划,使得成本管理从一开始就缺乏目标,对于控制考核,也就无从对比,于是产生很大的盲目性。工程项目成本计划一经确定,就要层层落实到部门、班组,并应当经常将实际生产耗费与成本计划指标进行对比分析,揭露执行过程中存在的问题,及时采取应对措施,改进和完善成本管理工作,以保证施工项目成本计划各项指标得以实现。

(2) 项目成本计划是编制核算单位其他有关生产经营计划的基础

每一个工程项目都有着自己的项目计划,这是一个完整的体系。在这个体系中,成本计划与其他各方面的计划有着密切的联系。它们既相互独立,又相互依存和相互制约。例如,编制项目流动资金计划、企业利润计划等都需要成本计划的资料,同时,成本计划也需要以施工方案、物资与价格计划等为基础。因此,正确编制施工项目成本计划,是综合平衡项目生产经营的重要保证。

(3) 项目成本计划是成本控制的重要依据

所谓控制,《辞海》的解释是"掌握住使不越出范围"、"指对系统进行调节以克服系统的不确定性,使之达到所需要状态的活动和过程"。管理学中所说的控制,是指"管理人员为了保证组织目标的实现,对下属工作人员的实际工作进行测量、衡量和评价,并采取相应措施纠正各种偏差的过程"。控制工作的前提条件之一是计划,即要有科学的,切实可行的计划。控制的基本目的是防止工作出现偏差,需要将实际工作的进展与预先设定的标准进行比较,因此控制之前必须制定相应的评价标准,即计划。计划不仅为实际工作提供了行动路线,也为后续的控制工作奠定了基础。在制订计划时不仅要考虑其实施问题,还要考虑后续控制工作的需要。计划越明确、全面、完整,控制越容易,效果越好。在成本管理工作上,当然也是如此。

(4) 项目成本计划可以动员全体员工深入开展增产节约、降低产品成本的活动

成本计划是全体员工共同奋斗的目标。为了保证成本计划的实现,企业必须加强成本管理责任制,把成本计划的各项指标进行分解,落实到各部门、班组乃至个人身上,实行归口管理并做到责、权、利相结合,检查评比和奖励惩罚有根有据,使开展增产节约、降低产品成本、执行和完成各项成本计划指标成为上下一致、左右协调、人人自觉努力完成的共同行动。

2.2.3 项目成本计划编制的原则

为了使项目成本计划能够发挥积极作用,在编制项目成本计划时应坚持以下几个原则:

(1) 根据实际情况出发的原则

编制项目成本计划必须根据国家的方针政策,从企业的实际情况出发,充分挖掘企业内部潜力;使降低成本指标既积极可靠,又切实可行。施工项目管理部门降低成本的潜力在于正确选择施工方案,合理组织施工;提高劳动生产率;改善材料供应,降低材料消耗,提高机械利用率;节约施工管理费用等。但也要注意,不能为降低成本而偷工减料,忽视质量,不顾机械的维护修理而拼机械,片

面增加劳动强度，加班加点，或者减少合理的劳保费用，忽视安全工作等都不可取。

（2）同其他计划相结合的原则

编制项目成本计划，必须与施工项目的其他各项计划（如施工方案、生产进度、财务计划、材料供应及耗费计划等）密切结合，保持平衡。即项目成本计划一方面要根据施工项目的生产、技术、组织措施、劳动工资、材料供应等计划来编制，另一方面又影响其他各种计划指标时，都应考虑适应降低成本的要求，与成本计划密切配合，而不能单纯考虑每一种计划本身的需要。

（3）采用先进的技术经济定额的原则

编制成本计划，必须以各种先进的技术经济定额为依据，并针对工程的具体特点，采取切实可行的技术组织措施作为保证。只有这样，才能使编出的成本计划具有科学根据，又有实现的可能，也只有这样，才能使编出的成本计划起到促进和激励的作用。

（4）弹性原则

编制项目成本计划，应当留有充分的余地，保持计划的一定弹性。在计划期内，项目经理部内部或外部的技术经济状况和供、产、销条件，很可能发生一些在编制计划时所未预料的变化，尤其是材料供应、市场价格千变万化，给计划拟定带来很大困难。因而在编制计划时应充分考虑到这些情况，以使得计划保持一定的应变适应能力。

（5）统一领导、分级管理的原则

编制成本计划，应当实行统一领导、分级管理的原则，在项目经理的领导下，以财务和计划部门为中心，发动全体员工共同进行，总结降低成本的经验，找出降低成本的正确途径，使得成本计划的制订和执行具有广泛的群众基础。

2.2.4 项目成本计划的分类

对于一个工程项目而言，其成本计划是一个不断深化的过程，在这个过程的不同阶段形成作用不同的成本计划，按其作用，可以将项目成本计划分为三类。

（1）竞争性成本计划

竞争性成本计划是工程项目投标及签订合同阶段的估算成本计划。这类成本计划是以招标文件中的合同条件、投标者须知、设计图纸、技术规程和工程量清单等为依据，以有关价格条件说明为基础，结合调研和现场考察获得的情况，根据本企业的工料消耗标准、技术和管理水平、价格资料和费用指标，对本企业完成招标工程所需要支出的全部费用的估算。在投标报价过程中，虽然也着力考虑降低成本的途径和措施，但总体上较为粗略。

(2) 指导性成本计划

指导性成本计划是选派项目经理阶段的预算成本计划，是项目经理的责任成本目标。它是以合同标书为依据，按照企业的预算定额标准制订的设计预算成本计划，并且一般情况下只是确定责任总成本指标。

(3) 实施性成本计划

实施性成本计划是项目施工准备阶段的施工预算成本计划，它以项目实施方案为依据，落实项目经理责任目标为出发点，采用企业的施工定额通过施工预算的编制而形成的实施性施工成本计划。施工预算与施工图预算虽然看起来很像，但两者区别较大，表现在以下三点：

1) 适用的范围不同。施工预算是施工企业内部管理所用的一种文件，与建设单位没有直接的关系；而施工图预算既适用于建设单位，又适用于施工单位。

2) 编制的依据不同。施工预算的编制以施工定额为主要依据，施工图预算的编制以预算定额为主要依据，而施工定额比预算定额划分得更加详细和具体，并对其中所包括的内容，如质量要求、施工方法以及所需要的劳动工时、材料品种、规格型号等均有较为详细的规定和要求。

3) 发挥的作用不同。施工预算是施工企业组织生产、编制施工计划、准备现场材料、签发任务书、考核工效、进行经济核算的依据，它也是施工企业改善经营管理、降低生产成本和推行内部经营承包责任制的重要手段，而施工图预算则是投标报价的主要依据。

以上三类成本计划互相衔接和不断深化，构成了整个工程项目成本的计划过程。其中，竞争性计划成本带有成本战略的性质，是项目投标阶段商务标书的基础，而有竞争力的商务标书又是以其先进合理的技术标书为支撑。所以，项目成本计划奠定了工程项目成本的基本框架和水平。指导性计划成本和实施性计划成本，都是战略性成本计划的进一步展开和深化，是对战略性成本计划的战术安排。除此之外，根据项目管理的需要，实施性成本计划又可按施工成本组成、子项目组成、工程进度分别编制施工成本计划。

2.2.5 项目成本计划的编制依据和程序

项目成本计划是项目成本控制的一个重要环节，是实现降低施工成本任务的指导性文件。如果针对工程项目所编制的成本计划达不到目标成本要求时，就必须组织施工项目管理班子的有关人员重新研究寻找降低成本的途径，重新进行编制。同时，编制成本计划的过程也是动员全体施工项目管理人员的过程，是挖掘降低成本潜力的过程，是检验施工技术质量管理、工期管理、物资消耗和劳动力消耗管理等是否有效落实的过程。

编制项目成本计划，需要广泛收集相关资料并进行整理，以此作为工程项目成本计划编制的依据。在此基础上，根据有关设计文件、工程承包合同、施工组织设计、施工成本预测资料等，按照施工项目应投入的生产要素，结合各种因素的变化预测和拟采取的各种措施，估算施工项目生产费用支出的总水平，进而提出施工项目的成本计划控制指标，确定目标总成本。目标总成本确定之后，应该将总目标分解落实到各个机构、班组，便于进行控制的子项目或工序。最后，通过综合平衡，编制完成项目成本计划。

项目成本计划的编制依据包括以下内容：

① 企业定额、施工预算；
② 施工组织设计或施工方案；
③ 人工、材料、机械台班的市场价；
④ 企业颁布的材料指导价、企业内部机械台班价格、劳动力内部挂牌价格；
⑤ 周转设备内部租赁价格、摊销损耗标准；
⑥ 已签订的工程合同、分包合同或估价书，结构件外加工计划和合同，投标报价文件；
⑦ 有关财务成本核算制度和财务历史资料；
⑧ 施工成本预测资料；
⑨ 拟采取的降低施工成本的措施；
⑩ 其他相关资料。

项目成本计划的编制程序如图2-1所示。

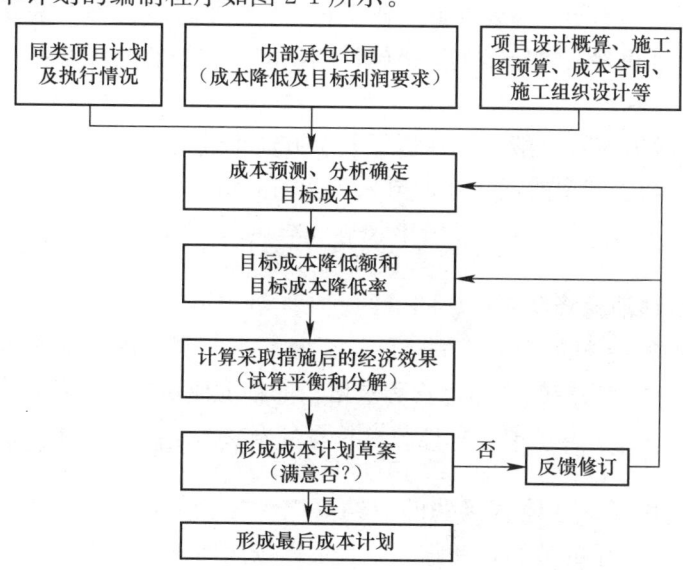

图 2-1 项目成本计划编制程序图

2.2.6 项目成本计划的编制方法

编制项目成本计划的具体编制方法随着项目的不同而不完全相同。通常可以大致分为四个阶段：根据有关资料，确定目标成本及目标成本降低率（额）；试算平衡和目标成本分解；编制成本计划表；成本目标风险分析。

(1) 确定目标成本及目标成本降低率（额）

项目成本是在对有关资料进行分析、预测，以及对项目用资源（劳动力、材料、机械设备等）进行优化的基础上，经过努力可以实现的成本。它是项目成本管理工作追求的目标。确定目标成本及目标成本降低率（额）的具体步骤如下：

① 根据项目的合同、预算资料，企业本部对项目的要求、施工组织设计、成本预测结果等，初步估算出项目降低成本的目标。这个目标值应该大于或等于企业下达的降低成本目标。

② 将项目合同价减去税金、目标利润和降低成本的目标值，就可以得出项目的总目标成本。

③ 计算出项目的目标成本降低额和目标成本降低率，其计算公式如下：

$$目标成本降低额 = 项目的预算成本 - 项目的目标成本$$

$$目标成本降低率 = \frac{目标成本降低额}{项目的预算成本}$$

(2) 试算平衡和目标成本分解

为了使得初步制定的目标成本和目标成本降低率（额）能够落实到实处，必须进行反复的试算平衡，并要在此基础上将目标成本进行分解。试算的目的是根据已掌握的资料和有关的技术组织措施计划，测算它们的经济效果，看其能否达到目标成本的要求。

具体的试算方法，一般可以从以下几个方面来进行：

① 由于劳动生产率的提高而形成人工费的节约。

$$成本降低率 = \left(1 - \frac{1 + 平均工资增长百分率}{1 + 劳动生产率提高百分率}\right) \times 生产工人工资占成本的百分率$$

② 由于材料消耗降低而形成的节约。

$$成本降低率 = 材料消耗定额降低的百分率 \times 材料费用占成本的百分率$$

③ 由于生产增长的幅度超过管理费增长的幅度而形成的节约。

$$成本降低率 = \left(1 - \frac{1 + 管理费增长百分率}{1 + 生产增长百分率}\right) \times 管理费占成本的百分率$$

④ 机械使用费、其他直接费的节约可以根据企业本部的计划规定来计算；间接费用中其他费用的节约，如临时工程可以按照前三项计算方法来计算，也可以遵照企业的计划规定来计算。

(3) 编制项目成本计划表

项目成本计划表是编制成本的最后一个步骤,它也是项目成本计划的最终表现形式。通常认为,项目成本计划有三类:责任成本计划表、降低成本技术组织措施计划表和降低成本计划表。根据现代管理的需要,企业还应该有成本计划分解表,以落实项目内部各单位的经济责任。

1) 责任成本计划表。

责任成本计划表是综合反映整个建设项目在计划期内施工工程的预算成本、责任成本、责任成本计划降低额和计划成本降低额。责任成本计划表的格式见表 2-5。

项目责任成本计划表　　　　　　　　　　　　　　　　表 2-5

工程名称:　　　　　　　　编制日期:　　　　　　　　(单位:元)

成本费用项目	预算成本	计划成本	计划成本降低额	计划成本降低率
直接费用: 　人工费 　材料费 　机械使用费 　其他直接费 　现场经费				
间接费用: 　施工管理费及财务费计划利润税金				
合计				

2) 降低成本技术组织措施表。

降低成本技术组织措施表是预测项目在计划期内成本各直接费计划降低额的依据,该表的编制以技术部门为主,由其会同有关单位(与技术组织措施内容相关的)共同研究后确定,主要包括下面三个内容:

计划期拟采取技术组织措施的种类和内容;

① 该项措施涉及的对象;

② 经济效益的计算和各项直接费用的降低。

降低成本技术组织措施计划表见表 2-6。

项目降低成本技术组织措施计划表　　　　　　　　表 2-6

工程名称:　　　　　　　　编制日期:　　　　　　　　(单位:元)

措施项目	措施内容	设计对象			降低成本来源		成本降低额					执行者
		实物量单位	单价	数量	预计收入	计划开支	合计	人工费	材料费	机械费	其他	
合计												

3）降低成本计划表。

降低成本计划表见表2-7。

项目降低成本计划表　　　　　　　　　　　表2-7

工程名称：　　　　　　编制日期：　　　　　　　　　（单位：元）

分项工程名称	成本降低额							备注
	总计	直接成本				间接成本		
		人工费	材料费	机械费	其他	管理费和财务费	计划利润税金	
分项合计								

（4）成本目标风险分析

成本目标的风险分析，就是对在本项目中可能影响目标实现的诸因素进行事先分析，分析其影响程度和确定消除其影响的对策。风险分析的目的是为了保证成本目标的顺利实现。

成本目标的风险分析方法，依项目的具体情况而不同，通常可以从以下几个方面来进行分析：

① 对项目组织系统内部的分析：如施工组织发生失误而致使窝工、返工等，对新技术、新工艺、新材料使用的不熟悉，重大安全事故等，都会影响成本目标的实现。

② 对工程项目技术特征的分析：如结构特征，地址特征等。如果对这方面情况认识不足，势必影响施工方案的正确制定和有效实施，影响特殊条件施工的技术组织措施准备。这样不但影响项目的进度目标，也直接影响到项目的成本目标。

③ 对业主单位有关情况的分析：包括业主单位的信用、信誉、组织协调能力等。如果在施工中，业主单位由于资金不足而拖欠工程款（甚至业主单位破产），从而会影响工程的顺利进行，使得项目的成本支出增加。其他如业主单位（或监理工程师）故意刁难、组织协调能力差等，也会使项目的成本支出增加。

④ 对可能出现的通货膨胀分析：如由于通货膨胀而导致人工费、材料费、机械使用费等其他费用支出的增加，从而影响成本目标的实现。

⑤ 对项目所在地的交通、能源、电力的分析：如能源、电力供应短缺，交通不便或交通条件差等都会影响成本目标的实现。

⑥ 对气候的分析。

⑦ 其他方面的分析：如外汇变化、项目所在地的政府政策等，对实现成本目标也有较大的影响。目前我国工程项目成本失控主要原因见表2-8。

成本失控主要因素分析表　　　　　　　　　　　表 2-8

工程项目成本失控三要素	项目外部干扰	气候条件； 水文、地质条件； 就业市场； 项目所在地交通、能源条件等； 土地征购、租赁、拆迁； 合同管理不健全； 与项目建设有关的单位
	项目设计质量	设计图错误； 设计漏项； 设计资料与项目所在地不完全相符； 设计粗糙； 供应图纸不及时
	项目内部影响	工作效率低； 缺乏科学组织措施； 非生产人员比重大； 动态管理不够； 岗前培训不够； 新技术不熟练； 现场管理不善、资源浪费严重

2.3 项目成本计划的分解

企业财务部门在掌握了相关的资料之后，对这些资料要加以整理分析，特别是在对基期成本计划完成情况进行分析的基础上，根据有关的设计、施工等计划，按照工程项目应投入的物资、材料、劳动力、机械、能源及各种设施等，结合计划期内各种因素的变化和准备采取的各种增产节约措施，进行反复测算、修订、平衡后，估算生产费用支出的总水平，进而提出全项目的成本计划控制指标，最终确定目标成本。确定目标成本以及把总的目标分解落实到各相关部门、班组，大多采用工作分解法。

工作分解法又称工程分解结构，在国外被简称为 WBS（Work Breakdown Structure），它的特点是以施工图设计为基础，以本企业作出的项目施工组织设计及技术方案为依据，以实际价格和计划的物资、材料、人工、机械等消耗量为基准，估算工程项目的实际成本费用，据以确定成本目标。

具体步骤是：首先把整个工程项目逐级分解为内容单一，便于进行单位工料成本估算的小项或工序，然后按照小项自下而上估算、汇总，从而得到整个工程项目的估算。估算汇总后还要考虑风险系数与物价指数，对估算结果加以修正。结构形式为：

1.0 总工作
1.1 分工作 A
1.1.1 主任务 I
1.1.1.1 子任务 a
1.1.1.2 子任务 b
1.1.1.3 子任务 c
1.1.2 主任务 2
1.1.2.1 子任务 a
1.1.2.2 子任务 b
……
1.2 分工作 B
1.2.1 主任务 I
1.2.1.1 子任务 a
1.2.1.2 子任务 b
……
1.2.2 主任务 2
1.2.2.1 子任务 a
1.2.2.2 子任务 b
……

依次类推,将目标进行逐级分解,最终控制目标完成进度和效果。

项目成本计划,可以认为是在完成项目合同任务前提下的全面费用预算。为了保证成本计划的实现,必须按照经济责任制的要求,将成本计划,或全面预算的内容在项目组织系统内部的各个责任层次进行分解,形成所谓的"责任预算"。然后对责任预算的执行情况进行计量与记录,定期作出业绩报告,以便于进行评价和考核;同时也有利于对整个项目的各种活动进行控制。这些在管理会计中被称为责任会计制度。当然,在项目管理中,并不需要去套用企业的责任会计制度,这是由项目管理的特点决定的。但是,划清项目中各种经济责任,对于项目管理来说却是非常有必要的。

项目责任成本在分解时可以按照年度进行,也可以按照整个项目完成期来进行。项目内可按各个责任层次进行分解,项目组织系统各职能部可按年度或整个项目完成期进行分解,施工队级可按承担项目的任务按年、季度分解,班组级按承担任务按月分解等。

(1) 项目责任成本计划垂直分解

垂直分解,主要是指直接费用中可控成本按项目垂直组织系统进行分解,由

2 项目成本预测和成本计划

于材料采购成本对工程队而言为不可控成本,故不能进行垂直分解。其他直接费的分解则视具体情况而定。考虑到项目的特点,在分解时应将按工程实体结构和按责任中心分解结合起来。表2-9作为示例表现了项目成本计划的垂直分解的大体思路。

项目成本计划垂直分解表　　　　　　　　　　　　　表 2-9

编制日期：　　　　　　　　　　　费用单位：

编号	工程名称	实物单位	数量	直接费用								责任单位
				人工费		材料费		机械费		其他直接费		
				预算	计划	预算	计划	预算	计划	预算	计划	
	单位工程1 分部分项工程1 分部分项工程2 … … 单位工程2 …											
	临时设施											
	合计											

（2）项目责任成本计划横向分解

横向分解,主要是将成本中的部分间接费用（如管理费等）和材料采购成本等在项目的有关职能部门中进行分解,横向分解表见表2-10。

间接费及材料采购成本分解　　　　　　　　　　　表 2-10

编制日期：　　　　　　　　　　　编制单位：

编号	费用项目	办公室	施工技术	安全质量	预算计划统计	财务会计	材料供应	机械设备	……
	工资 奖金 … …								
	合计								
	材料采购成本								

项目管理实践中,应当综合使用各种分解方式,将各分部分项工程成本控制目标和要求,各成本要素的控制目标和要求,落实到成本控制的责任者,并按施工形象进度进行考核（表2-11）。

成本分解的不同途径和方式   表 2-11

分解维度	分解方式	作 用
按工程部位分解	分部分项工程成本目标 子分项工程成本目标 工序施工成本	为分部分项工程成本核算与分析提供依据
按成本要素分解	人工费消耗目标 材料费消耗目标 机械费消耗目标 措施费消耗目标	为施工生产要素的成本核算与分析提供依据
按工期节点分解	年度、季度、月度成本目标	为年、季、月成本核算与分析提供依据
按岗位责任分解	项目部岗位成本责任目标 专业分包成本目标 劳务分包成本目标	为岗位目标责任及分包合同提供依据

（3）垂直分解与横向分解的结合

两类分解的结合将构成项目成本责任的矩阵，有利于成本责任的落实，如图 2-2 所示。

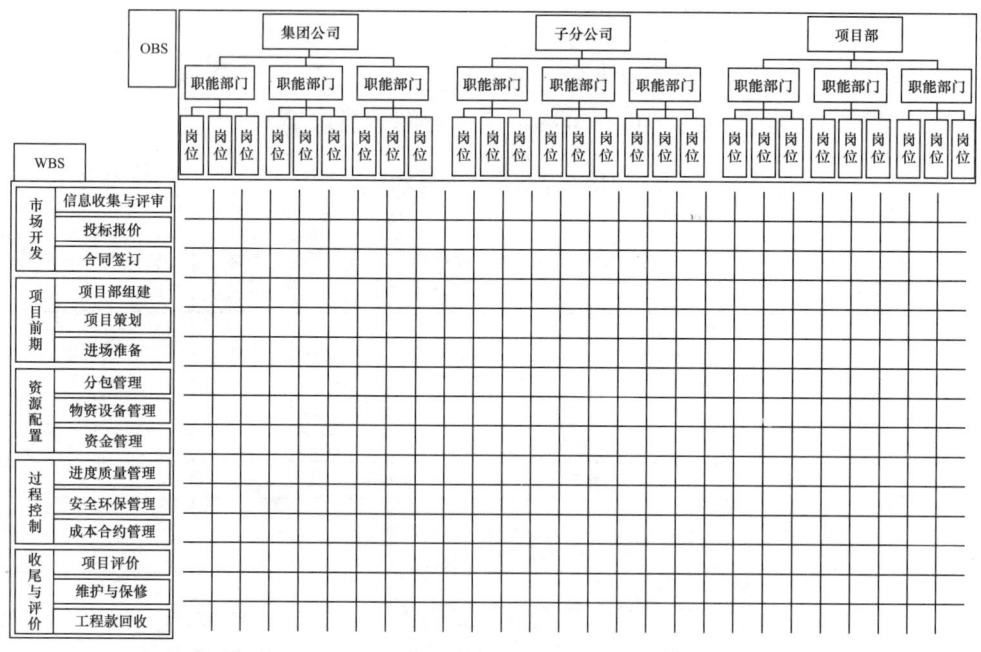

图 2-2　垂直分解与横向分解结合构成的成本责任矩阵

2.4 责任资金预算的编制

由于各责任中心在承担成本控制责任的同时，占用了企业的一部分资金，包括流动资金和长期资金，前者的占用形态以工资、原材料、配件、应收账款、在建工程、其他往来款、间接费、管理费等形式出现，后者的占用形态以固定资产、临时设施、递延资产等形式出现，其中流动资金的占用，责任中心是可以进行控制的，而长期资金的占用，责任中心则是无法进行控制的，因此应当对责任中心进行控制的流动资金占用部分核定责任资金预算，据以考核责任中心占用资金的情况。

责任资金预算是责任中心（包含各个职能部门和项目部门）占用流动资金的预算，它是责任中心占用流动资金的最高限额，是各单位编制资金使用计划的基础和控制资金使用的依据。责任资金预算的编制，要以责任中心的费用预算和成本预算为基础，凡是列入费用预算和成本预算的内容，都应当作为责任资金预算的范围。由于责任资金预算的许多指标是根据企业的历史数据确定的，可能与一些责任中心的实际情况有误差，因此有关职能部门应当到责任中心进行调查了解，及时地发现问题、解决问题，并科学、合理地调整责任资金预算。

2.4.1 工程项目责任资金预算的编制

工程项目生产单位责任资金预算的编制，通常采用资金占用预测法进行，其计算公式有两个：

$$R = A/S \tag{2-1}$$
$$S = p/s$$
$$R = AT \tag{2-2}$$
$$T = s/p$$

式中 R——工程队、机械单位责任资金预算；
  A——成本总预算；
  S——流动资金周转次数；
  p——销售收入；
  s——流动资金平均占用额；
  T——产值流动资金率。

不论按照式（2-1）还是式（2-2）计算，其计算结果完全一致。流动资金占用次数和产值流动资金率指标，可以采用企业基期前三年该指标的平均值，并要考虑加速资金周转的因素。

案例 2-6：工程项目单位责任资金预算。

某项目部八队 2009 年的成本总预算为 2,274,340 元，该项目部 2006 年到 2008 年的平均年销售收入为 1,800 万元，年平均占用流动资金为 150 万元，2009 年要求加速资金周转 4%。要求计算八队的责任资金预算。

按照式（2-1）计算如下：

$$R = 2,274,340 \div (18,000,000 \div 1,500,000) \times (1 - 4\%) \text{ 元}$$
$$= 181,947.2 \text{ 元}$$

需要明确的是，施工生产单位的责任资金预算是按照责任中心工、料、机的责任单价进行计算的，所以上级责任中心在考核项目责任中心执行责任资金预算的情况时，对责任中心实际占用的原材料、配件、电力等费用，也应当以责任中心实际占用的工、料、机的责任单价进行计价。

2.4.2 职能部门责任资金预算的编制

公司及以上职能部门责任资金预算的编制，以职能部门担负的职能和业务量的大小为基础，主要包括储备主要材料占用资金的预算、储备配件占用资金的预算、应收账款占用资金的预算、在建工程占用资金的预算和其他应收、预付款项占用资金的预算。

(1) 储备主要材料占用资金的预算：

$$R_1 = p_1 t_1 \tag{2-3}$$

$$p_1 = p_m + p_n \tag{2-4}$$

$$t_1 = s_1 / p_1 \tag{2-5}$$

式中 R_1——储备材料占用资金预算；

p_1——预算期销售收入；

t_1——产值储备资金率；

p_m——施工产值；

p_n——其他产值；

s_1——储备资金平均占用额。

(2) 储备配件占用资金的预算：

$$R_2 = p_2 t_2 \tag{2-6}$$

$$t_2 = s_2 / p_2 \tag{2-7}$$

式中 R_2——储备配件占用资金预算；

p_2——预算期机械作业收入；

t_2——产值储备资金率;

s_2——储备配件平均占用额。

(3) 应收账款占用资金的预算:

$$R_3 = p_1/m \tag{2-8}$$

$$p_1 = p_m + p_n \tag{2-9}$$

$$m = p_1/M \tag{2-10}$$

式中 R_3——应收账款占用资金预算;

m——应收账款周转次数;

M——应收账款平均占用额。

(4) 在建工程占用资金的预算:

$$R_4 = p_m n \tag{2-11}$$

$$n = N/p_m \tag{2-12}$$

式中 R_4——在建工程占用资金预算;

n——产值在建工程率;

N——在建工程平均占用额。

(5) 其他应收、预付款项占用资金的预算:

$$R_5 = p_1/w \tag{2-13}$$

$$p_1 = p_m + p_n \tag{2-14}$$

$$w = W/p_1 \tag{2-15}$$

式中 R_5——其他应收账占用资金预算;

w——产值其他应收款率;

W——其他应收款平均占用额。

其中,对于职能部门的责任资金预算,全部以实际占用或者发生额与上述责任资金预算对比,进行考核。

2.5　工程项目成本计划的编制方法

工程项目的成本计划工作,是一项非常重要的工作,不应仅仅把它看作是几张计划表的编制,更重要的是项目成本管理的决策过程,即选定技术上可行、经济上合理的最优降低成本方案。

对于大中型工程项目来说,经项目经理部批准下达成本计划指标后,各职能部门应充分发动群众进行认真的讨论,在总结上期成本计划完成情况的基础上,结合本期计划指标,找出完成本期成本计划的有利和不利因素,提出挖掘潜力、克服不利因素的具体措施,以保证计划任务的完成。为了使指标真正落实,各部门应尽可能将指标分解落实下达到各班组及个人。

在各职能部门上报了部门成本计划和费用预算后，项目经理部首先应结合各项技术经济措施，检查各计划和费用预算是否合理可行，并进行综合平衡，使各部门计划和费用预算之间相互协调和衔接；其次，要从全局出发，在保证企业下达的成本降低任务或本项目目标成本实现的情况下，以生产计划为中心，分析研究成本计划与生产计划、劳动工时计划、材料成本与物资供应计划、工资成本与工资基金计划、资金计划等的相互协调平衡。经反复讨论，多次综合平衡，最后确定的成本计划指标，即可作为编制成本计划的依据，项目经理部正式编制的成本计划上报企业有关部门后即可正式下达至各职能部门执行。

工程项目成本计划工作主要是在项目经理负责下，在成本预（决）算基础上进行的。编制中的关键前提是确定目标成本，这是成本计划的核心，是成本管理所要达到的目的。成本目标通常以项目成本总降低额和降低率来定量地表示。项目成本目标的方向性、综合性和预测性决定了必须选择科学的确定目标的方法。

2.5.1 定额估算法

在概算、预算编制力量较强、定额比较完备的情况下，特别是施工图预算与施工预算编制经验比较丰富的施工企业，工程项目的成本目标可以由定额估算法产生。所谓施工图预算，它是以施工图为依据，按照预算定额和规定的取费标准以及图纸工程量计算出项目成本，反映为完成施工项目建筑安装任务所需的直接成本和间接成本。它是招标投标中计算标底的依据、评标的尺度，是控制项目成本支出、衡量成本节约或超支的标准，也是施工项目考核经营成果的基础。施工预算是施工单位（各项目经理部）根据施工定额编制的，作为施工单位内部经济核算的依据。

过去，通常以"两算"对比差额与技术组织措施带来的节约来估算计划成本的降低额，公式为：

计划成本降低额＝"两算"对比定额差＋技术组织措施计划节约额

随着社会主义市场经济体制的建立，一些施工单位对这种定额估算法又作了完善，其步骤及公式如下：

① 根据已有的投标、预算资料，确定中标合同价与施工图预算的总价格、施工图预算与施工预算的总价格差。

② 根据技术组织措施计划确定技术组织措施带来的项目节约数。

③ 对施工预算未能包容的项目，包括施工有关项目和管理费用项目，参照估算。

④ 对实际成本可能明显超出或低于定额的主要子项，按实际支出水平估算

出其实际与定额水平之差。

⑤ 充分考虑不可预见因素、工期制约因素以及风险因素、市场价格波动因素，加以试算调整，得出一综合影响施工项目降低成本计划。

⑥ 综合计算整个项目的目标成本降低额及降低率。

目标成本降低额＝[①＋②－③±④]×[1＋⑤]

目标成本降低率＝目标成本降低额/项目的预算成本

2.5.2 计划成本法

施工项目成本计划中的计划成本的编制方法，通常有以下几种：

（1）施工预算法

施工预算法，是指主要以施工图中的工程实物量，套以施工工料消耗定额，计算工料消耗量，并进行工料汇总，然后统一以货币形式反映其施工生产耗费水平。以施工工料消耗定额所计算的施工生产耗费水平，基本是一个不变的常数。一个施工项目要实现较高的经济效益（即提高降低成本水平），就必须在这个常数基础上采取技术节约措施，以降低消耗定额的单位消耗量和降低价格等措施，来达到成本计划的目标成本水平。因此，采用施工预算法编制成本计划时，必须考虑结合技术节约措施计划，以进一步降低施工生产耗费水平。用公式来表示：

施工预算法的计划成本(目标成本)＝施工预算施工生产耗费水平(工料消耗费水平)
－技术节约措施计划节约额

案例 2-7：施工预算法计算计划成本。

某施工项目按照施工预算的工程实际量，套以施工工料消耗定额，所计算消耗费用为 470.59 万元，技术节约措施计划节约额为 14.37 万元。计算计划成本。

[解] 施工项目计划成本＝（470.59－14.37）万元＝456.22 万元

（2）技术节约措施法

技术节约措施法，是指以该施工项目计划采取的技术组织措施和节约措施所能取得的经济效果为施工项目成本降低额，然后求施工项目的计划成本的方法。

用公式表示如下：

施工项目计划成本＝施工项目预算成本－技术节约措施计划节约额（降低成本额）

案例 2-8：技术节约措施法计算计划成本。

某施工项目造价为 562.2 万元，扣除计划利润和税金以及企业管理独立费，

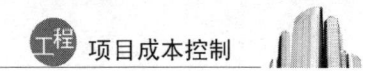

经计算其预算成本为 484.82 万元，该施工项目的技术节约措施节约额为 28.75 万元。计算计划成本。

[解] 施工项目计划成本＝（484.82－28.75）万元＝456.07 万元

（3）成本习性法

成本习性法，是指固定成本和变动成本在编制成本计划中的应用，主要按照成本习性，将成本分成固定成本和变动成本两类，以此作为计划成本。具体划分可采用费用分解法。

① 材料费。与产量有直接联系，属于变动成本。

② 人工费。在计时工资形式下，生产工人工资属于固定成本。因为不管生产任务完成与否，工资照发，与产量增减无直接联系。如果采用计件超额工资形式，其计件工资部分属变动成本，奖金、效益工资和浮动工资部分，也应计入变动成本。

③ 机械使用费。其中有些费用随产量增减而变动，如燃料、动力费，属变动成本。有些费用不随产量变动，如机械折旧费、大修理费、机修工、操作工的工资等，属于固定成本。此外，还有机械的场外运输费和机械组装拆卸、替换配件、润滑擦拭等经常修理费，由于不直接用于生产，也不随产量增减成正比例变动，而是在生产能力得到充分利用、产量增长时，所分摊的费用就少些，在产量下降时，所分摊的费用就要大一些，所以这部分费用为介于固定成本和变动成本之间的半变动成本，可按一定比例划归固定成本与变动成本。

④ 其他直接费。水、电、风、汽（气）等费用以及现场发生的材料二次搬运费，多数与产量发生联系，属于变动成本。

⑤ 施工管理费。其中大部分在一定产量范围内与产量的增减没有直接联系，如工作人员工资，生产工人辅助工资，工资附加费、办公费、差旅交通费、固定资产使用费、职工教育经费、上级管理费等，基本上属于固定成本；检验试验费、外单位管理费等与产量增减有直接联系，则属于变动成本范围；劳动保护费中的劳保服装费、防暑降温费、防寒用品费，劳动部门都有规定的领用标准和使用年限，基本上属于固定成本范围；技术安全措施，保健费，大部分与产量有关，属无变动性质，工具用具使用费中，行政使用的家具费属固定成本，工人领用工具，随管理制度不同而不同，有些企业对机修工、电工、钢筋工、车工、钳工、刨工的工具按定额配备，规定使用年限，定期以旧换新，属于固定成本，而对民工、木工、抹灰工、油漆工的工具采取定额人工数、定价包干，则又属于变动成本。

案例 2-9：成本习性法计算计划成本。

某施工项目，经过分部分项测算，测得其变动成本总额为 493.01 万元，固定成本总额 163.07 万元。计算计划成本。

[解] 施工项目计划成本＝493.01＋163.07＝656.08 万元

2.6 成本管理责任制

工程项目的成本控制，不仅仅是专业成本员的责任，所有的项目管理人员，特别是项目经理，都要按照自己的业务分工各负其责。为了保证项目成本控制工作的顺利进行，需要把所有参加项目建设的人员组织起来，将计划目标成本进行分解与交底，使项目经理部的所有成员、各个单位和部门都能明确自己的成本责任，并按照自己的分工开展工作。

项目经理部进行目标成本分解应符合下列要求：

① 按工程部位进行项目成本分解，为分部分项工程成本核算提供依据。

② 按成本项目进行成本分解，确定项目的人工费、材料费、机械台班费、其他直接费和施工管理费的构成，为施工生产要素的成本核算提供依据。

项目经理部应将各分部分项工程成本控制目标和要求、各成本要素的控制目标和要求，落实到成本控制的责任者，并应对确定的成本控制措施、方法和时间进行检查和改善。

项目管理人员的成本责任，不同于工作责任。有时工作责任已经完成，甚至还完成得相当出色，但成本责任却没有完成。因此，应该在原有职责分工的基础上，还要进一步明确成本管理责任，使每一个项目管理人员都有这样的认识：在完成工作责任的同时还要为降低成本精打细算，为节约成本开支严格把关。

这里所说的成本管理责任制，是指各项目管理人员在处理日常业务中对成本管理应尽的责任。要联系实际，整理成文，并作为一种制度加以贯彻。

(1) 合同预算员的成本管理责任

① 根据合同条件、预算定额和有关规定，充分利用有利因素，编好施工图预算，为企业正确确定责任目标成本提供依据。

② 深入研究合同规定的"开口"项目，在有关项目管理人员（如项目工程师、材料员等）的配合下，努力增加工程收入。

③ 收集工程变更资料（包括工程变更通知单、技术核定单和按实际结算的资料等），及时办理增加账，保证工程收入，及时收回垫付的资金。

④ 参与对外经济合同的谈判和决策，以施工图预算和增加账为依据，严格控制分包、采购等施工所必需的经济合同的数量、单价和金额，切实做到"以收定支"。

（2）工程技术人员的成本管理责任

① 根据施工现场的实际情况，合理规划施工现场平面布置（包括机械布置，材料、构件的堆放场地，车辆进出现场的运输道路，临时设施的搭建数量和标准等），为文明施工、减少浪费创造条件。

② 严格执行工程技术规范和以预防为主的方针，确保工程质量，减少零星修补，消灭质量事故，不断降低质量成本。

③ 根据工程特点和设计要求，运用自身的技术优势，采取实用、有效的技术组织措施和合理化建议，走技术与经济相结合的道路，为提高项目经济效益开拓新的途径。

④ 严格执行安全操作规程，减少一般安全事故，消灭重大人身伤亡事故和设备事故，确保安全生产，将事故损失减少到最低限度。

（3）材料人员的成本管理责任

① 材料采购和构件加工，要选择质高、价低、运距短的供应（加工）单位。对到场的材料、构件要正确计量、认真验收，如遇质量差、数量不足的情况，要进行索赔。切实做到：一要降低材料、构件的采购（加工）成本；二要减少采购（加工）过程中的管理损耗，为降低材料成本走好第一步。

② 根据项目施工的计划进度，及时组织材料、构件的供应，保证项目施工的顺利进行，防止因停工待料造成损失。在构件加工的过程中，要按照施工顺序组织配套供应，以免因规格不齐造成施工间隙，浪费时间，浪费人力。

③ 在施工过程中，严格执行限额领料制度，控制材料消耗；同时，还要做好余料的回收和利用，为考核材料的实际消耗水平提供正确的数据。

④ 钢管脚手杆和钢模板等周转材料，进出现场都要认真清点，正确核实，以减少缺损数量；使用它以后，要及时回收、整理、堆放，并及时退场，既可节省租费，又有利于场地整洁，还可加速周转，提高利用效率。

⑤ 根据施工生产的需要，合理安排材料储备，减少资金占用，提高资金利用效率。

（4）机械管理人员的成本管理责任

① 根据工程特点和施工方案，合理选择机械的型号、规格和数量，优化配置，动态管理。

② 根据施工需要，合理安排机械施工，充分发挥机械的效能，减少机械使用成本。

③ 严格执行机械维修保养制度，加强平时的机械维修保养，保证机械完好，在施工中正常运转。

（5）行政管理人员的成本管理责任

① 根据施工生产的需要和项目经理的意图，合理安排项目管理人员和后勤服务人员，节约工资性支出。

② 具体执行费用开支标准和有关财务制度，控制非生产性开支。

③ 管好用好行政办公用财产物资，防止损坏和流失。

④ 安排好生活后勤服务，在勤俭节约的前提下，满足职工群众的生活需要，安心为前方生产出力。

（6）财务成本员的成本管理责任

① 按照成本开支范围、费用开支标准和有关财务制度，严格审核各项成本费用，控制成本支出。

② 建立月度财务收支计划制度，根据施工生产的需要，平衡调度资金，通过控制资金使用，达到控制成本的目的。

③ 建立辅助记录，及时向项目经理和有关项目管理人员反馈信息，以便对资源消耗进行有效的控制。

④ 开展成本分析，特别是分部分项工程成本分析、月度成本综合分析和针对特定问题的专题分析，要做到及时向项目经理和有关项目管理人员反映情况，提出建议，以便采取针对性的措施来纠正项目分析，特别是分部分项工程成本分析、月度成本综合分析和针对特定问题的专题分析，要做到及时向项目经理和有关项目管理人员反映情况，提出建议，以便采取针对性的措施来纠正项目成本的偏差。

⑤ 在项目经理的领导下，协助项目经理检查、考核各部门、各单位、各班组责任成本的执行情况，落实责、权、利相结合的有关规定。

3 成本控制的方法和途径

成本控制是成本管理的重要环节之一。工程项目成本控制是在满足工程合同条款要求的前提下，根据项目的成本计划，对项目施工过程中所发生的各种费用支出，采取一系列措施来进行严格的监督和控制，及时纠正偏差，总结经验，保证项目成本目标的实现。

3.1 项目成本控制概述

3.1.1 项目成本控制的意义

工程项目的成本控制，是指在项目成本的形成过程中，对生产经营所消耗的人力资源、物质资源和费用开支进行指导、监督、调节和限制，及时纠正将要发生和已经发生的偏差，把各项生产费用控制在计划成本的范围之内，以保证成本目标的实现。

工程项目的成本目标有的是企业下达或内部承包合同规定的，也有的是项目自行制定的。但这些成本目标，一般只有一个成本降低率或降低额，即使加以分解，也不过是相对明细的降低指标而已，难以具体落实，以致目标管理往往流于形式，无法发挥控制成本的作用。因此，项目经理部必须以成本目标为依据，联系施工项目的具体情况，制订明细而又具体的成本计划，使之成为"看得见、摸得着、能操作"的实施性文件。这种成本计划，应该包括每一个分部分项工程的资源消耗水平，以及每一项技术组织措施的具体内容和节约数量、金额，既可指导项目管理人员有效地进行成本控制，又可作为企业对项目成本检查考核的依据。

由于项目管理是一次性行为，它的管理对象只有一个工程项目，且将随着项目建设的完成而结束其历史使命。在施工期间，项目成本能否降低，有无经济效益，得失在此一举，别无回旋余地，有很大的风险性。为了确保项目成本必盈不亏，成本控制不仅必要，而且必须做好。

从这个角度来看，施工项目成本控制的目的，在于降低项目成本，提高经济效益。然而项目成本的降低，除了控制成本支出以外，还必须增加工程预算收入。因为，只有在增加收入的同时节约支出，才能提高工程项目成本的降低水

 3 成本控制的方法和途径

平。由此可见,增加工程预算收入也是施工项目降低成本的主要来源。

工程项目管理是为实现项目投资、进度、质量目标而进行的全过程、全方位的规划、组织、控制和协调工作,内容是研究如何高效益地实现项目目标。工程项目成本是生产工程产品过程中发生或实际发生的工、料、费投入,它反映企业劳动生产率的高低、材料的节约程度、机械设备的利用情况,以及施工组织劳动组织、管理水平等施工经营管理活动的全部情况。所以,工程成本指标能反映施工企业的经营活动成果,是评定企业工作质量的一个综合指标。能够及早发现施工现场活动的成本超支或有可能超支,以便有机会采取补救措施,尽量消除超支带来的影响或将影响降至最低,对工程项目管理至关重要。

(1) 工程项目管理需要确定成本控制目标,建立健全成本责任制

工程成本一般可以分为可变成本和固定成本两大类。可变成本是与生产过程直接相关的成本,在建筑行业中,它是劳动力、机械、材料的直接成本以及现场间接成本之和,这些成本可变是因为它们是所进行的工程量的函数。固定成本是指一般工程管理成本,它的发生与所进行的工程量无关,而保持一个较稳定的比例。根据每个工程项目招标投标的具体情况,确立成本控制目标。把目标建立在项目上,使成本控制目标更具现实性和可操作性。落实目标成本的责任并使目标成本有效控制的关键,是明确承包人的责、权、利,企业在与项目经理签订经济承包合同时,必须确立目标成本和责任,落实承包人的责任和权利。要建立完整的目标成本控制体系,完善企业经营、施工技术、质量、安全、材料、定额、核算、财务等各项建筑工程管理制度和有关实施考核细则。

(2) 工程项目管理应该抓住各个环节控制,疏而不漏,全面实现目标控制

工程项目管理要坚持计划指导生产,强化定额控制,按照科学合理的施工方案和计划,组织施工和合理安排,根据具体施工安排和定额量,编制出劳动力、材料、设备、机具等使用计划和资金使用计划,使人、财、物的投入在定额范围内按计划满足施工需要,避免工程成本出现人为失控;同时也要积极采用先进工艺和技术降低成本,在施工前务必制定出切实可行的技术节约措施,对将在施工中采用的新工艺、新材料、新设备以及各种代用品均做好事前周密策划,反复实践验证,一经确定的施工工艺和技术方案必须坚决贯彻执行,不仅要认真地进行技术交底,更要严格把关检查,保证安全可靠地顺利实施,促使工程成本降低;工程管理还需加强人工费、材料费、机械费、临设费、管理费等费用的管理,做好各项费用成本的有效控制。严格控制非生产性开支,杜绝浪费,按用款计划认真核算,控制范围,严格审批。特别是机械费用应按合理测算指标分比例承包,实行机械设备租赁制,严格设备租赁管理和奖赔制度,加大设备使用率,提高设备完好率。提高机械设备利用率,降低设备使用费;最后,在控制工程各个环节

61

的过程中，也要抓好关键管理。工作重点突出每个工程项目的施工，都要突出强化施工现场管理这个重点，将文明施工贯穿于施工全过程，加强档案资料管理等基础管理工作，把每个员工的工作意志和行为规范始终统一地约束到企业建筑工程管理的各项制度中来，以优质、快速、安全、低损耗的产品和高效的成本控制措施等企业形象，力争工程提前竣工验收，并按合同约定及时进行竣工结算和财务结算，做到工完、场清、料净，以确保工程款按时回笼，防止成本流失。

（3）工程项目管理要建立项目成本控制系统

工程项目管理要建立项目成本控制系统，包括五个步骤的内容。

1）成本账目图表。它是用于估计项目支出的基本原则，根据这一原则确定与公司的一般账目和会计职能的联系及与其他财务账目的协调一致。

2）项目成本计划。它是运用成本账目来比较项目的成本计划和现场发生的实际计划的。

3）成本数据采集。它是将采集到的成本数据集成到成本报表系统之中。

4）项目成本报表。它是确定在项目的成本管理中项目成本报表的类型。

5）成本工程。它是使成本目标最小化应采取的成本过程类型。

总之，工程管理可谓是一个复杂管理的过程，有着严格的工作范围、时间进度、成本预算、质量性能等方面的要求，单纯依靠个人英雄式的单打独斗或者孤军奋战根本解决不了问题，而必须借助团队合作的力量。项目管理的过程，也是团队合作的过程。加强工程项目成本控制，将是工程建筑企业进入成本竞争时代的竞争利器，也是企业推进成本发展战略的基础。在我国已加入WTO，建筑业面临国际竞争的背景下，加强建筑企业成本控制更显其重要。为此，展开项目成本控制的管理工作，将为工程建筑企业的发展提供有益的帮助。

3.1.2 项目成本控制的原理和工具

成本控制的前提是制定成本目标和成本计划，实施控制的方法是进行检查和纠偏，持续控制必然是连续不断地动态循环。如此便构成成本控制的三个原理，并相应地使用若干管理工具。

（1）目标分解和WBS

目标分解就是将总体目标在纵向、横向或时序上分解到相关层次、相关部门以至相关人员，形成目标体系的活动。成本控制的基本方法是检查计划执行情况并不断地在检查中发现执行过程中的偏差，采取纠正行动，以调整这种偏差，从而保证计划目标的实现。但检查——纠偏——再检查——再纠偏这种周而复始的过程，必须要求被检查的活动或产品仅仅是过程中的一个单元或节点，及时地发现偏差并及时纠正后能够在后续的活动或单元中"引以为戒"，重回正确轨道。

此时的损失仅仅是局部的、较小量的，完全可以通过纠偏后的努力来弥补。如果项目已经完成或已大部完成后再去检查，那么大错已经铸成，损失难以弥补。因此，要不断进行目标值与实际值的比较与分析，不断采取措施调整，这就要对总体目标进行层层分解，控制每个分目标能够实现计划，从而保证总体目标计划的完成。这就是项目控制的第一个原理：目标分解。

目标分解可以用到一个重要工具——WBS，WBS将项目系统分解成可以管理的若干工作单元（工作包），便能够更容易也更为准确地确定这些单元的费用和进度，明确其定义及质量要求。也就是说，WBS将一个项目分解成易于管理的细目，这就有助于确保找出完成项目工作范围所需的所有工作要素，提高时间、费用和资源估算的准确度。同时，它便于为各独立单元分派人员，规定这些人员的相应职责。WBS是项目团队在项目期间完成或生产出的最终细目的等级树。所有这些细目的完成或产出，构成了整个项目工作范围。

建立WBS的指导原则包括：一个单位工作任务只能在WBS中出现一次；上层单元的工作内容应该等于所有直接下层工作单元的总和；每项工作由专人负责；WBS必须与工作任务的实际执行过程相一致；项目部相关成员参与WBS的制定过程；每一个WBS项目必须有准确描述；WBS应具有一定的灵活性，以适应变更的需要。

由于WBS在项目控制中的重要性，以致一些项目管理专家断言：没有WBS就谈不上项目管理。本书第2.3节已经较为详细地介绍了成本目标分解的概念、方法和WBS的使用。

（2）循环理论和PDCA

成本控制有事前控制、事中控制和事后控制。事前控制又称预先控制，是在实际活动之前预先制定绩效标准及偏差预警系统，在问题发生以前即启动控制程序，以防患未来可能发生的问题；事中控制又称同步控制，指项目实施过程中采取各种措施降低资源消耗、遵守工艺纪律、执行行业标准规范等，以满足成本要求；事后控制又称反馈控制，指问题偏差发生之后采取控制程序、改正问题，事后控制的纠正措施又成为下一阶段（工作单元）事前控制的一部分。成本控制就是这样一个不断寻找和发现偏差，然后采取纠正行动，以调整偏差的动态过程。这也就构成成本控制的第二原理：循环理论，如图3-1所示。

事前控制体现对计划、规划和执行进行预测的作用；事中控制体现对计划执行的控制作用，以及在执行中及时采取措施纠正偏差的能力；事后控制则体现对控制每一循环过程总结处理的作用和调整计划的能力。三类控制各有其适用环境、控制工作内容和时间。事前控制最理想，但事实上很难事先对项目实施过程可能出现的问题进行全面估计。因此，成本控制主要是在事中控制和事后控制中实现的。

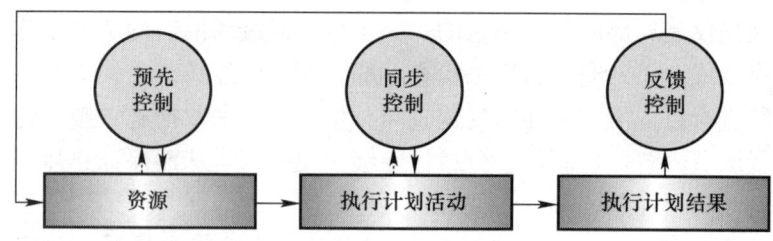

图 3-1　三类控制的循环

根据成本控制的这个原理,我们显然可以将质量管理中所广泛应用的一个工具 PDCA 循环应用于项目控制。PDCA 的含义是:P(PLAN)—计划;D(Do)—执行;C(CHECK)—检查;A(ACT)—行动,对总结检查的结果进行处理,成功的经验加以肯定并适当推广、标准化,失败的教训加以总结,未解决的问题进入下一个 PDCA 循环。PDCA 四个过程不是运行一次就结束,而是周而复始地进行,一个循环完了,解决一些问题,未解决的问题以及项目实施过程中不断出现的新问题进入下一轮循环,就这样阶梯式地使成本管理不断得到改进。PDCA 循环实际上是有效进行任何一项工作的合乎逻辑的工作程序(见图 3-2)。

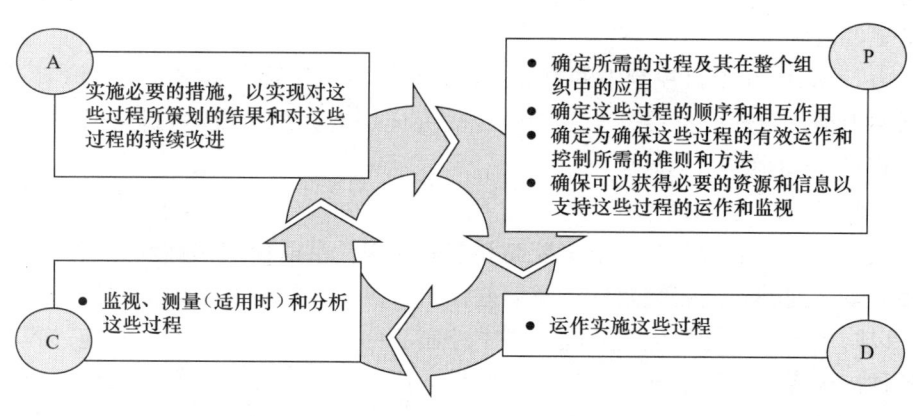

图 3-2　PDCA 示意图

(3) 偏差分析和挣值管理

所谓偏差分析,是一个根据工作分解结构(WBS)进行工作包绩效的测量、考核与分析,并及时纠正偏差的过程。在项目管理中,偏差分析指实际完成工作与计划完成工作之间的差异,包括进度偏差、成本偏差等。有了偏差分析才谈得上发现偏差继而纠正偏差,并最终达到预先设定的目标。偏差分析也就构成了项目控制的第三个原理。

挣值分析的三个基本参数是计划值(PV)、实际成本(AC)和挣值(EV)。

计划值（PV）又叫做计划工作量的预算费用（BCWS，Budgeted Cost for Work Scheduled），指项目实施过程中某阶段计划要求完成的工作量所需的预算工时（或费用）。计算公式是：$PV=BCWS=$ 计划工作量×预算定额，主要反映进度计划中应当完成的工作量，而不是反映应消耗的工时或费用。

实际成本（AC）又叫做已完成工作量的实际费用（ACWP，Actual Cost for Work Performed），指项目实施过程中某阶段实际完成的工作量所消耗的工时（或费用），主要反映项目执行的实际消耗指标。

挣值（EV，Earned Value）又叫做已完成工作量的预算成本（BCWP，Budgeted Cost for Work Performed），指项目实施过程中某阶段实际完成工作量及按预算定额计算出来的工时（或费用），计算公式是：$EV=BCWP=$ 已完成工作量×预算定额。

挣值法的基本思想是通过引进中间变量"挣值"，帮助项目管理者分析项目的成本和工期的变动情况，并给出相应的信息，以便对项目成本的发展趋势作出科学的预测与判断，并提出相应的对策。EV 即挣值，用来度量完成工作的实际价值。如果一个工作包或一个活动被完成，那么分配的预算就是该工作包的挣值。因此，它是一个表示已完成作业量的计划价值大小的中间变量。

挣值分析法有四个评价指标：两个绝对差异分析变量是进度偏差（SV）和成本偏差（CV），两个相对差异分析变量是成本绩效指数（CPI）和进度绩效指数（SPI）。

1) 进度偏差是指检查日期 EV 和 PV 之间的差异，即 $SV=EV-PV=BCWP-BCWS$。当 SV 为正值时，表示进度提前；SV 等于零时，表示实际与计划相符；SV 为负值时，表示进度延误。

2) 成本偏差指检查期间 EV 和 AC 之间的差异，即 $CV=EV-AC=BCWP-ACWP$。当 CV 为正值时，表示实际消耗的人工（或费用）低于预算值，即有结余或效率高；当 CV 等于零时，表示实际消耗的人工（或费用）等预算值；当 CV 为负值时，表示实际消耗的人工（或费用）超出预算值或超支。

3) 成本绩效指数表明预算费用与实际费用之比，即 $CPI=EV/AC=BCWP/ACWP$。当 CPI>1 时，表示低于预算，即实际费用低于预算费用；当 CPI=1 时，表示实际费用与预算费用吻合；当 CPI<1 时，表示超出预算，即实际费用高于预算费用。

4) 进度绩效指数表明项目挣值与计划值之比，即 $SPI=EV/PV=BCWP/BCWS$。当 SPI>1 时，表示进度超前；当 SPI=1 时，表示实际进度与计划进度相同；当 SPI<1 时，表示进度延误。

挣值法可用图示表示，如图 3-3 所示。

工程 项目成本控制

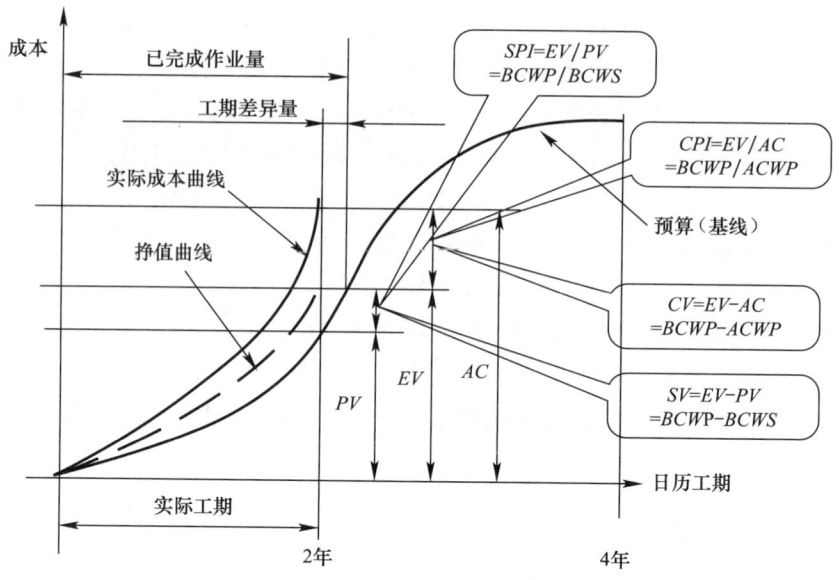

图 3-3 挣值分析示意图

EVM（Earned Value Management）即挣值管理，它将所计划的工作的价值与实际完成的工作的实际价值及实际的支出进行比较，以判断成本与进度方面的绩效是否符合计划要求。挣值管理作为成本控制的一种方法，通过项目开始时的计划与所完成的工作进行比较，给出了一个项目何时完工的估算，通过从项目已经完工的部分进行推算，项目经理可以估计出项目完工的时候，将会花费多少资源。

案例 3-1：用挣值管理方法进行项目控制

某别墅装修工程项目由 11 个分项工程组成，总工期为 121 天，费用为 31 万元。其中：

分项工程 1：费用预算 2 万元；

分项工程 2：费用预算 1 万元；

分项工程 3：费用预算 4.5 万元；

分项工程 4：费用预算 3 万元；

分项工程 5：费用预算 1 万元；

分项工程 6：费用预算 4 万元；

分项工程 7：费用预算 2 万元；

分项工程 8：费用预算 2 万元；

分项工程 9：费用预算 6 万元；

分项工程10：费用预算5万元；

分项工程11：费用预算0.5万元。

两个月后，按计划两个月应该完成分项工程1、2、3、5、6、8，预算合计为14.5万元（2+1+4.5+1+4+2=14.5），经过统计实际完成了活动1、2、3、5、6，实际花费为13.9万元。

按照常规考核结论，项目实际进度比计划落后一点点，但费用控制得好，只要在以后的两个月加快进度，成功完成项目不成问题。

然而，使用挣值管理的方法考核，却得出不同的结论：项目当前的 PV 为 14.5 万元，AC 为 13.9 万元，EV 为 12.5 万元，计算结果为：

进度偏差 $SV=EV-PV=12.5-14.5=-2$（万元）<0

费用偏差 $CV=EV-AC=12.5-13.9=-1.4$（万元）<0

进度绩效指数 $SPI=EV/PV=12.5/14.5=0.86<1$

费用绩效指数 $CPI=EV/AC=12.5/13.9=0.90<1$

如果项目后期的费用绩效和进度绩效与前两个月差不多，估算完工时的绩效为：

费用完工估算$=BAC/CPI=31/0.9=34.44$ 万元

完工总时间估算$=$计划总工期/进度绩效指数$=121/0.86=140.7$ 天

结论是：项目进度落后于计划大约15%，费用也有10%左右的超支，如果后期不加强有效的管理和控制，项目失败是不可避免的。

3.1.3 项目成本控制的依据

项目成本控制的依据，主要体现在以下几个方面：

（1）工程承包合同

工程项目成本控制要以工程承包合同为依据，围绕降低工程成本这个目标，从预算收入和实际成本两个方面，努力挖掘增收节支潜力，以求获得最大的经济效益。

（2）工程项目成本计划

工程项目成本计划是根据工程项目的具体情况制定的施工成本控制方案，既包括预定的具体成本控制目标，又包括实现控制目标的措施和规划，是工程项目成本控制的指导文件。

（3）工程变更

在项目的实施过程中，由于各方面的原因，工程变更是很难避免的。工程变更一般包括设计变更、进度计划变更、施工条件变更、技术规范与标准变更、施工次序变更、工程量变更等。一旦出现变更，工程量、工期、成本都必将发生变化，从而使得施工成本控制工作变得更加复杂和困难。因此，施工成本管理人员就应当通过对变更要求当中各类数据的计算、分析，及时掌握变更情况，包括已发生工程量、将要发生工程量、工期是否拖延、支付情况等重要信息，判断变更以及变更可能带来的索赔额度等。

(4) 施工进度报告

工程施工进度报告提供了每一时刻工程实际完成量、工程施工成本实际支付情况等重要信息。工程项目成本控制工作正是通过实际情况与施工成本计划相比较，找出二者之间的差别，分析偏差产生的原因，从而采取措施改进以后的工作。此外，进度报告还有助于管理者及时发现工程实施中存在的隐患，并在可能造成重大损失之前采取有效措施，尽量避免损失。

除了以上几种工程项目成本控制工作的主要依据以外，有关施工组织设计、分包合同等也都是工程项目成本控制的依据。

3.1.4 项目成本控制的要求

在进行工程项目成本控制过程中，要达到以下五点要求。

(1) 成本最低化

工程项目成本管理的根本目的，在于通过成本管理的各种手段，促进不断地降低施工项目成本，以达到可能实现最低的目标成本的要求。但是，在实现成本最低化要求时，应注意研究降低成本的可能性和合理的成本最低化。一方面，挖掘各种降低成本的潜力，使可能性变成现实；另一方面，要从实际出发，制定通过主观努力可能达到合理的最低成本水平，并据此进行分析、考核评比。

(2) 全面成本管理

全面成本管理是全企业、全员和全过程的管理。长期以来，在施工项目成本管理中，存在"三重三轻"问题，即：①重实际成本的计算和分析，轻全过程的成本管理和对其影响因素的控制；②重施工成本的计算分析，轻采购成本、工艺成本和质量成本；③重财会人员的管理，轻群众性的日常管理。因此，为了确保不断降低施工项目成本，达到成本最低化目的，必须实行全面成本管理。

(3) 成本责任制

为了实行全面成本管理，必须对施工项目成本进行逐层分解，以分级、分工、分人的成本责任制作保证。施工项目经理部应对企业下达的成本指标负责，班组和个人对项目经理部的成本目标负责，以做到层层保证，定期考核评定。成本责任制的关键是划清责任，并要与奖惩制度挂钩，使各部门、各班组和个人都来关心施工项目成本。

(4) 成本管理有效化

所谓成本管理有效化，主要有两层意思：一是促使施工项目经理部以最少的投入，获得最大的产出；二是以最少的人力和财力，完成较多的管理工作，提高工作效率。

提高成本管理的有效性，可以采取行政方法，通过行政隶属关系，下达指标，制定实施措施，定期检查监督；或是采用经济方法，利用经济杠杆、经济手段实行管理；再者是用法制手段，根据国家的政策方针和规定，制定具体的规章制度，使人人照章办事，用法律手段进行成本管理。

(5) 成本管理科学化

成本管理是企业管理学中一个重要内容，企业管理要实行科学化，必须把有关自然科学和社会科学中的理论、技术和方法运用于成本管理。在工程项目成本管理中，可以运用预测与决策方法、目标管理方法、量本利分析方法和价值工程方法等进行科学管理。

3.1.5 项目成本控制的原则

工程项目成本控制要遵循以下原则。

(1) 全面控制原则

全面控制包括全员和全过程控制。

1) 全员控制。指工程项目成本是考核工程项目经济效益的综合性指标，它涉及与工程项目形成有关的各部门、各单位和班组，也与每个职工切身利益有关，因此，工程项目成本的控制需要大家共同关心与努力。同时，有关的各部门、各单位和个人都要肩负成本责任，把成本目标落实到每个部门乃至个人，真正树立起全员控制的观念。

2) 全过程控制。指工程项目成本的发生涉及项目整个周期。因此，项目成本形成的全过程（从投标开始至中标后的实施及竣工验交）都要有成本控制的意识。在投标阶段，做好成本的预测，签订好合同；在中标后的施工过程中，要制订好成本计划和成本目标，并采取技术和经济相结合的有效手段，控制好事中成本；在竣工验收阶段，要办理工程结算及追加的合同价款，做好成本的核算和分析，使工程自始至终处于有效控制之下。

(2) 开源与节流相结合的原则

成本控制的目的是提高经济效益，其途径包括降低成本支出和增加预算收入两个方面。这就需要在成本形成过程中，一方面，"以收定支"，定期进行成本核算和分析，以便及时发现成本节、超的原因；另一方面，加强合同管理，及时办理合同外价款的结算，以提高项目成本的管理水平。

（3）目标管理原则

目标管理是进行任何一项管理工作的基本方法和手段，成本控制也应遵循这一原则。即目标设定、分解→目标的责任到位和执行→检查目标的执行结果→评价和修正目标，从而形成目标管理的计划、实施、检查、处理循环。在实施目标管理过程中，目标的设定应切实可行，越具体越好，要落实到各部门、班组甚至个人；目标的责任应全面，既有工作责任，更要有成本责任。如技术人员在选择施工方法时，要做到技术上切实可行，即工作责任的要求，同时经济上要合理，即成本责任的要求；目标的检查应及时全面，发现问题，及时采取纠正措施；评价应公正、合理。只有将成本控制置于这样一个良性循环之中，成本目标才能得以实现。

（4）责、权、利相结合的原则

这个原则是成本控制得以实现的重要保证。在成本控制过程中，项目经理及各专业管理人员都负有一定的成本责任，从而形成了整个项目成本控制的责任网络。要使成本责任得以落实，责任人应享有一定的权限，即在规定的权力范围内可以决定某项费用能否开支、如何开支和开支多少，以行使对项目成本的实质控制。例如，物资采购人员在采购材料时，应享有选择供应商的权力，以确保材料成本相对最低。最后，企业领导对项目经理，项目经理对各部门在成本控制中的业绩要进行定期检查和考评，要与工资、奖金挂钩，做到奖罚分明。实践证明，只有责、权、利相结合，才能使成本控制真正落到实处。

（5）节约原则

节约人力、物力、财力是提高经济效益的核心，也是成本控制的一项最重要的基本原则。应做好三方面的工作：一是严格执行成本开支范围、费用开支标准和有关财务制度，对各项成本费用的支出进行限制和监督；二是提高施工项目科学管理水平，优化施工方案，提高生产效率；三是采取预防成本失控的技术组织措施，制止可能发生的浪费。真正做到向管理要效益，向技术要效率，确保成本目标的实现。

（6）中间控制原则

对于一次性的工程项目，竣工阶段的成本控制，由于成本盈亏已成定局，即使发现了偏差，也不能再纠正。因此，把成本控制的重心放在基础、结构、装饰等主要施工阶段上，是十分必要的，所以要进行中间环节的控制。

（7）例外管理原则

例外管理原则是西方国家现代管理的常用方法，它起源于决策科学中的"例外"原则。当前，例外管理方法被更多地用于成本指标的日常控制之中。

在工程项目建设过程的诸多活动中,有许多活动是例外的,如限额领料、使用机械的程序等,这些活动通常是通过制度来保证其顺利进行的。

3.1.6 项目成本控制的程序

在对一般的工程项目进行成本控制时,按照以下程序进行,如图3-4所示。

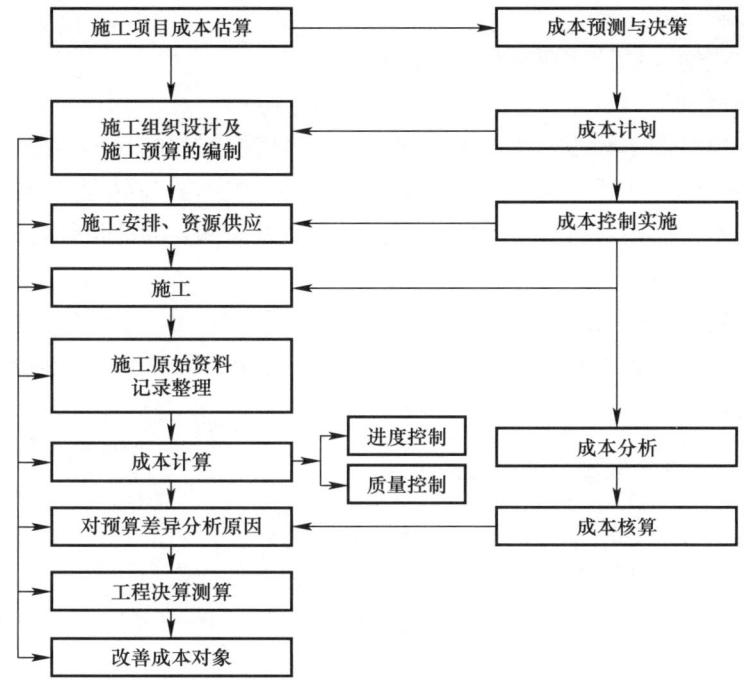

图 3-4 施工项目成本控制一般程序图

3.2 成本控制的实施

3.2.1 项目成本控制实施的步骤

在确定了工程项目成本计划之后,接下来就要进行成本控制的实施。成本控制的实施需要定期地进行工程项目成本计划值与实际值的比较,当实际值偏离计划值时,分析产生偏差的原因,采取适当的纠偏措施,以确保工程项目成本控制目标的实现。其步骤包括以下五个方面。

(1) 比较

按照某种确定的方式将工程项目成本计划值与实际值逐项进行比较,以发现工程项目成本是否已超支。

(2) 分析

在比较的基础上，对比较的结果进行分析，以确定偏差的严重性及偏差产生的原因。这一步是工程项目成本控制工作的核心，其主要目的在于找出产生偏差的原因，从而采取有针对性的措施，减少或避免相同原因的再次发生或减少由此造成的损失。

(3) 预测

按照完成情况估计完成项日所需的总费用。

(4) 纠偏

当工程项目的实际施工成本出现偏差，应当根据工程的具体情况、偏差分析和预测的结果，采取适当的措施，以期达到使施工成本偏差尽可能小的目的。纠偏是施工成本控制中最具实质性的一步。只有通过纠偏，才能最终达到有效控制工程项目成本的目的。

(5) 检查

检查是指对工程的进展进行跟踪检查，及时了解工程进展状况以及纠偏措施的执行情况和效果，为今后的工作积累经验。

3.2.2 项目成本控制的对象和内容

(1) 以工程项目成本形成的过程作为控制对象

根据对项目成本实行全面、全过程控制的要求，具体的控制内容包括：

1) 在工程投标阶段，应根据工程概况和招标文件，进行项目成本的预测，提出投标决策意见。

2) 施工准备阶段，应结合设计图纸的自审、会审和其他资料（如地质勘探资料等），编制实施性施工组织设计，通过多方案的技术经济比较，从中选择经济合理、先进可行的施工方案，编制明细具体的成本计划，对项目成本进行事前控制。

3) 施工阶段，依据施工图预算、施工预算、劳动定额、材料消耗定额和费用开支标准等，对实际发生的成本费用进行控制。

4) 竣工交付使用及保修期阶段，应对竣工验收过程发生的费用和保修费用进行控制。

(2) 以工程项目的职能部门、施工队和生产班组作为成本控制的对象

工程项目成本控制应以部门、施工队和班组作为控制对象，使之接受项目经理和企业有关部门的指导、监督、检查和考评。与此同时，项目部的职能部门、施工队和班组还应对自己承担的责任成本进行自我控制。应该说，这是最直接、最有效的项目成本控制。

 3 成本控制的方法和途径

工程项目的各个责任中心从施工成本的形成来看,包括直接成本和间接成本,即材料、燃料、采购储存成本、固定资产、动力购入成本等。从施工全过程发生的费用来看,包括直接费用和间接费用,即人工费、材料费、机械费、间接费以及管理费用、销售费用和财务费用。无论是从成本构成的角度还是从成本费用构成的角度出发,对工程项目成本进行日常控制必须项目全员参加,根据各自的分工不同对各自成本控制的内容负责。具体应包括:

1) 施工技术和计划经营部门或职能人员。

根据实施性施工组织设计的进度安排及业主或发包单位的要求合理安排施工计划,合理、科学地组织与动态地管理施工。及时组织验收计价、收回工程价款,保证施工所用资金的周转,避免建设单位不拨款的条件下要求加快施工进度,占用资金。

根据业主或发包单位工程价款到位情况组织施工,避免垫付资金施工。

2) 材料、设备部门或职能人员。

① 严格控制材料、配件的储备量,处理超储积压的材料、配件。可盘活储备资金,加速流动资金的周转。

② 控制材料、配件的采购成本。尽量就地取材;选择最经济的运输方式;选择最低费用的包装费;尽量做到采购的材料、配件直接进入施工现场,减少中间环节,减少业务提成。

③ 控制采购材料、配件的质量。坚持做到"三证"不全不入现场和仓库,确保材料、配件的质量,同时也减少了不合格次品的损失。

④ 坚持限额领发料、退料制度,达到控制材料超消耗的目的。

3) 财务部门或职能人员。

① 控制间接费用,按照制订的间接费使用计划执行。特别是财务费用及责任中心不可控的成本费用。如固定资产折旧费、工会会费、劳动保险费、机械退场费等。财务费用主要是控制资金的筹集和使用,调剂资金的余缺,减少利息的支出,增息收入。

② 严格其他应收预付款的支付手续。如购买材料、配件、分包工程等预付款。手续完善,有支付依据,有预付款对方开户银行出具的资信证明,预付款不得超过合同价的 80%,并经项目部领导集体研究确定。

③ 其他费用控制按照规定的标准、定额执行。

④ 对分包商、施工队支付工程价款时,应手续齐全。必须有技术部门及计划验工计价单,项目部领导签字方可拨款。

4) 施工队(包括机械队)班(组)或职工。

施工队(包括机械队)的班组(含机组)主要是控制人工费、材料费和机械

使用费。要求做到严格限额发料和退料手续，加强管理，避免窝工、返工，从而提高劳动效率。机组主要是控制燃料、动力费和经常修理费，坚持机械的维修保养制度，保持设备的完好率、利用率和出勤率，达到提高设备效率的目的。

施工队（含机械队）主要控制人工费、材料费、机械使用费。

其他职能部门或职能人员，根据分工不同严格控制施工成本。如安全质量管理部门必须做到质量、安全不出大事故；劳资部门对临时工应严格管理控制发生的人工费等等。

（3）以分部分项工程作为项目成本的控制对象

为了把成本控制工作做得扎实、细致，落到实处，还应以分部分项工程作为项目成本的控制对象。在正常情况下，项目应根据分部分项工程的实物量，参照施工预算定额，联系项目管理的技术素质、业务素质和技术组织措施的节约计划，编制包括工、料、机消耗数量、单价、金额在内的施工预算，作为对分部分项工程成本进行控制的依据。

3.2.3 项目成本控制的实施方法

工程项目成本控制的方法较多，在已有相关成本控制文献资料的基础上，本书主要介绍以下一些常用的控制方法。

（1）事前成本控制——价值工程

价值工程又称为价值分析，是美国通用电气公司工程师 L. D. Miles 在 1947 年创立的一套独特的工作方法，其目的是在保证同样功能的前提下降低成本。在 20 世纪 70 年代末，价值工程传入我国，取得了明显的效果。价值工程在刚开始创立之时，仅仅用于材料的采购和代用。随着价值工程理论的发展，现在价值工程在世界范围内已广泛应用于电子、航空、造船、汽车、机械和建筑等行业。

价值工程中的"价值"是衡量事物（产品或作业）有益程度的尺度，是产品功能与费用的综合反映。价值工程是以功能分析为核心，使产品或作业能达到适当的价值，即用最低的成本来实现它应具备的必要功能的一项有组织的活动。

根据这个定义，我们可以将价值工程的基本原理归纳为三点：

1）价值工程的目的，是力图以最低的成本使产品或作业具有适当的价值，即实现其应具备的必要功能。价值、功能和成本三者之间的关系为：

$$V = F/C \tag{3-1}$$

式中　V——价值；

　　　F——功能（或效用）；

　　　C——成本（或生产费用）。

对于该公式，从以下四点来理解：

第一，价值不是从价值构成的角度来理解的，从式（3-1）可以看出，它是从价值的功能角度出发，表现为功能与成本之比。

第二，功能是一种产品或作业所担负的职能和所起的作用，这里有一个观念问题，即用户购买产品或作业，并非购买它本身，而是购买它所具有的必要功能。功能过全或者过高，必然会导致成本费用提高，而用户并不需要，从而造成功能过剩；反之，又会造成功能不足。

第三，式（3-1）中的成本，也不是一般意义上的成本，而是产品寿命周期的成本，如图3-5所示。

工程项目寿命期限							
可行性研究成本	勘察设计成本	施工成本	非施工成本	运行成本	维修成本	保修成本
生产成本				使用成本		
寿命周期成本						

图 3-5　寿命周期成本

现代建筑市场竞争非常激烈，除了在价格、质量、工期三个基本方面的竞争因素之外，如果项目的施工者，处处能为用户着想，结合施工在保证质量的前提下，为用户节约投资、提高功能，降低寿命周期成本，必然能大大地提高自身的竞争能力，赢得更多的用户，自身的经济效益也将会得到大的提高。为用户着想，也是价值工程的基本思路，作为施工企业及项目管理者，务必认清这一道理，不要为眼前的小利益，放弃长远的大利益。

第四，从价值工程观点看，用户购买产品或作业，主要是考虑其功能和成本的关系，即价值系数的高低。根据式（3-1），提高产品或作业价值的途径有以下几种：

功能不变，成本降低；

成本不变，功能提高；

功能提高，成本降低；

成本略有提高，功能大幅度提高；

功能略有下降，成本大幅度下降。

根据上面的分析，我们可以作出以下关系图来表示产品或作业的功能与成本的关系，如图3-6所示。

2）价值工程的核心是对产品或作业进行功能分析。

在设计、研制时，把重点从对产

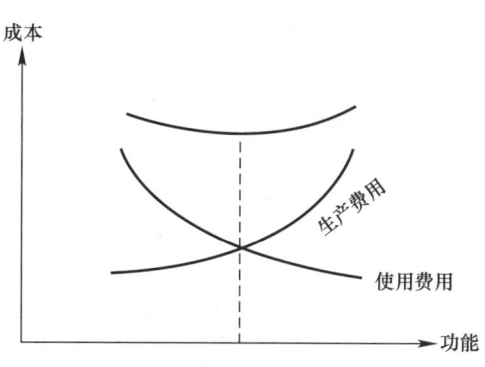

图 3-6　功能与成本关系图

品或作业的结构分析转变到对产品或作业的功能分析上，以确定必要功能和实现必要功能的最低成本方案。

3）价值工程是一项有组织的活动，是利用集体智慧来进行的。

在实施价值工程时，必须有一个组织系统，把各专业人员（如施工技术、安全质量、施工管理、材料供应等）组织起来，发挥集体力量，才能达到预定目标。组织的方法有多种多样，在施工企业或项目中，把价值工程活动同质量管理小组活动结合起来进行，不失为一种值得推荐的做法。

（2）过程控制方法——时间、进度、费用法

项目施工过程从时间上看，可以分为三个阶段：施工开始阶段、全面施工阶段和收尾阶段。每个施工阶段有不同的费用支出特点，单位时间费用情况如图 3-7 所示。

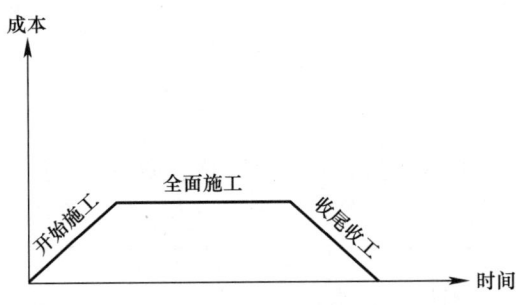

图 3-7　单位时间成本费用趋势示意图

由图 3-7 可以看出，在施工开始阶段，费用支出增加，呈线性上升趋势，相应地，单位时间完成的工程量也呈线性上升趋势；当进入全面施工阶段后，费用支出趋于稳定，完成的工程量也相应稳定；当进入收尾阶段，需完成的工程量逐渐减少，费用支出也相应减少。把图 3-7 中的单位时间费用支出曲线用累计数来表示，那么，它就变成了一条拉长的"S"形曲线，又称为"成长曲线"，如图 3-8 所示。

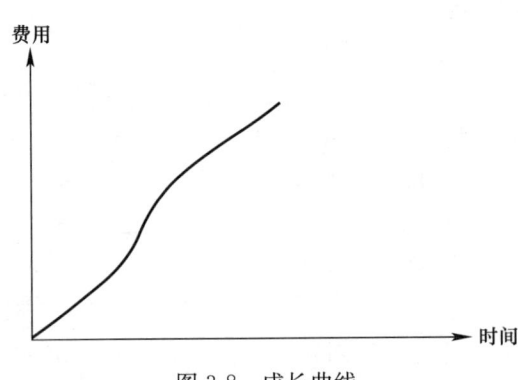

图 3-8　成长曲线

图 3-8 是用来进行成本控制的理论基础。利用"S"形曲线原理，接下来介绍两个图表，用来结合工程进度进行成本控制。

1）工时费用与进度关系图（图 3-9）。

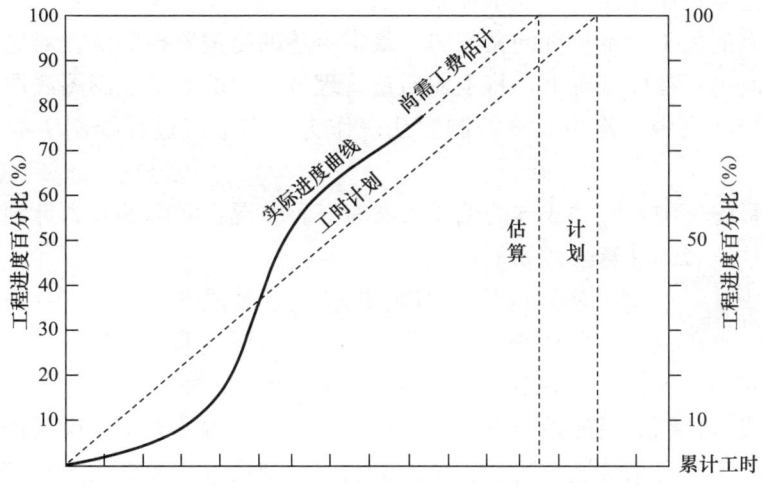

图 3-9　工时费用与进度关系图

图 3-9 中将实际工时耗用、工时费用支出、实际完成进度、竣工尚需费用估算结合于一个图之中，使人们不但能看到已发生的情况、存在的差距，还可以估计出将要发生的情况，有利于进一步采取措施，顺利完成成本计划。

2）费用估算和进度计划综合图（图 3-10）。

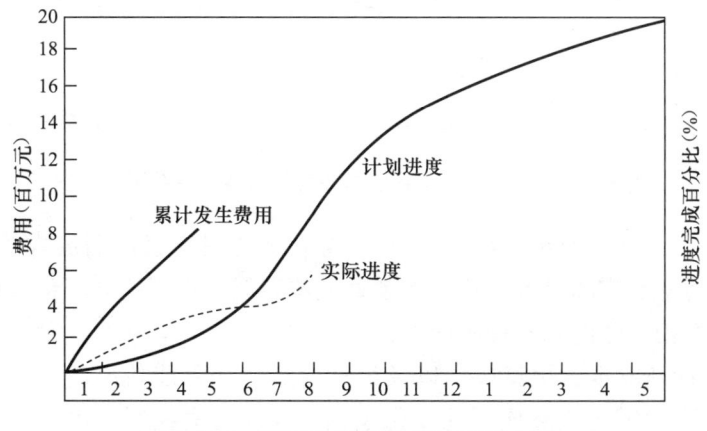

图 3-10　费用估算和进度计划综合图

图 3-9 仅仅表示工时费用的支出问题，而在图 3-10 中却能表示工程项目的总费用支出和进度情况，以作为项目管理中成本控制和进度控制措施制定、实施的

依据。图 3-10 中具有项目进度的计划曲线和实际曲线,项目费用支付的累计值曲线,由此可以看出项目进度、费用的现状和法则趋势,为结合进度控制成本提供了依据。

(3) 过程控制方法——成本控制图法

在现有的关于成本控制的文献中,最常讲述的是偏差控制法。对这种方法我们进行了改进,在此基础上,将全面质量管理方法中的质量控制图法原理引入成本的日常控制之中,称为成本控制图法,作为成本形成过程控制中的一种常用方法。

在项目施工中,有关成本的偏差大概有三种情况:实际偏差、计划偏差和目标偏差。这三者的计算公式如下:

$$实际偏差 = 实际成本 - 预算成本$$
$$计划偏差 = 预算成本 - 计划成本$$
$$目标偏差 = 实际成本 - 计划成本$$

项目成本控制的目的是力求减少目标偏差,目标偏差越小,说明控制的效果越好,表明了项目系统运行的状态是正常的。计划成本、预算成本和实际成本三者之间的关系如图 3-11 所示。

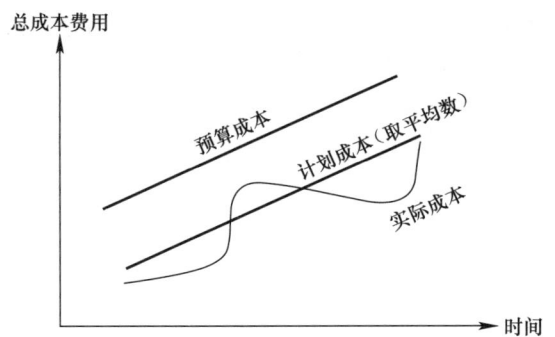

图 3-11　计划成本、预算成本和实际成本三者关系示意图

从图 3-11 中可以看出,项目的实际成本总是围绕着计划成本为均值轴线,上下波动。通常,实际成本总是低于预算成本,偶尔也可能高于预算成本。

项目成本控制法的基本程序如下:

① 根据计划成本、预算成本以及最低成本(如果能找出的话,否则也不妨碍该方法使用),确定实际成本的变化范围,并在成本控制图中绘出各自相应的曲线。

② 根据成本核算资料,及时在图中布点连线,绘制实际成本曲线。

③ 对实际成本曲线进行分析。

偏差分析留待后面讨论，下面对实际成本曲线的变化趋势作一些说明：

① 实际成本线并未超过预算成本线，如图 3-12（a）所示，但实际数据点连续按上升趋势排列，这表示成本控制过程已出现异常，应迅速查明原因，采取相应措施，否则就会出现亏损。

② 实际成本线始终位于计划成本线的一侧，如图 3-12（b）所示。这种情况也不能说明成本控制过程处于正常状态。如实际成本数据点连续位于计划成本线的上一侧，则可能存在这样两个问题：一个是预算成本偏低而导致计划成本制定得不合理，另一个是计划成本制定的不合理而与预算成本无关。不管哪种情况，都要及时进行调整，否则会影响成本控制工作的深入开展。如果实际成本数据点连续排列于计划成本线的下侧，如图 3-12（c）所示，要注意两个问题：一是计划成本制定的合理性问题，另一个是会不会造成质量低劣而导致返工或影响后续作业的问题。

③ 实际成本线超出预算成本线，如图 3-12（d）所示，要迅速查明原因，或虽未越过界限，而数据点的跳动幅度大，出现忽高忽低的现象，也应深入追查其原因。

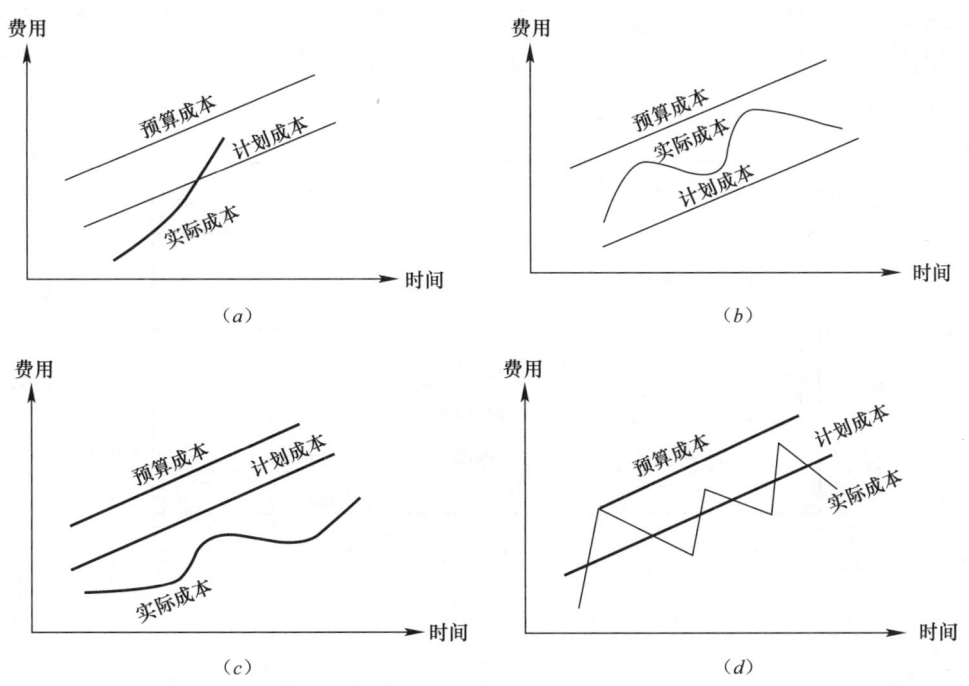

图 3-12 成本曲线的变化趋势示意图

（4）过程控制方法——联系费用的横道图法

横道图法是安排施工进度计划和组织流水作业施工的一种常用方法。长期以来，它只被用来为制定进度计划服务，事实上，横道图法完全可以用于对进度与费用进行控制。一般的横道图如图 3-13 所示。

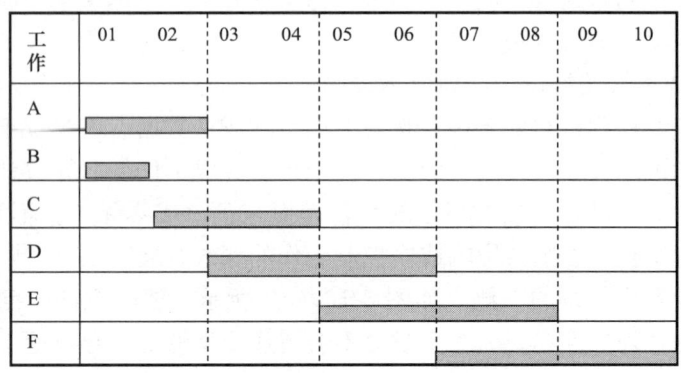

图 3-13　传统的横道图

为了便于在分部分项工程中同时进行进度与费用的控制，掌握进度与费用的变化过程，可对图 3-13 作部分修改，补充有关进度的实际情况、费用的计划情况和实际情况等栏目，并在图中作相应的进度与费用实际情况横线，从而有利于发现差异、进行对比和估计未来。经过改进之后的进度与费用控制横道图如图 3-14 所示。

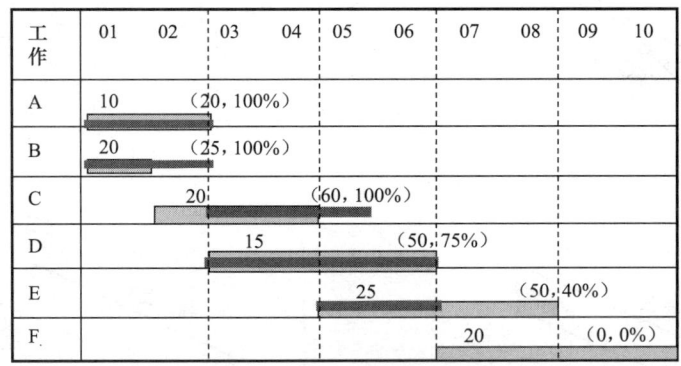

图 3-14　改进后的横道图

在图 3-14 中，表示作业进度的横线有两条，一条为计划线，一条为实际线。还可以在实际线上方标上数字以表示作业的累计实际工程量，下方标上数字表示成本费用支出的累计数。为不致使表中的线与数字过多，在实际应用中，可以用不同的颜色来进行区分，即在原线上再涂以另一种颜色，从而使横道图得到简化。

从图 3-14 中，可以看到以下信息：
① 每项作业的开工日期与计划开工日期之比。
② 每项作业的计划工程量与实际工程量之比。
③ 每项作业的工作量完成及费用支出比例。
④ 每项作业的完工日期以及工期的提前与落后。
⑤ 还有多少的时间、工作量及费用。

（5）过程控制方法——成本计划评审法

成本计划评审法是在网络进度图上标出各作业的计划成本和工期，如图 3-15 所示。箭线下方的数字为工期，字母 C 后的数字为成本费用（单位为千元）。

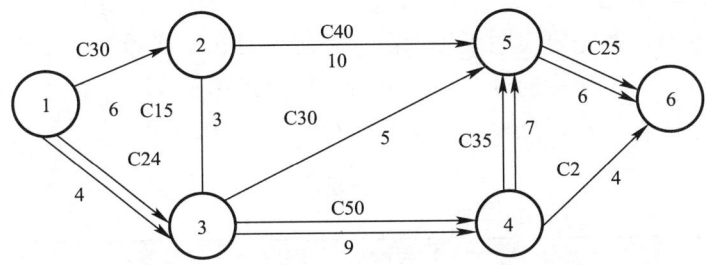

图 3-15　利用网络图进行成本计划评审示意图

在计划开始执行后，将实际经过的时间和开支的费用（主要是直接费用）累积计算，并定期将实际时间、实际成本与计划相比，发现偏差，及时采取措施加以纠正。图 3-16 为图 3-15 的网络计划执行 4 周后的情况。方框中的数字为实际值。

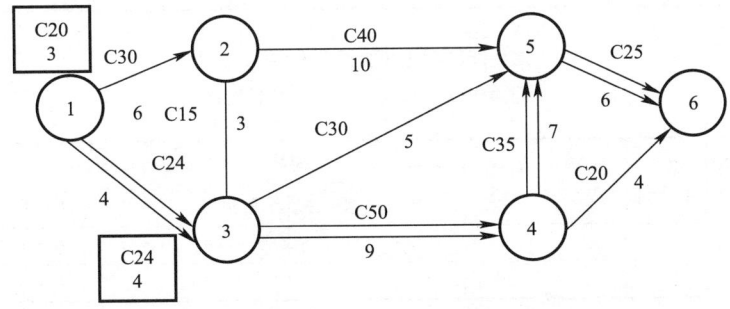

图 3-16　利用网络图比较成本计划与实际完成情况示意图

由图 3-16 可以明显看到，当计划执行了 4 周之后，作业①→③为按期完成，费用也正好与计划值相等；作业①→②为非关键作业，工期拖后了 1 周，虽不影响总工期，但按单位时间计算的费用却超支，超出额为：

$$\frac{(30 \times 1000) \times 3}{6} - 20 \times 1000 = -5000 \text{ 元}$$

知道了超出额,应该及时查明原因,如果原因异常,要采取措施予以纠正。

(6)过程控制的财务方法——成本分析表法

以上介绍的几种成本控制方法既可用于项目的总成本控制,也可以用于作业成本控制,每种方法都有自己的特点,但都不能说它们是一种财务方法。下面介绍成本控制的财务方法——成本分析表法。

作为成本分析控制手段之一的成本分析表,包括成本日报、周报、月报表、分析表和成本预测报告等。这种方法是目前在进行工程成本控制时经常采用的方法,它要求准确、及时和简单明了,表的填制可以每日、每周或每月一次,依实际需要而定。常见的成本分析表有以下几种:

① 月成本分析表。

在这个表中,首先要表明工程期限、费用项目、生产数量、工程成本和单价等,该表既可以用于项目的综合成本分析,也可以用于每一个成本中心的成本分析。月成本分析表的格式见表 3-1 和表 3-2。

成本分析表　　　　　　表 3-1

工程名称:　　　施工单位:　　　日期:　　　(单位:千元)

编号	工程部位名称	实物单位	工程量				预算成本		计划成本		实际成本		实际偏差		目标偏差	
			计划		实际											
			本期	累计	本期	累计	本期	累计	本期	累计	本期	累计	本期	累计	本期	累计
1	2	3	4	5	6	7	8	9	10	11	12	13	14=8−12	15=9−13	16=10−12	17=11−13

成本费用项目分析表　　　　　　表 3-2

工程名称:　　　施工单位:　　　日期:　　　(单位:千元)
部位名称:

编号	成本费用名称	完成工作量	预算成本	计划成本	实际成本	差异		本月计划单位成本	本月实际单位成本	上月实际单位成本
						实际	目标			
1	2	3	4	5	6	7=4−6	8=5−6	9=5/3	10=6/3	

② 成本日报和成本周报。

为了便于准确掌握项目施工的动态情况,项目各级管理人员需要及时了解自己责任范围的进度与成本情况,及时发现工作中的难点和弱点,并据此采取有效措施。因此,良好的成本控制,应该每日、每周都要进行成本核算和分析。

成本日报的主要内容是记录人工的投入,周报则要求反映人工、材料和机械使用费的计划与实际支出情况。成本日报和成本周报表格式见表 3-3 和表 3-4。

日人工费用表　　　　　　　　　　　　　　　表 3-3

工程名称：

分部分项工程名称	数量	单位	数量	单位	数量	单位	数量	单位

周直接三项费用表（工、料、机）　　　　　　表 3-4

工程名称：　　　　　　施工单位：　　　　　　日期

编号	工程部位名称	间接成本	数量			单价		成本			比较	
			单位	总计	本周数	预算	实际	总计	实际总计	最终预测	节	超

③ 月成本计算及最终成本预测报告。

这个报告是项目成本控制的重要内容之一。它记载的主要内容有项目名称、已支出金额、到竣工时尚需金额预计、盈亏估计等。它要在月末会计账簿截止的同时立即完成。一般先由会计人员对各工程科目将"已支出金额"填好，剩下的由成本会计师来完成（表 3-5）。

月成本最终计算及最终预测报告　　　　　　表 3-5

工程名称：　　　　　　　　　　　　工程编号：
主管：　　　　校核：　　　　制表：　　　　　　日期：

序号	科目编号	名称	已支出金额	调整		备注	现在的成本			序号	到竣工尚需的预计金额			最终预算工程成本			合同预算金额			预算比较	
				金额			金额	单价	数量		金额	数量	单价	金额	数量	单价	金额	数量	单价	亏	盈
				增	减																
1										1											
2										2											
3										3											
4										4											
5										5											
6										6											
7										7											
8										8											
9										9											
10										10											
11										11											
12										12											

成本会计师：

(7) 成本差异分析方法——成本单项费用分析表法

上面介绍的成本分析表主要是用于成本控制过程中的问题发现。为了分析出成本差异的原因，我们必须按费用发生的成本项目、归属对象进行进一步的分析。成本单项费用分析表分人工费、材料费、机械使用费、工班工费成本考核和工班材料费考核等。此表有助于进一步分清成本节约或超支的责任和根源，从而便于深入分析和采取相应的措施。这些表的格式见表 3-6～表 3-10。

材料责任成本计算表　　　　　　　　　　　　　　　　　　　表 3-6

工程名称：　　　　　　　　　　　　　　　　　　　日期：

工程部位名称	完成工作量	材料名称	材料责任成本				材料实际成本		
			定额标准	消耗量	材料责任单价	材料责任成本	实耗量	材料现价	材料成本

成本会计：

人工费责任成本计算　　　　　　　　　　　　　　　　　　　表 3-7

工程名称：　　　　　　　　　　　　　　　　　　　日期：

工程部位名称	完成工作量	工费定额成本（元）				工费实际成本（元）			备注
		定额标准	定额工天	工资标准	工费责任成本	实际用工	实际工资	工费成本	

成本会计：

机械费责任成本计算表　　　　　　　　　　　　　　　　　　　表 3-8

工程名称：　　　　　　　　　　　　　　　　　　　日期：

工程部位名称	完成工作量	机械种类	台班定额	机械定额成本			机械实际成本		
				台班消耗费	台班责任价	机械费责任成本	台班实耗费	台班实际单价	机械费成本

成本会计：

工班材料责任成本考核表　　　　　　　　　　　　　　　　　　　表 3-9

工程名称：　　　　　　　　　　　　　　　　　　　日期：

材料名称	完成工程量	材料责任单价	按定额消耗材料责任成本		实际消耗材料成本		差异				备注
			消耗量	材料费	实耗量	材料费	材料超耗		返工消耗		
							数量	金额	数量	金额	

成本会计：

3 成本控制的方法和途径

工班工费责任成本考核表　　　　　　　　　表 3-10

工程名称：　　　　　　　　　　　　　　　　日期：

工程部位名称	完成工程量	定额标准	按定额消耗工天		按实际消耗工天		差异			合计
			数量	工费	数量	工费	预算工资标准与实际工资变动	超耗工天数		
								按预算工资	按实际工资	

成本会计：

（8）成本差异分析方法——因果分析图法

因果分析图又称为鱼刺图，是全面质量管理中的常用方法，是一种分析问题的系统方法。它主要用于分析质量问题产生的原因。因果分析图的大体思路如图 3-17 所示。

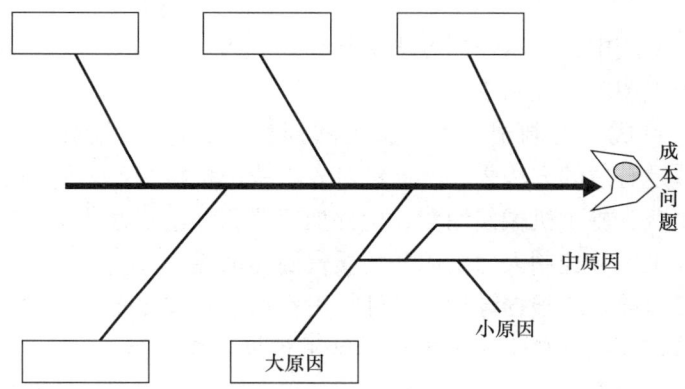

图 3-17　鱼刺图分析结构

通常，项目成本差异原因分析的因果分析示意图如图 3-18 所示。

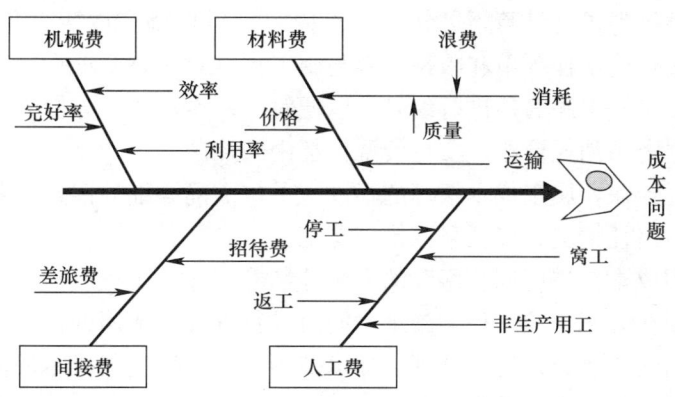

图 3-18　成本差异原因分析的因果分析示意图

(9) 落实纠偏措施的成本控制表

在发现了成本差异，查明差异发生的原因之后，接下来的工作就是要及时制定措施和执行措施。为了便于分清责任、准确地衡量措施本身和执行者执行的有效程度，可采用成本控制表（表3-11），作为落实责任、检查措施的执行情况。

项目成本控制措施落实表　　　　　　　　　　表 3-11

编 号	工程部位名称	现 状	原 因	对 策	执行单位（责任者）	执行时间	检查结果

以上九个方法就是最常用的项目成本控制方法，分别从项目成本事前控制、过程控制、差异原因分析和落实纠偏措施方法来进行介绍。这些方法各有优点，可以结合具体项目情况进行选用，无论使用哪种方法，只有一个目标，就是顺利实现项目成本的计划目标。

3.2.4 实践中常见的项目成本控制方法

项目管理实践中，成本控制方法主要有以下几种：

(1) 以施工图预算控制成本支出

在施工项目成本控制中，可按施工图预算，实行"以收定支"，或者叫做"量入为出"，是有效的方法之一。这样对人工费、材料费、钢管脚手、钢模板等周转设备使用费、施工机械使用费、构件加工费和分包工程费实行有效的控制。

(2) 以施工预算控制人力资源和物质资源的消耗

项目开工以前，应根据设计图纸计算工程量，并按照企业定额或上级统一规定的施工预算定额编制整个工程项目的施工预算，作为指导和管理施工的依据。对生产班组的任务安排，必须签收施工任务单和限额领料单，并向生产班组进行技术交底。要求生产班组根据实际完成的工程量和实耗人工、实耗材料做好原始记录，作为施工任务单和限额领料单结算的依据。任务完成后，根据回收的施工任务单和限额领料进行结算，并按照结算内容支付报酬（包括奖金）。为了便于任务完成后进行施工任务单和限额领料与施工预算对比，要求在编制施工预算时对每一个分项工程工序名称进行编号，以便对号检索对比，分析节超。

(3) 建立资源消耗台账，实行资源消耗中间控制

资源消耗台账，属于成本核算的辅助记录，准确详细的记录资源消耗有助于及时了解成本消耗情况，以便采取措施防范。

(4) 应用成本与进度同步跟踪的方法控制分部分项工程成本

为了便于在分部分项工程的施工中同时进行进度与费用的控制，可以按照横道图和网络图的特点分别进行处理，即横道图计划的进度与成本的同步控制、网络图计划的进度和成本的同步控制。

(5) 建立项目成本审核签证制度，控制成本费用支出

在发生经济业务的时候，首先要由有关项目管理人员审核，最后经项目经理签证后支付。审核成本费用的支出，必须以有关规定和合同为依据，主要有：国家规定的成本开支范围；国家和地方规定的费用开支标准和财务制度；施工合同；施工项目目标管理责任书。

(6) 坚持现场管理标准化，堵塞浪费漏洞

现场管理标准化的范围很广，比较突出而需要特别关注的是现场平面布置管理和现场安全生产管理。

(7) 定期开展"三同步"检查，防止项目成本盈亏异常

"三同步"就是统计核算、业务核算、会计核算同步。统计核算即产值统计，业务核算即人力资源和物质资源的消耗统计，会计核算即成本会计核算。根据项目经济活动的规律，这三者之间有着必然的同步关系。这种规律性的同步关系具体表现为：完成多少产值、消耗多少资源，发生多少成本，三者应该同步。否则，项目成本就会出现盈亏异常的偏差。"三同步"的检查方法可从以下三方面入手：时间上的同步、分部分项工程直接费的同步和其他费用同步。

(8) 加强质量管理，控制质量成本

质量成本是指为确保和保证满意的质量而发生的费用，以及没有达到满意的质量所造成的损失。

施工项目质量成本的构成见表 3-12。

质量成本构成 表 3-12

成本构成项目	预防成本	含义	包含的费用项目
控制成本	鉴定成本	为了确保工程质量而进行预防工作所发生的费用，即为使故障成本和鉴定成本减到最低限度所需要的费用	· 质量工作计划费 · 工序能力控制、研究费 · 质量信息费 · 质量管理教育费 · 质量管理活动费
控制成本	内部故障成本	为了确保工程质量达到质量标准要求而对工程本身以及对材料、构配件、设备进行质量鉴别所需要的一切费用	· 材料检验费 · 工序质量检验费 · 竣工检验费 · 机械设备试验、维修费
故障成本	外部故障成本	在施工过程中，由于工程本身的缺陷而造成的损失以及为处理缺陷所发生的费用之和	· 返工损失 · 返修损失 · 事故分析处理费 · 停工损失 · 质量过剩支出 · 技术超前支出
故障成本	预防成本	工程交付使用后发现质量缺陷，受理用户提出的申诉而进行的调查、处理所发生的一切费用	· 回访保修费 · 劣质材料额外支出 · 索赔费用

质量成本分析是根据质量成本核算的资料进行归纳、比较和分析，找出影响成本的关键因素，从而提出改进质量和降低成本的途径，进一步寻求最佳质量成本。质量成本分析的内容有：

① 质量成本总额的构成内容分析；
② 质量成本总额的构成比例分析；
③ 质量成本各要素之间的比例关系分析；
④ 质量成本占预算成本的比例分析。

现结合案例来说明。

案例 3-2：质量成本分析

某工程项目 2004 年上半年完成预算成本 4,147,500 元，发生实际成本 3,896,765 元，其中质量成本 146,842 元。质量成本分析见表 3-13。

质量成本分析 表 3-13

质量成本项目		金额（元）	质量成本率（%）		对比分析（%）
			占本项	占总额	
预防成本	质量管理工作费	1,380	10.43	0.95	预算成本 4,147,500 元 实际成本 3,896,765 元 降低成本 250,735 元 成本降低率 6.50% ① $\dfrac{质量成本}{实际成本} = \dfrac{146,482}{3,896,765} \times 100\%$ $= 3.76$ ② $\dfrac{质量成本}{预算成本} = \dfrac{146,482}{4,147,500} \times 100\%$ $= 3.53$ ③ $\dfrac{预防成本}{预算成本} = \dfrac{13,316}{4,147,500} \times 100\%$ $= 0.32$ ④ $\dfrac{鉴定成本}{预算成本} = \dfrac{9,005}{4,147,500} \times 100\%$ $= 0.22$ ⑤ $\dfrac{内部故障成本}{预算成本} = \dfrac{108,079}{4,147,500} \times 100\%$ $= 2.61$ ⑥ $\dfrac{外部故障成本}{预算成本} = \dfrac{16,082}{4,147,500} \times 100\%$ $= 0.39$
	质量情报费	854	6.41	0.58	
	质量培训费	1,875	14.08	1.28	
	质量技术宣传费	—	—	—	
	质量管理活动费	9,198	69.08	6.28	
	小计	13,316	100	9.08	
鉴定成本	材料检验费	1,154	12.81	0.79	
	工序质量检查费	7,851	87.19	5.36	
	小计	9,005	100	6.15	
内部故障成本	返工损失	53,823	49.8	36.74	
	返修损失	27,999	25.91	19.11	
	事故分析处理费	1,956	1.81	1.34	
	停工损失	2,488	2.3	1.7	
	质量过剩支出	21,813	20.18	14.89	
	技术超前支出费	—	—	—	
	小计	108,079	10	73.76	
外部故障成本	回访修理费	4,434	27.57	3.03	
	劣质材料额外支出	11,648	72.43	7.95	
	小计	16,082	100	10.98	
质量成本支出额		146,482	100	100	

从上表可知，质量成本总额占预算成本 3.53%，比一般工程的降低成本水

平还要高,特别是内部故障成本的比例(占预算成本 2.61%,占质量成本总额 73.78%)更为突出。但是,预防成本只占预算成本的 0.32%,占质量成本总额也只有 9.09%,说明在质量管理上没有采取有效的预防措施,以致返工损失、返修损失以及由此而发生的停工损失明显增加。

案例 3-2 中,影响质量成本较大的关键因素是内部故障成本,即因工程质量的缺陷导致的返工、返修以及由此而发生的停工损失,对此应采取有效措施,进行质量成本控制。根据案例 3-2 的分析制定质量成本控制表(见表 3-14)。

质量成本控制表　　　　　表 3-14

关键因素	措　施	执行人、检查人
降低返工、停工损失,将其控制在占预算成本的 1%以内	(1)对每道工序事先进行技术质量交底 (2)加强班组技术培训 (3)设置班组质量员,把好第一道关 (4)设置施工队技监点,负责对每道工序进行质量复检和验收 (5)建立严格的质量奖罚制度,调动班组积极性	
减少质量过剩支出	(1)施工员要严格掌握定额标准,力求在保证质量的前提下,使人工和材料消耗不超过定额水平 (2)施工员和材料员要根据设计要求和质量标准,合理使用人工和材料	
健全材料验收制度,控制劣质材料额外损失	(1)材料员在对现场材料和构配件进行验收时,发现劣质材料时要拒收、退货,并向供应单位索赔 (2)根据材料质量的不同,合理加以利用以减少损失	
增加预防成本,强化质量意识	(1)建立从班组到施工队的质量 QC 攻关小组 (2)定期进行质量培训 (3)合理地增加质量奖励,调动职工积极性	

通过以上理论上和实践中对项目成本控制方法的介绍,使得我们在进行工程项目成本控制时有了更多思路。但在实际工程项目实施中,不是这些方法都要使用,而是应该根据本工程项目的实际情况,选择适合本工程项目的成本控制方法即可。

3.3　成本控制的主要途径

工程施工阶段是控制建设工程项目成本发生的主要阶段,它通过确定成本目标并按计划成本进行施工,对施工现场发生的各种成本费用进行有效控制,其具体的控制途径可以从控制直接费用和间接费用入手。

3.3.1 直接费用的控制

一般来讲，控制直接费用可从以下一些方面来进行。

(1) 确定先进可行、经济合理的项目施工方案

工程项目施工方案主要包括四个方面的内容：施工方案的确定、施工机具的选择、施工顺序的安排和施工的组织。施工方案不同的话，工期就会有所不同，那么所需的施工机具也就不同，因此所发生的费用也会不同。正确选择施工方案就是要根据项目的规模、性质、复杂程度、工艺条件和现场条件、装备情况、人员素质等，选择先进可行、经济合理，并且又能保证工程质量和合同工期要求的施工方案，做到采用先进施工方法，合理安排工艺流程和布置施工现场，保持施工的均衡性和连续性，是降低成本、实现成本目标的基础。

案例 3-3：用先进施工方案控制直接费

北方某工程建筑面积 47703.57m^2，建筑高度 53.8m，分为 101 号、102 号、103 号三部分，主楼南北两侧的 10 根钢管柱高达 30 多米且无任何联系支撑。工程合同工期 701 天，工程造价 29168 万元。

项目部在编制实施性施工组织设计时发现，本工程钢结构量不大（共计 770t），原设计配备没有考虑该分项工程。配备的最大塔吊为 ST5515，但是钢柱的截面为 800mm×1100mm×35mm，每米的重量达到 1t，钢柱的分节只能在 2m 左右，项目部通过讨论，把塔吊变更为 ST7030，钢柱的分节基本可以达到 5m 左右，在与设计院进行沟通时，了解到设计方对钢柱的分节十分重视，认为分节多会影响后期效果。项目部对吊装方案又进行了调整，由原来的塔吊吊装改为了地面拼装、汽车吊吊装，吊装长度增加到了 24m，至此，钢结构吊装措施形成了，吊装费用可以按实际发生办理签证。实施结果，主体结构实现产值 8330 万元，实现效益×××万元。通过方案优化实现的效益包括：

(1) 技术措施变更：本工程南北向各 5 根钢柱（1t/m），原方案为采用塔吊 2 台（QZT7030），图纸会审时明确了变更措施变更为钢柱采用汽车吊施工，塔吊减小为 ST6015、ST6014，同时，汽车吊费用办理费用签证。

此项节约成本为：两种型号塔吊的月租费差和使用时间（53000－33000）×10×2 元＝400000 元（含进出场费）；汽车吊签证价款 320000 元，实际支出 170000 元，实现效益 150000 元。

(2) 变更设计：钢结构原未设计防火涂料，特别是部分钢结构是室外部分，设计方对于是否增加防火涂料犹豫不决，通过技术人员对技术和经验的分析研究，促成设计方增加厚型防火涂料。钢柱防火涂料面积 1884.8m^2，钢梁防火面

积 2317.81m², 甲方签证综合单价 209.99 元/m², 分包单价钢柱 52 元/m², 钢梁 43 元/m²。此方案实现效益 754637 元。

(3) 二次结构原设计采用加气混凝土砌块, 调整为新材料大孔径集料砌块, 实现效益 421035 元。

(2) 正确划分成本中心, 确定成本责任, 使用先进的成本管理方法

正确划分成本中心的目的是为了确定落实成本责任, 有效的控制成本。每一个成本中心只对其可控成本负责, 并且也能够对其负责。因而要有效的控制成本就必须正确地划分成本中心, 落实各成本中心的成本责任, 合理确定其计算和考核办法。如果成本中心划分不合理, 成本责任的确定也就不合理, 从而使得成本中心履行成本责任就变得困难, 成本计算和考核也就较难产生效果, 流于形式。

先进的成本管理方法是实现成本目标的重要条件。在实际工作中, 很多人将成本管理单纯地理解为财务问题, 限制了降低成本思路和工作范围。实际上, 成本是项目管理工作的一项综合指标, 所以一切有利于成本降低的技术、组织和经济方法都应该采用, 有利于成本降低的各种措施都应当得到严格的执行。另外, 为了有效地做好成本控制工作, 尽可能采用先进的成本信息收集、整理手段 (如采用信息化手段) 以缩短信息处理的过程, 实现有效的成本发生过程控制。

案例 3-4: 某工程项目成本控制责任划分 (表 3-15)

某项目成本控制责任划分 表 3-15

1	技术责任 (责任人: 技术负责人陈××) ① 塔吊租赁: 工期 180 天, 费用控制 682000 元 (包括进出场费, 不包括基础), 井架 255 天, 费用 38250 元; ② 模板 26000m², 木方 630m³, 钢管 372t, 扣件 66000 个, U 形托 7500 个, 碗扣脚手架杆 120000m; ③ 统筹翻样、综合考虑钢筋废料率不高于 2%; ④ 通过变更 BDF 板, 减少损失 250000 元, 变更纤维混凝土增加收入 136000 元, 变更柱混凝土为自密实混凝土增加收入 175000 元
2	商务责任 (责任人: 商务经理曾××) ① 按楼层、施工段分别计算工程量和材料消耗量, 要求计算准确, 以便于每月成本分析时使用; ② 严格做好合同管理工作, 及时收集、整理、签认各项签证、索赔和反索赔手续, 建立各项管理台账; ③ 做好每月成本分析, 对各项费用支出的偏差, 进行分析, 并提出预警和改进对策; ④ 做好节点付款的核量基础工作, 加强过程沟通协调, 确保及时收回工程款

续表

3	机电责任（责任人：机电工程师陈××） 通过管理设计水、电控制回路，明确相应的管理制度，严格控制水费200000元，电费350000元，其他机电零星材料及自有机械维修费9000元
4	生产责任（责任人：生产经理杨××） ① 严格按施工组织设计、施工方案组织书面交底和施工，杜绝质量、安全事故、环保等造成额外费用支出，杜绝错误指导的返工等劳务索赔及材料浪费； ② 严格控制木材、周转料具、钢筋使用量，杜绝损坏浪费和闲置浪费； ③ 及时做好向业主索赔的现场签证
5	器材责任（责任人：石××） ① 把好材料验收关，确保质量和数量，制定严密的验收程序，责任到人； ② 把好材料的采购关，确保材料进场的质量、数量，满足生产要求。钢筋采购按交付时间段付款，减少额外费用支出，做好钢筋履约索赔；对于木材、零星采购材料等大力挖掘市场潜力，确保在项目承包收入单价的基础上降低额不低于3%； ③ 加强过程监控，杜绝不经审批擅自乱锯钢管、木材，杜绝材料闲置造成租赁费额外支出； ④ 把好材料退场关，制定材料退场程序，责任到人，确保数量准确； ⑤ 做好项目材料用具台账，制定项目购买资产领用、发放、收回制度，责任到人； ⑥ 每月13日前做好项目材料盘点，明确程序和参与人，并出具材料盘点报表
6	后勤（责任人：赵××） ① 严格控制办公用品16000元，制定相应的保障制度，责任到人； ② 严格控制日常生产用品、用具的采购、验收、领用、归还。制定相应制度，建立相应的管理台账，确定后勤固定资产因管理不善或人为损坏和丢失的赔偿措施，责任到人； ③ 制定项目的电话、交通费控制措施，确保电话费45000元，交通费80000元
7	现场管理费控制（责任人：江××） 现场管理费控制在155万元以内

（3）提高劳动生产率

劳动生产率是人们在生产过程中的劳动效率，它反映工程项目施工生产过程中消耗的活劳动与形成建筑安装工程产品数量的关系。它可以用单位时间内生产的合格产品数量来表示，也可以用单位合格产品生产所需的劳动时间来表示。在工程项目施工中，成本的高低在很大程度上取决于劳动生产率的高低，而劳动生产率的高低又取决于劳动组织、技术装备和劳动者的素质等。所以，一方面，要积极学习国外先进的项目管理理论和方法，提高技术装备程度、劳动者的操作熟练程度和科学文化水平，从而提高项目全体人员的素质；另一方面，改善劳动组织，严格执行劳动定额；同时还要落实经济责任，合理处理分配问题，把施工人员的劳动成果与其收入密切联系起来，以充分调动人们的积极性，挖掘潜力，达到提高劳动生产率、降低成本的目的。

（4）控制人工费用

人工费用的控制实行"量价分离"的方法，将作业用工及零星用工按定额工日的一定比例综合确定用工数量与单价，通过劳务合同进行控制。

1) 人工的影响因素：

① 生产消费指数。生产消费指数的提高会导致人工单价的提高，以减少生活水平的下降，或维持原来的生活水平。生活消费指数的变动取决于物价的变动，尤其取决于生活消费品物价的变动。

② 社会平均工资水平。施工安装工人人工单价必须和社会平均工资水平趋同。社会平均工资水平取决于经济发展水平。由于我国改革开放以来经济迅速增长，社会平均工资也有大幅增长，从而导致人工单价的大幅提高。

③ 劳动力市场供需变化。劳动力市场如果供不应求，人工单价就会提高；供过于求的话，人工单价就会下降。

④ 政府推行的社会保障和福利政策也会影响人工单价的变动。

⑤ 经会审的施工图、施工组织设计、施工定额等将会决定人工的消耗量。

2) 控制人工费的方法。

控制人工费支出的主要手段是提高劳动生产率、加强劳动定额管理、降低工程耗用人工工日等。

① 提高生产工人的技术水平和作业队的组织管理水平，根据施工进度、技术要求，来合理搭配各工种工人的数量减少和避免无效劳动。不断地改善劳动组织，创造良好的工作环境，改善工人的劳动条件，提高劳动效率。合理调节各工序人数松紧情况，安排劳动力时，尽量做到技术工不做普通工的工作，高级工不做低级工的工作，避免技术上的浪费，既要加快工程进度，又要节约人工费用。

案例 3-5：用施工组织方式控制人工费

工程项目施工中，每一个施工过程都可以组织一个或多个劳务队施工，如何组织各劳务队的先后顺序或平行搭接施工，是组织施工中的一个基本的问题。施工组织方式大致见表 3-16 所列三种。

施工组织方式　　　　　　　　　　　　　　　表 3-16

	概　念	内　涵
施工组织方式分类	依次施工	称为顺序施工，是将工程对象分解成若干过程，按照一定的施工顺序，前一个施工段完成后，后一个施工段才开始施工的施工组织方式
	平行施工	全部工程任务的各施工段同时开工、同时完成的一种施工组织方式
	流水施工	所有的施工过程按一定的时间间隔依次投入施工，各施工过程陆续开工、陆续竣工，使同一施工过程的施工队组保持连续、均衡施工，不同的施工过程尽可能平行搭接施工的组织方式

由表 3-16 可见，流水施工所需的时间比依次施工短，投入的劳动力比平行施工少，各作业队的施工和物资的消耗均具有连续性和均衡性，比较充分地利用了施工工作面等，其所消耗人工成本是各种组织方式中最低的。据有关企业的统计，流水施工组织方式的劳动生产率一般可提高 30%～50%，工期比依次施工可缩短 30%～50%。北京中海某项目的施工中，施工单位根据核心筒施工的特点和难点开发应用了核心筒筒体结构与"核心筒内外全液压爬模技术"施工工艺，与此相结合，组织立体交叉式流水施工：先进行混凝土竖向结构的施工，待竖向结构完成 4～5 层后，再进行楼板施工作业，并始终与竖向结构保持 4～5 层的施工间距。竖向结构与水平梁板结构施工作业在空间上分离，在时间上重叠。形成了核心筒施工的平面分区、立体分层。这种空间分区流水作业，使传统混凝土结构施工中 1 至 2 个前锋工作面变成 4 至 5 个前锋工作面，施工作业面的拓展显著提高了施工工效，在不增加作业人员的情况下每个标准层平均节省工期 3～4 天，比预计总工期提前了 200 天。如果按照传统的"逐层搭积木"式的施工方法只能在狭窄的水平面上组织依次施工，对劳动力、机械设备、材料等生产要素的投入和调配制约很大。

又如，华中地区某 33 层的两栋高层住宅楼为剪力墙结构，结构形式及户型均相同，单层建筑面积 402m^2，按照原施工组织设计中的进度计划安排，该工程的结构按 5 天一个结构层施工。项目经理部经过深入作业班组了解，发现两栋楼在温度适宜的情况下，完全有加快施工进度的可能，且两栋楼具备流水施工条件。为此，项目部重新对两栋主体结构工程施工方案进行优化、调整，将两栋楼木工、钢筋工、混凝土工、外脚手架工共同配备一个班组，便于统一调配。该工程结构施工优化调整后，施工进度按小时对各工序进行安排，实行跟班作业管理，两栋楼均达到了两天一个结构层施工，节约了施工工期，有效降低了人工成本。

② 制定先进合理的企业内部劳动定额，严格执行劳动定额，并将安全生产、文明施工及零星用工下达到作业队进行控制。全面推行全额计件的劳动管理办法和单项工程集体承包的经济管理办法，以不突破施工图预算人工费指标为控制目标，对各班组实行工资包干制度。认真执行按劳分配的原则，使职工个人所得与劳动贡献相一致，充分调动广大职工的劳动积极性，从根本上杜绝出工不出力的现象。把工程项目的进度、安全、质量等指标与定额管理结合起来，提高劳动者的综合能力，实行奖励制度。

3 成本控制的方法和途径

案例 3-6：某建筑公司内部施工定额（局部）（表 3-17）

某公司内部施工定额　　　　　表 3-17

序号	项目名称	计量单位	工时（h）	工作内容
	一、土石方工程			
1	人工挖土	m³	3.66	挖土、抛土或装筐、修整底边
2	配合机械挖土	1000m³	55.00	包括人工修边坡、整平
3	地面回填土松填	m³	0.60	包括5m内取土、碎土、找平
4	地面回填土夯填	m³	1.56	包括5m内取土、碎土、找平、泼水、夯实（两遍为准）
5	基（槽）坑回填土松填	m³	0.96	包括5m内取土、碎土、找平
6	基（槽）坑回填土夯填	m³	1.68	包括5m内取土、碎土、找平、泼水、夯实（两遍为准）
	二、打桩及基础垫层			
1	人工凿灌注混凝土桩头	m³	16.98	准备工具、画线、凿桩头混凝土、露出钢筋、清除碎碴、运出坑1m外
2	人工凿预制方（管）桩头	10根	21.84	同上
3	碎石干铺垫层	m³	3.60	铺设垫层、找平、夯实
4	碎砖干铺垫层	m³	3.42	同上
5	碎石和砂垫层电动夯实机	m³	4.20	同上
6	混凝土无筋垫层	m³	8.22	混凝土搅拌、购入商品混凝土、泵送、非泵送、铺设、捣固
	三、砌筑工程			（1）清理地槽、递砖、调制砂浆、砌砖 （2）砌砖至梁、砌平拱、模板制作、安装、拆除 （3）安放预制过梁板、垫块、木砖
1	标准砖直形砖基础	m³	6.84	
2	标准砖圆、弧形砖基础	m³	8.04	
3	加气混凝土砌块（600mm×240mm×150mm）	m³	5.40	
4	硅酸盐空心砌块（390mm×190mm×190mm）	m³	6.66	
5	标准砖1/2砖外墙	m³	9.54	

案例 3-7：某建工集团内部劳务指导价

（1）包清工类-基础工程（局部）（表 3-18）。

包清工类（基础工程）劳务指导价 表3-18

项目编码	项目名称	单位	单价（元）				所含材料消耗量	工作内容及要求
			小计	人工费（元）	材料费（元）	机械费（元）	人工工日		

项目编码	项目名称	单位	小计	人工费（元）	材料费（元）	机械费（元）	人工工日	所含材料消耗量	工作内容及要求
1-1	人工挖孔桩孔径1000mm内，挖深15m内	m³	113.44	90.44	3	20	3.8	安全设施及照明费	挖土、坑内照明、抽水、成孔、运土至50m外堆放
1-2	人工挖孔桩孔径1400mm内，挖深15m内	m³	105.70	82.70	3	20	3.5	安全设施及照明费	挖土、坑内照明、抽水、成孔、运土至50m外堆放
1-3	人工挖孔桩孔径1800mm内，挖深15m内	m³	100.52	77.52	3	20	3.2	安全设施及照明费	挖土、坑内照明、抽水、成孔、运土至50m外堆放
1-4	人工挖孔桩孔径1800mm外，挖深15m内	m³	100.52	77.52	3	20	3	安全设施及照明费	挖土、坑内照明、抽水、成孔、运土至50m外堆放
1-5	人工挖孔桩孔径1000mm内，挖深每增5m	m³	18.09	18.09	0	0	0.7	安全设施及照明费	挖土、坑内照明、抽水、成孔、运土至50m外堆放
1-6	人工挖孔桩孔径1400mm内，挖深每增5m	m³	15.50	15.50	0	0	0.6	安全设施及照明费	挖土、坑内照明、抽水、成孔、运土至50m外堆放
1-7	人工挖孔桩孔径1800mm内，挖深每增5m内	m³	12.92	12.92	0	0	0.5	安全设施及照明费	挖土、坑内照明、抽水、成孔、运土至50m外堆放
1-8	人工挖孔桩孔径1800mm外，挖深每增5m	m³	10.34	10.34	0	0	0.4	安全设施及照明费	挖土、坑内照明、抽水、成孔、运土至50m外堆放
1-9	人工挖孔桩砖护壁	m³	298.36	103.36	155	40	4	普通黏土砖0.625千块	坑内照明、抽水、调运砂浆、运砖、砌筑

(2) 包工包料类-土建工程（局部）（表 3-19）。

包工包料（土建工程）工程造价内容　　　　表 3-19

项目编码	项目名称	工程造价	工作内容及要求
1-1	砖混结构	《2000 年安徽省建筑工程估价表》定额直接费×（1+6.5%）(不含税金及规费)	工程图纸及相关变更的所有工作内容，主材（钢筋、水泥、商品混凝土）根据当地同期市场信息价进行调整，若由甲方提供，以双方签订的供应合同价格为准，价差部分不取费，其他材料价格不予调整。水电试验检测领料、安全文明施工、临设及外围关系的处理等费用均由乙方承担，流动津贴不计，乙方提供劳务完税发票
1-2	框架结构	《2000 年安徽省建筑工程估价表》定额直接费×（1+6%）(不含税金及规费)	工程图纸及相关变更的所有工作内容，主材（钢筋、水泥、商品混凝土）根据当地同期市场信息价进行调整，若由甲方提供，以双方签订的供应合同价格为准，价差部分不取费，其他材料价格不予调整。水电试验检测领料、安全文明施工、临设及外围关系的处理等费用均由乙方承担，流动津贴不计，乙方提供劳务完税发票
1-3	别墅工程	《2000 年安徽省建筑工程估价表》定额直接费×（1+7%）(不含税金及规费)	工程图纸及相关变更的所有工作内容，主材（钢筋、水泥、商品混凝土）根据当地同期市场信息价进行调整，若由甲方提供，以双方签订的供应合同价格为准，价差部分不取费，其他材料价格不予调整。水电试验检测领料、安全文明施工、临设及外围关系的处理等费用均由乙方承担，流动津贴不计，乙方提供劳务完税发票
1-4	场区道路工程	《2000 年安徽省建筑工程估价表》定额直接费×（1+3.5%）(不含税金及规费)	工程图纸及相关变更的所有工作内容，主材（钢筋、水泥、商品混凝土）根据当地同期市场信息价进行调整，若由甲方提供，以双方签订的供应合同价格为准，价差部分不取费，其他材料价格不予调整。水电试验检测领料、安全文明施工、临设及外围关系的处理等费用均由乙方承担，流动津贴不计，乙方提供劳务完税发票

(3) 费率类-基础处理工程（局部）（表 3-20）。

费率（基础处理）工作内容及要求　　　　表 3-20

项目编码	项目名称	单位	单价（元）	工作内容及要求
2-1	人工挖孔桩成孔	m³	100	挖土、坑内照明、抽水、成孔、运土至 50m 外堆放及现场安全防护
2-2	人工挖孔桩砖护壁	m³	110	材料场内运输、坑内照明、抽水、调运砂浆、运砖、砌筑及现场安全防护
2-3	人工挖孔桩混凝土护壁 C25	m³	128	坑内照明、抽水、立模、混凝土搅拌、运输、浇筑、振实及现场安全防护
2-4	人工挖孔桩桩芯混凝土 C20	m³	8	坑内照明、抽水、立模、混凝土搅拌、运输、浇筑、振实及现场安全防护

续表

项目编码	项目名称	单位	单价（元）	工作内容及要求
2-5	挖孔桩入岩增加费	m³	135	钻岩、修整，将石渣运至井口50m外及现场安全防护
2-6	钢筋笼制作	t	260	除锈、调直、下料、制作、运输、绑扎、钢筋水平闪光电焊、安装、材料场内运输及看管，符合现场安全文明施工要求，设备工器具自备（含钢丝、焊条等所需一切辅助材料）
2-7	钢筋笼安装	根	160	吊装、安装（含吊装设备进退场费）
2-8	凿截人工挖孔桩桩头	根	90	凿除混凝土、露出钢筋、清渣至50m外及现场安全防护
2-9	静压薄壁管桩	m	23	准备机具、移机就位、调桩定位、按卸桩帽、校正、打（压）桩、送桩、调面、记录及现场安全防护
2-10	深层搅拌桩	m	11	挖排污沟池、移机就位、钻劲、制浆、运输、喷浆、喷粉、搅拌、记录及现场安全防护
2-11	降水（井水、无砂管）	m	80	井深20m左右，直径1.0m，井点开挖，无砂管安装

③ 加强职工的技术培训和多种施工作业技能的培训，不断提高职工的业务技术水平和熟练操作程度，培养一专多能的技术工人，提高作业工效。提倡技术革新和推广新技术，提高技术装备水平和工厂化生产水平，提高企业的劳动生产率。

案例3-8：南方某钢结构超高层大厦钢结构安装工程开工之前，引进了日本刚刚研制生产出的CO_2气体保护焊压型钢板点焊机。这种点焊机是直出丝式焊枪，只需一人操作，一个焊接点平均只需10~15s的作业时间，就像一支拐杖向钢板上一戳就完成了焊接，用于压型钢板同钢梁的连接非常方便，工效是手工焊接的6倍，引进并投入使用后每层1700m²压型钢板铺设从原来的6天一层缩短到2.5天一层，大大节约了人工成本。

④ 实行弹性需求的劳务管理制度。对施工生产各环节上的业务骨干和基本的施工力量，要保持相对稳定。对短期需要的施工力量，要做好预测、计划管理，通过企业内部的劳务市场及外部协作队伍进行调剂。严格做到项目部的定员随工程进度要求波动，进行弹性管理。要打破专业、工种界限，提倡一专多能，提高劳动力的利用效率。

(5) 降低材料费用

对于材料费的控制,同样按照"量价分离"原则,控制材料用量和材料价格。

1) 材料用量的控制。

在保证符合设计要求和质量标准的前提下,合理使用材料,通过定额管理、计量管理等手段有效控制材料物资的消耗,具体方法包括定额控制、指标控制、计量控制和包干控制。

① 定额控制。对于有消耗定额的材料,以消耗定额为依据,实行限额发料制度。在规定限额内分期分批领用,超过限额领用的材料,必须先查明原因,经过一定审批手续方可领料。

② 指标控制。对于没有消耗定额的材料,实行计划管理和按指标控制的办法。根据以往项目的实际耗用情况,结合具体施工项目的内容和要求,制定领用材料指标,以控制发料。超过指标的材料,必须经过一定的审批手续方可领用。

③ 计量控制。准确做好材料物资的收发计量检查和投料计量检查。

④ 包干控制。在材料使用过程中,对部分小型及零星材料(如钢钉、钢丝等)根据工程量计算出所需材料量,将其折算成费用,由作业者包干控制。

案例3-9:某装饰公司材料消耗定额(局部)(表3-21)

某装饰公司材料消耗定额　　　　表3-21

序号	装饰材料名称	单位	主材含量	备注
一	地面工程			
1	地面石材规格600mm×600mm以下	m²	1.02	
2	地面石材规格600mm×600mm以上	m²	1.03	
3	楼梯踏步石材	m²	1.01	按展开面积
4	地面地砖规格600mm×600mm以下	m²	1.03	
5	地面地砖规格600mm×600mm以上	m²	1.05	
6	楼梯踏步地砖	m²	1.03	按展开面积
7	马赛克地面	m²	1.01	
8	木地板	m²	1	
9	塑料地板	m²	1	
10	抗静电地板	m²	1	
11	地毯	m²	1	
12	石材踢脚线	m	1	
13	地砖踢脚线	m	1.02	
14	不锈钢踢脚	m	1	

续表

序号	装饰材料名称	单位	主材含量	备注
二	墙面工程			
1	墙面石材干挂	m²	1.02	
2	墙面石材挂贴	m²	1.02	
3	梁、柱面石材干挂	m²	1.02	
4	梁、柱面石材点挂	m²	1.02	
5	圆柱面石材干挂	m²	1	
6	墙面贴瓷砖（600mm×600mm规格以下）	m²	1.05	
7	墙面贴瓷砖（600mm×601mm规格以上）	m²	1.08	
8	梁柱面墙面贴瓷砖	m²	1.1	
9	墙面贴马赛克	m²	1.01	
10	墙面乳胶漆	kg	0.25	
11	墙面贴墙纸	m²	1.15	视具体情况而定
12	墙面软包	m²	1.15	视具体情况而定
13	石膏板隔墙石膏板	m²	1.02	
14	玻璃装饰墙面	m²	1	
三	吊顶工程			
1	吊顶石膏板（平板）	m²	1.02	
2	吊顶石膏板（叠级）	m²	1.05	
3	吊顶矿棉板	m²	1.01	
4	吊顶硅钙板	m²	1.02	
5	吊顶铝扣板	m²	1.03	
6	吊顶铝板	m²	1.02	
7	吊顶铝塑板	m²	1.03	
四	室外幕墙类			
	（以下略）			
五	其他项目			
	（以下略）			

2）材料价格的控制

材料价格主要是由工程项目部来进行控制，而不是单独由材料采购部门控制。由于材料价格是由购买价、运杂费、运输中的合理损耗等所组成，因此控制材料价格，主要是通过掌握市场信息，应用招标和询价等方式控制材料、设备的采购价格。

施工项目的材料物资一般包括构成工程实体的主要材料和结构件，以及有助于工程实体形成的周转使用材料和低值易耗品。从价值角度看，材料物资的价值约占建筑安装工程造价的60%甚至70%以上，其重要程度自然是不言而喻。由于材料物资的供应渠道和管理方式各不相同，所以控制的内容和所采取的控制方法也将有所不同。

(6) 控制施工机械使用费

在成本控制中,合理选择施工机械设备,并且合理使用施工机械设备对成本控制具有十分重要的意义,尤其是对于高层建筑的施工。根据工程施工实践中的经验统计,高层建筑地面以上部分的总费用中,垂直运输机械费用占 6%~10%。由于不同的起重运输机械各有不同的用途和特点,因此在选择起重运输机械时,首先应根据工程特点和施工条件,确定采取何种起重运输机械的组合方式。在确定采用何种组合方式时,首先应满足施工需要,同时还要考虑到费用的高低和综合经济效益。

施工机械使用费主要由台班数量和台班单价两个方面决定,为有效控制施工机械使用费支出,主要从以下几个方面来进行控制。

1) 控制台班数量

① 加强设备租赁计划管理,减少不必要的设备闲置和浪费,充分利用社会闲置机械资源。

② 根据施工方案和现场实际,选择适合项目施工特点的施工机械,制订设备需求计划,合理安排施工生产,充分利用现有机械设备,加强内部调配,提高机械设备的利用率。

③ 保证施工机械设备的作业时间,安排好生产工序的衔接,尽量避免停工窝工,尽量减少施工中所消耗的机械台班数量。

④ 核定设备台班定额产量,实行超产奖励办法,加快施工生产进度,提高机械设备单位时间的生产效率和利用率。

2) 控制台班单价

① 加强配件的管理,建立健全配件领发料制度,严格按照油料消耗定额控制油料消耗,达到修理有记录,消耗有定额,统计有报表,损耗有分析。通过经常分析总结,提高修理质量,降低配件消耗,减少修理费用的支出。

② 加强现场设备的维修、保养工作,降低大修、经常性修理等各项费用的开支,提高机械设备的完好率,最大限度地提高机械设备的利用率。避免因为不当使用造成机械设备的停置。

③ 减低材料成本,严把施工机械配件和工程材料采购关,尽量做到工程项目所进材料质优价廉。

④ 加强机械操作人员的培训工作,不断提高操作技能,提高施工机械台班的生产效率。

⑤ 成立设备管理领导小组,负责设备调度、检查、维修、评估等具体事宜。对主要部件及其保养情况建立档案,分清责任,便于尽早发现问题,找到解决问题的办法。

案例 3-10：某工地混凝土输送泵租赁方案选择

某工程结构混凝土工程量约 110000m³，结构总工期按 10 个月考虑，高峰期月浇筑混凝土量将达到 20000m³，根据现场搅拌站生产能力和加工进度安排，高峰期共需要混凝土输送泵 4 台。

输送泵的租赁有按月租、按混凝土方量租和组合租赁三种方案，三种方案的比较见表 3-22。

输送承租用方案　　　　　　　表 3-22

方　案	按月租赁	按混凝土方量租赁	组合租赁方案
方案说明	4 台全部按包月租赁考虑，前期和后期只用 2 台	所有泵车全部按方量结算	2～3 台按方量结算，高峰期增加 2 台按包月租赁
单价	每月 20000 元/台	8 元/m³	每月 20000 元/台，8 元/m³
工程量	2×10+2×8=38 台	110000m³	2×8=16 台、40000m³
合价	76 万元	88 万元	320000+320000=64 万元

方案分析及结论：从表 3-22 可以看出，组合租赁方案为最优方案。

1) 按月租赁。每台泵车输送能力约 400m³/天，在施工任务饱满的情况下，包月施工很经济，但在工程前期和后期，工程任务量不足会造成很大的资源浪费。另外，工程工期还存在不确定的风险，如工期延长会造成该成本同比加大。

2) 按混凝土方量租赁。可以根据生产需要租赁足够数量的泵车，租赁总成本不受工期和泵车数量的影响，风险小，但正常施工情况下其价格远远高于按月租赁价格，工期不变时总成本亦高于按月租赁。

3) 组合租赁方案。在包月和按方量结算的泵车同时使用时，尽量使用包月的泵车，充分利用包月优势（即便如此，按方量结算的泵车每台每月能完成近 2000m³，市场完全能接受）。本方案受工期影响风险小，且成本最低。

一般情况下，工程施工中都是简单采用前面两方案中的一种，但在本案例分析中可以看出，前两方案都存在各自弊病，而组合租赁方案是在前两方案基础上取长补短，优势明显。

(7) 节约现场管理费

工程项目的现场管理费一般包括现场管理人员的工资、办公费、差旅交通费、固定资产使用费、工具使用费、财产保险费、工程排污费以及其他现场费用。这些费用按照各种不同工程项目类别，按费率计算的，是没定额可循的。所以，在施工过程中应严格控制，不得超过标准，特别是现场管理人员的数量配备，按照一专多能、少而精的原则，节约费用开支。做好办公费、差旅交通费、工具用具使用费计划，并按计划执行，实行责任制。

3.3.2 间接费用的控制

间接费用对于工程项目来说，包括上交给企业的间接费和项目本身所需要的间接费。上交企业的是在与企业签订承包合同时确定下来的，合同价中的间接费扣除上交企业的余留部分归项目支配。间接费用包括企业管理费、财务费用和劳动保险费三项。

(1) 在工程项目上要注意对财务费用的控制，财务费用是项目在施工过程中由于资金短缺，需要短缺贷款利息净支出，金融机构手续费以及其他财务费用。本项费用按直接费用加其他直接费用的 0.8% 来计算，节约本项费用必须少贷款或不贷款组织正常的施工，这样可以节约财务费用，从而减低间接承包费用。

(2) 项目分担的间接费用的内容同企业管理费内容相同，因而在项目上要特别注意管理人员的配备，尽量做到项目管理人员少配备，一般 5000 万元左右工程的项目管理人员在 20 人左右较合适，1 亿元左右的项目管理人员在 40 人左右较合适。而目前有些项目管理人员较多，人浮于事，不便管理，不但增加间接费用的管理费开支，同时，也增加了劳动保险费的开支。

要把管理费用开支降下来，应该做到以下几点：

① 总额控制，年初制订开支计划，按费用开支项目逐一核定指标。

② 精简管理人员和行政用车，严格出差审批手续。

③ 控制招待费用开支，严格事前报告制度和事后审批制度。

④ 对各项费用按费用性质、管理部门核定计划，落实责任部门和人员。

⑤ 对特殊性开支和较大数额开支，应经会议研究，单位最高领导审批。通过这些总额控制、重点控制、责任控制和领导审批等多种形式配合，达到管理费用降低的目的。

间接费用虽然在工程成本中占有一定的比重，但就当前情况来看，能由项目经理部直接控制的费用却并不多，因此间接费用的节约往往不为项目经理所重视。这种情况将随项目管理的不断完善和提高而发生改变。施工管理费主要受两个因素影响：一个是在支出水平基本稳定和合理的情况下，由于工期的缩短和延长而影响施工管理费的支出数量；另外是间接费支出的变化。因此，提高劳动生产率，首先，采取各种技术组织措施以缩短工期，是减少间接费用支出的首要措施；其次，是编制间接费用支出预算，严格控制其支出；最后，项目经理在组建项目经理班子时，要本着"精简、高效"的原则。总之，精简管理机构，减少管理层次，提高工作质量和效率，实行费用定额管理，就能把间接费用的支出真正降低下来。

(3) 努力提高各级项目管理部门管理人员的管理水平。项目管理人员的管理水平高低会间接影响到间接费用的发生状况。管理水平高的项目管理团队，能够做到合理组织与管理项目施工、制定合理的责任预算、调动全体人员的生产积极性、提高工作效率、降低人工费成本，同时也可以避免现场的各项工程浪费，降低材料费用。所以，项目管理人员的管理水平对于间接费用的降低也起到了重要的作用。

案例 3-11：成本负责制控制费用

某建筑施工企业实行了"成本中心负责制"，将责任成本落实到各个项目，控制了各成本中心的直接费用和间接费用，取得了良好的效果。

一、工程项目直接费用和间接费用的管理和控制

（1）人工费包干。人工费是由工资和奖金部分组成。工程预算人工费与实际发生的人工费相差较大，在实行人工费包干时，采取以工程实物工作量为基础核定劳动定额工日。劳动定额单价由生产工人的平均工资（含各项工资性补贴）和生产工人的平均奖金构成，非生产工日单价由生产人员的平均工资和奖金60%组成。在运行时，依据该工程实物量和公司劳动定额标准，由定额员下达劳动定额工日，并以此为依据下达人工费限额；确定合理的定额工日单价，根据执行的情况，单位工程劳动定额工日单价为46.3元；以单位工程为对象把人工费限额一次性包给施工队，由施工队对班组分解，实行盈亏自负。在管理上，项目组织按月度考核，定额工日计提部分完工一项，兑现一项，跨月、季单位工程由定额员按完成该工程定额工日数的80%预借；施工中设计变更增加的工作量，由技术和计划部门认证后，增加定额工日。

（2）材料费包干。材料费包干实行单位工程材料限额（量）管理，按照单位责任预算，编制材料限额通知单，包给施工队。在运行时，预算部门按计划部门提供的资料（工程名称、编号、实物工作量、开竣工日期、施工单位名称等）和技术部门提供的施工组织设计及措施，编制责任预算和单位工程限额（量）表，并在开工前将材料限额（量）表一式两份转财务部门；财务部门接到材料限额通知单（附限量表）表后，登记单位工程材料限量台账，签字盖章后，将限量表一份转技术部门，一份转材料库，做好材料成本核算工作；技术部门向施工队下达材料限量通知单，并协助施工队技术员做好工程的前期准备工作。在管理上，要求材料部门按工程限量表发放材料，发料额不得超过限量值；施工队因设计变更要求追加材料，必须持甲方或技术部门认可的变更通知单到预算部门办理追加材料；施工队在管理上根据"限额通知单"设立并登记"单位工程中材料限额（量）台账"，根据工程需要按材料限额领料。工程竣工后及时清理施工现场，办理余料退库或转移手续；材料价差亏损，由项目组财务核销，材料量差亏损，如

 3 成本控制的方法和途径

因施工队计量验收和管理不善而造成亏损时，由施工队负担；一项工程由两个施工队同时施工时，原则上按施工工作量下达两份限额（量）通知单，若因抢建等原因只下达一份通知单时，财务部门在工程结算时，按各施工队实际完成的实物工作量分别计算两个施工队的盈亏额。

（3）施工机械费包干。工程预算中施工机械费明显低于现行工程机械费价格，我们对机械费包干值没有用机械台班定额乘以机械台班单价的方法确定，而是对大型施工设备（吊车、吊管机、爬行设备）通过历年来的工程按施工产值测定包干系数。对施工队自有施工设备（电焊机、压风机、发电机、拖拉机）所消耗的材料，修理用人工费，实行责任限额承包，所耗燃料费实行单位工程万元产值限额承包。运行时，各施工队在限额内使用机械台班，采用本票结算，先付票后用车；本票由财务部门根据机械费限额单下发；建设项目所用施工设备限额由预算部门根据计划部门提供的资料核定；财务部门在限额单签字盖章后转调度室；调度室建立"机械费限额台账"，根据施工队用车计划调派设备。自有机械设备限额由项目组计划人员向劳资部门提供工程类别，由劳资部门按有关定额标准编制。

（4）其他费用包干。

① 对大型施工机具实行租赁制度。施工队租用的潜水泵、篷布、冲击电钻、涨圈、5t 以上捯链等机具，用核定的材料费支出租金，超过租期按其价值 5%罚款。

② 对小型工器具实行费用包干，项目组项目管理人员按有关规定核定限额，由施工队持小型工器具限额本到料库领用工器具。

③ 对误餐费实行限额包干，由劳资部门按单位工程定额工日数乘以 1 元/天确定，一次性包给施工队，节约归己，超额自理。

④ 对公杂费实行归口管理，按定员和费用标准核定限额，项目组用定额本到后勤领用办公用品或在限额内自行采购，到财务部门报销。

⑤ 对值班车辆和施工住宿费实行费用包干，值班车包干指标由调度和财务部门根据项目、施工产值和施工现场情况确定。施工住宿费按单位工程限额通知单上核定的工日数乘以住勤单价，一次性包给施工队，由施工队掌握使用，节约归己。

二、加强项目成本分配管理

（1）按照岗位、责任风险、业务量实行岗位绩效工资制度，管理人员的分配与项目效益挂钩，按月度进行作业层和管理层双向考核，管理层各业务系统都制定了考核标准，按工作内容、劳动纪律、政治业务学习及其他计分考核，按月兑现。

（2）作业层分配按包干指标分别计取报酬。

① 人工费分配除了按完成定额工日分配外，劳动定额工日实行优质优价，单位工程竣工后，经质检部门验收为优质工程，以该工程奖金限额为基数增加20％作为嘉奖，达不到质量指标每降低1％，定额工日单价降低10元。

② 材料费节约分配按节约材料的2％提取节约奖，亏损按10％扣奖金，在项目奖金中兑现。

③ 机械台班费和作业队自有设备限额节约按节约额的10％奖励，超支分别按超支额的20％和5％扣奖金。

④ 小型工器具节约按节约额80％奖励施工队、20％奖励材料库，超支按超支额90％罚施工队，10％罚材料库。

（3）项目竣工后，按实现效益按规定标准对管理层、作业层全部兑现收益。由于我们严格按完成的各项承包指标分配利益，而且这种分配办法使职工在干前就能了解完成任务得到多少报酬，节约各种费用增加多少收入，增强了分配的透明度和超前性，有利于激励员工积极性，做到精打细算。

三、健全和完善编制工程项目施工定额

施工定额是确定完成单位工程所需要的工日、材料和机械台班消耗数量，它与各类定额单价的乘积组成了责任成本直接费用。主要有劳动定额、材料消耗定额和机械台班定额费用定额等，组织有实践经验的老工人、技术人员和专业管理人员组成定额编制小组，用现场实测、统计分析、经验估计等方法，反复修订完善各种定额，用一年的时间修订完善劳动、材料消耗、机械台班、费用四大施工定额，为责任成本直接费及其他费用奠定基础。

（1）劳动定额反映工人平均的劳动水平。劳动定额工日是确定人工费包干额的主要计算依据。

（2）材料消耗定额。是用来计算单位工程材料费包干值，编制材料限额表的依据，推行材料费包干要把材料消耗定额和限额领料单结合使用，原因是材料的价格变化较快。

（3）机械台班定额。是用来确定机械费包干值的依据，由于目前价格管理体制，机械台班价格变化较快，因此用测定的系数按施工产值确定机械费，但这与机械台班定额没有关系，今后将通过完善价格管理体系，用机械台班定额来计算机械费用是比较科学合理的。

四、加强项目责任成本核算和经济活动分析

项目的核算层次有两层，一是项目管理层；二是施工作业层，项目核算要确定以项目为中心，分层管理、分级核算的核算管理体制。项目经理和项目财务组是项目的成本和利润中心。项目作业层和职能部门是项目的成本控制中心。责任

 **3** 成本控制的方法和途径

成本直接费及其他费用承包指标的确定是项目管理层搞好项目责任成本核算的关键，管理层财务除了处理各种凭证、账卡业务外，必须对项目的投入进行总体控制、监督、考核，依据内部价格、施工定额等技术经济资料确定项目的目标成本，搞好项目的量、本、利分析，掌握人、财、物、机的投入和使用情况，定期组织施工队进行经济活动分析，严格控制项目的成本和资金支出，根据施工进度和变化情况，做好项目的协调、服务工作。施工作业层作为项目内部独立核算单位，以单位工程为核算单元，对施工班组和个人进行分部、分项工程分解，作业层核算的职能重点是分项目进行核算，对分项工程进行责任成本控制。

项目经理部对项目的各项费用实行目标成本管理，人工费、材料费、机械台班费和其他费用以项目经营承包方式，把费用和责任纵向分解落实到作业层、班组、个人，横向上对各业务管理职能明确项目成本管理责任，实行项目成本费用标准化管理，计划、预算、劳资、财务、技术、调度等部门按照包干管理运行程序办事。

项目核算中更重要的是加强项目的责任成本控制。施工项目的现场是费用消耗的前沿，要优化项目生产要素配置，减少不合理的工程支出，必须强化现场管理的标准化工作，从根本上使每个工序、每个工人节约材料和机械费用，提高劳动效率，才能最终实现责任成本直接费和其他费用的承包指标。各作业班组是一个费用控制中心，但核算要落实到分部分项工程上，所以，班组可以交叉作业，动态组合，对周转材料、消耗材料、工具、小型机具实行租赁或承包，按分项工程核算和摊销，最终实现单位工程成本控制。

4 工程项目成本核算

4.1 项目成本核算概述

工程项目成本核算是对建筑工程企业在一定时期内施工费用的归集、分配、再归集、再分配和工程成本形成的计算工作,它是工程成本会计工作的主要内容。工程项目成本核算除了要遵循会计核算一般原则以外,还应符合工程成本核算的基本要求,遵循工程成本核算的基本程序,工程项目成本核算在工程企业的经营管理中具有十分重要的意义。

4.1.1 项目成本核算的概念

工程项目成本核算是对发生的施工费用和形成的工程成本所进行的会计处理工作,它是施工费用核算和工程成本计算的总称,其重要的部分是工程成本计算。

建筑工程企业在一定时期内(某一个会计期间)从事建筑安装工程施工过程中所发生的各项耗费的货币表现,叫做施工费用。将施工生产费用按一定的成本核算对象及其成本项目进行归集,即构成该对象的成本。施工费用是形成工程成本的基础。

所谓工程项目成本计算,就是按照成本核算对象和成本开支范围的规定,对应列入工程成本的施工费用,经过分类、归集和分配等一系列的计算程序,从而计算出全部工程总成本和每项工程成本的工作。

工程项目成本计算的内容,包括预算成本计算和实际成本计算两个方面。预算成本是根据已完工程数量,按施工图预算所列单价和成本项目的核算内容进行分析、归类和计算的工程成本。它是控制成本支出,考核成本超节的依据。实际成本是根据工程施工过程中实际发生的施工费用,按照成本核算对象和成本项目归集的工程。已完工程的实际成本与预算成本相比较,就可以确定工程项目成本的超支或节约额。

4.1.2 项目成本核算的意义

工程项目成本核算可以反映和监督建筑工程企业各项施工费用的发生情况和

工程项目成本的水平,并为分析工程项目成本的超支或节约原因和挖掘降低成本的潜力提供科学依据。所以,工程项目成本核算是建筑企业经营管理工作的一项重要内容,它在建筑企业经营管理中具有十分重要的意义。

(1) 工程项目成本的计算、考核和分析,可以反映建筑工程企业的施工和管理水平。这是因为,工程项目成本是建筑工程施工过程中各项耗费的货币表现,集中反映了建筑企业施工活动的经济效果。如劳动生产率的高低、施工机械的利用程度、材料使用的节约和浪费情况、工程质量的好坏状况、施工管理水平的高低等,都可以直接或间接地反映到工程项目成本指标上来。故而,考查工程项目成本指标,就可以发现工程施工及管理工作中取得的成绩和存在的问题,从而进一步加强成本管理,充分挖掘潜力,努力降低成本,提高经济效益。

(2) 工程项目成本核算,可以确定建筑施工耗费的补偿尺度。为了保证建筑施工企业再生产的不断进行,必须对施工过程中的资金耗费进行补偿。工程项目成本就是以货币形式反映建筑施工企业补偿价值大小的尺度。建筑施工企业在取得工程结算收入后,必须把相当于工程项目成本的数额划分出来,用以补偿施工过程中的资金耗费。这样,才能维持资金周转按原有规模进行。同时,建筑施工企业取得的工程结算收入,除了补偿施工耗费外,剩余部分就是企业实现的纯收入。在工程结算收入一定的条件下,成本越降低,企业纯收入就越多。由此可见,成本作为补偿施工耗费的尺度,对企业的发展有着重要的影响。

(3) 工程项目成本核算,可以对各项施工耗费进行审核,有利于认真贯彻国家的财务管理制度。哪些费用应该计入工程项目成本,哪些费用不能计入工程项目成本,国家都有统一的规定,这叫做成本开支范围。按照成本开支范围计列费用,不仅是正确核算成本的前提,也是必须遵守的财经纪律。因而,在工程项目成本核算过程中,对各项费用支出必须进行认真的审核,凡符合成本开支范围的各项支出要积极支持,否则就应予以抵制。只有这样,才能保证国家的相关政策和法规得到贯彻落实,避免和减少不应该的浪费和损失,保证建筑施工企业经营活动的正确方向。

(4) 工程项目成本核算,为建筑施工企业的施工生产经营决策提供重要依据。努力提高在市场上的竞争力,是社会主义市场经济条件下对企业的客观要求。在各项工程实行招标制的条件下,企业之间的竞争日益加剧。竞争的内容既有工程质量和施工工期的竞争,也有工程价格的竞争。由于工程项目成本是决定工程价格的基础,因而工程项目成本的高低在一定程度上影响着企业的生存和发展。因此,企业应当认真做好工程项目成本核算工作,及时为企业的施工生产经营决策提供成本信息,从而充分挖掘出内部潜力,不断降低工程项目成本,提高企业的市场竞争能力。

4.1.3 项目成本核算的任务

工程项目成本核算包括以下一些任务：

(1) 根据国家政策、法规和制度的规定，认真审核和控制工程项目施工费用的支出。

(2) 正确计算工程项目预算成本，如实反映成本超支节约情况，为工程项目成本分析提供依据。

(3) 及时准确地归集和分配工程项目施工过程中发生的各项施工费用，按照规定的成本核算程序和方法计算工程项目的实际施工成本。

(4) 正确编制工程竣工决算，及时总结工程项目施工管理的经验教训，促使建筑施工企业改善经营管理工作，降低工程成本，提高经济效益。

4.1.4 项目成本核算的基本要求

为了正确核算工程项目成本，完成工程项目成本核算的任务，充分发挥工程项目成本核算的作用，在工程项目成本核算中，除了遵循会计核算的一般原则（如权责发生制原则、按实际成本计价的原则、客观性原则）等以外，还应当符合以下几项基本要求：

(1) 正确划清各种成本的界限

① 划清应计入工程项目成本和不应计入工程项目成本的界限。

凡是在工程施工过程中发生的资金耗费，应计入工程项目成本。用于组织和管理企业生产经营活动而发生的管理费用以及用于筹集和使用资金而发生的财务费用，都属期间费用，应直接计入当期损益；用于购建固定资产所发生的费用，属于资本性支出，应计入长期资产价值，至于其使用损耗价值则应分期计入工程成本或期间费用中去。与生产经营业务无关的营业外支出，不应列入工程成本，而应计入当期损益。

② 划清各个时期的成本界限（直接计入或分配计入）。

根据《企业会计制度》的规定，企业应按期计算成本，以便分析考核生产经营计划的执行情况，故而必须正确划清各个时期成本的界限。凡是本期支付而由本期成本负担的耗费，应全部计入本期工程成本；凡是本期支付应由本期及以后各项共同负担的耗费，应作为待摊费用，按受益期在各期间合理分摊计入工程成本；本期虽未支付，但应由本期成本负担的耗费，应当通过预提的方法预先分配计入本期工程成本。只有这样，才能保证各个时期工程成本的真实性和可靠性。当然也要防止利用待摊和预提的方法任意调节工程成本的高低。

③ 划清各项工程的成本界限（直接计入或分配计入）。

计算工程项目成本，就是要以每项工程为对象计算每一项工程项目的成本，从而满足成本管理的需要。所以，每期发生的施工费用，都要在各成本核算对象之间，按照一定的原则、程序和方法进行分配。凡是能直接确定应由某工程负担的成本，应直接计入该项工程成本；不能直接确认应由某工程负担的成本，应选择合理的分配方法进行分配计入各项工程成本。特别应当注意防止在生产性建设工程与非生产性建设工程、盈利工程与亏损工程、承包工程与专项工程之间转移成本，借以掩盖成本超支或以盈补亏的现象发生，从而保证真实反映各工程的成本水平。

④ 划清已完工程与未完工程的成本界限（分配计入）。

由于工程项目施工周期与会计核算期间的不一致性，往往在期末时有未完施工存在。因此，在核算工程项目成本时，还应将各个工程项目归集的成本在已完工程和未完工程之间进行分配，从而计算出已完工程成本，以便与工程预算成本对比，为考核工程成本超支或节约、加强工程项目成本管理提供资料。

（2）正确进行财产物资的计价和价值的结转

工程项目成本是工程项目施工过程中物化劳动消耗和活劳动消耗的货币表现。其中物化劳动基本上是生产资料，它们的价值随着施工过程的进行而转移到工程成本中去，这些生产资料的计价和价值结转的方法，如固定资产的计价方法、折旧计算方法、修理费用的处理等都会直接影响着工程项目成本。因此，为了正确计算工程项目成本，必须对财产物资进行合理的计价并正确进行价值的结转。

（3）做好成本核算的各项基础工作

① 做好财产物资的计量、收发和盘点工作。

原始记录中的各项数据主要是从数量上反映建筑施工企业生产过程各项财产物资的变动情况，而计量工作则是确定这些数量的依据。没有准确的计量，就不能提供准确的数量，也就无法正确地计算工程成本。因而，建筑施工企业必须建立和健全计量检验制度。凡是物资的收发及在工号之间的转移，都要经过计量并办理必要的凭证手续；库存和现场存放的物资，要定期盘点清查，防止丢失、损坏和积压浪费；期末对施工现场的剩余材料应及时办理退库或"假退料"手续，废料应及时回收；必要的计量器具逐步配备齐全，并经常进行维修和检验，保证准确无误。

② 建立和健全原始记录。

工程项目成本核算的重要任务是对构成成本的各项耗费进行数据处理，从而确定各项工程项目的成本。为此，就要通过一定的方式取得各项数据。原始记录就是提供成本数据的主要方式。涉及成本业务方面的原始记录有：工程任务单、工时利用记录、领（退）料单、施工机械使用记录、质量事故报告、未完施工盘点单等。原始记录必须真实、准确、及时。建筑施工企业要认真制定原始记录制度，做好各种原始记录的填制、传递、审核和保管工作，以便及时为工程项目成本核算提供原始资料。

③ 健全企业内部结算制度。

为了分清企业内部各单位的经济责任，便于分析和考核内部各单位的经营成果，应当建立健全企业内部结算制度。内部结算要以合理的内部价格为依据。企业内部价格是指企业各内部独立核算单位因相互提供材料物资、作业和劳务而办理转账结算的结算价格。正确制定和使用企业内部结算价格，对于巩固内部经济核算，加强工程项目成本管理有着十分重要的作用。企业内部结算价格的制定方式主要有以下几种：

一是以计划单价作为内部结算价格。

二是在计划单价的基础上，加上一定的内部利润作为内部结算价格。

三是模拟市场价格作为内部结算价格。

无论采用何种方式确定的内部结算价格，都应尽可能接近实际并保持相对的稳定，年度内一般不作变动。企业一般应建立的内部结算价格有：材料、构件结算价格，机械作业结算价格，劳务结算价格，劳动办结算价格等。

④ 加强定额管理。

定额是对工程项目施工过程中人力、物力、财力消耗所规定的数量标准。实行定额管理是控制施工耗费、促进增产节约的行之有效的制度。与工程施工有关的定额有：劳动力定额、施工定额、建筑安装工程预算定额和间接费用定额等。建筑施工企业对于国家或地区统一制定的定额，应认真贯彻执行，对于国家或地区定额缺项的部分，应按照规定制度补充定额。企业也可根据本企业的实际管理水平，制定本企业的定额。同时，对于各种物资的储备和消耗、工时利用、设备利用、资金占用及费用开支等，要制定内部管理定额。有了定额就要按定额发料、用工、使用机械，控制施工耗费，从而充分发挥定额的积极作用。

4.1.5 项目成本核算的基本程序

工程项目成本核算的基本程序是指根据工程项目成本核算的基本要求，对施工费用进行分类核算，并按成本项目进行归类，直至计算出每一个工程成本项目的基本工作过程。因而，工程项目成本的核算应按照一定程序进行。

（1）确定工程项目成本计算对象

工程项目成本的计算对象是施工费用的承担者，即归集和分配施工耗费的具体对象。合理地确定成本计算对象，是组织工程项目成本核算的前提。

由于建筑施工企业承包建造的工程项目的单件性、流动性和买方（业主）的确定性，因此应根据施工工程项目的地点、用途、结构、施工组织和工程价款结算办法等因素，确定成本计算对象。

建筑施工企业承包建造的工程项目都必须签订建造合同（或施工合同），建造合同甲方（建设单位或业主）通常总是事先按合同编制工程预算，建造合同乙方（建筑承包商或建筑企业）也总是按合同规定的工程价款、结算方式，按进度与甲方结算工程价款，建造合同是建筑施工企业组织工程施工和管理的依据，因而应当以建造合同为工程项目成本计算的对象。具体地说包括以下几点：

1) 以单项建造合同为工程项目成本计算对象。

一般情况下，建筑施工企业应当以所签订的单项建造合同为工程项目成本计算的对象，分别计算和确认各单项合同的成本，以利于分析工程预算和施工合同的完成情况，并为核算合同损益提供依据。

2) 以合同分立后的单项资产为工程项目成本计算对象。

如果一项建造合同包括建造数项资产，在同时具备下列条件的情况下，包括有独立的单项合同处理：

① 每项资产均有独立的建造计划，包括有独立的施工图预算。

② 建筑企业与业主就每项资产单独进行谈判，双方能够接受或拒绝与每项资产有关的合同条款。

③ 每项资产的收入与成本均可单独辨认，如每项资产均有单独的造价和预算成本。

④ 对该项建造合同进行分立，应将分立后的单项资产作为一个成本计算对象，单独核算其成本，有利于正确计算建造每项资产的损益。

3) 以合同合并后的一组合同为工程项目成本计算对象。

如果一组建造合同无论对应单个业主或几个业主，在同时具备下列条件的情况下，应合并为单项合同处理：

① 该组合按一揽子交易签订。

② 该组合同密切相关，每项合同实际上已构成一项综合利润率的组成部分。

③ 该组合同同时或依次履行。

由于在同一地点同时或依次施工，建筑企业对施工队伍、工程计量、施工质量与进度实行统一管理，将符合合同合并条件的一组合同合并作为一个成本计算对象，有利于工程管理和简化核算。工程项目成本核算对象一经确定后，建筑施工企业内部的各有关部门必须共同遵守，所有原始记录和核算资料，均应按照统一确定的成本计算对象填写清楚，以确保工程项目成本的真实性和准确性。

4）对于规模特别大的工程，可以以分部工程作为成本核算对象，但不宜再划分到分项工程。

工程项目单件性生产的特点决定了成本核算对象的独特性，因此，项目管理实践中划分成本核算对象应注意以下几点：

① 一个单位工程由几个施工单位共同施工时，各施工单位都应以同一单位工程为成本核算对象，各自核算自行完成的部分。

② 规模大、工期长的单位工程，可以分部位的工程（分部工程）作为成本核算对象。

③ 同一建设项目，由同一施工单位施工，并在同一施工地点，属同一结构类型，开竣工时间相近的若干单位工程，可以合并作为一个成本核算对象。

④ 改建、扩建的零星工程，可以将开竣工时间相接近，属于同一建设项目的各个单位工程合并作为一个成本核算对象。

⑤ 土石方工程、桩基工程，可以根据实际情况和管理需要，以一个单项工程为成本核算对象，或将同一施工地点的若干个工程量较少的单项工程合并作为一个成本核算对象。

以单位工程或分部分项工程为对象，建立项目成本核算制，是构建和完善项目管理体系的重要内容。按照工程项目的性质实行分项核算，包括施工前期准备、正在施工中的建筑工程、安装工程、技术改造工程等。按照实际发生的支出确定其工程成本，并单独核算。

（2）确定工程成本项目

工程成本项目是施工费用按经济用途进行分类而划分成的若干项目。成本项目可以反映工程成本的经济构成及工程施工过程中不同的资金耗费情况，为进行工程成本分析提供依据。

根据现行制度的规定，工程成本项目包括：

① 人工费：指建筑企业直接从事工程建造人员的工资、资金、工资性津贴、职工福利费，以及劳动保护费等。

② 材料费：指工程施工过程中耗用的、构成工程实体或有利于形成工程实体的原材料、辅助材料、构配件、零件、半成品的成本和周转材料的摊销帮租赁费用。

③ 机械使用费：指工程施工过程中使用机械设备所发生的各项开支，如自有施工机械所发生的各项耗费等。

④ 其他直接费：指工程施工过程中发生的除上述三项费用以外的其他可以直接计入合同成本核算对象的开支，如技术援助费、生产工具器具使用费等。

以上四项费用构成直接成本。

⑤ 间接成本：指建筑企业下属的施工单位（如分公司、施工队、项目经理等）为组织和管理施工活动所发生的各项开支。如管理人员工资、办公费、差旅费等。

成本项目的组成及其包括的内容在本书的第 1 章已有详细介绍，此处不再重复。

（3）确定工程项目成本计算期

成本计算期是指每计算一次成本的间隔时间。一般情况下，工程项目成本计算期间应与会计期间相一致，即按月计算。同时，由于工程施工的长期性，还应按施工周期计算，以便考核建造合同项目的施工与管理效果。

（4）设置工程项目成本核算的会计账户

为了归集施工费用，计算工程项目成本，在工程项目成本核算中应当设置和运用以下会计账户：

① 工程施工。该账户核算建筑施工企业进行建筑安装工程施工所发生的各项资金耗费。工程施工费用主要包括：建筑工程和设备安装工程等的施工费用。其中房屋等建筑工程施工费用，除了包括其本身的施工费用外，还应当包括列入房屋工程预算内的暖气、卫生、通风、照明、煤气等设备的价值。设备安装工程的施工费用还应当包括为测定安装工程质量对单个设备进行的试车费用，一般不包括被安装设备本身的价值。工程施工过程中发生的各项施工费用，应按成本核算对象和成本项目进行归集，凡实际发生的各项施工费用记入本账户的借方；贷方核算结转的完工工程成本；借方余额为期末未完施工。

② 机械作业。该账户核算建筑施工企业使用自有施工机械和运输设备进行机械作业所发生的各项耗费。实际发生的机械作业成本，记入本账户的借方，月终按受益对象分配机械作业成本时，记入本账户的贷方，月份终了时，本账户无余额。

③ 辅助生产。该账户核算非独立核算的辅助生产部门为工程施工等提供材料和劳务时所发生的各项耗费。实际发生的各项辅助生产成本，记入本账户的借方，按受益对象分配辅助生产成本时，记入本账户的贷方，月份终了时，本账户无余额。

④ 工程施工—间接费用。该账户核算施工单位为组织和管理施工活动而发生的各项耗费用支出。实际发生的各项施工间接费用，记入本账户的借方，月终时将施工间接费用分配计入各工程成本核算对象时，计入本账户的贷方，月份终了时，本账户无余额。

⑤ 待摊费用、预提费用。待摊费用账户核算已经支出但应由本月以及以后各月分别负担的费用，借方登记费用的发生数，贷方登记费用的摊销数，余额表

示尚待摊销的费用。预提费用账户核算预先提取但尚未实际支出的各项费用，预先提取费用时记入本账户的贷方，实际支付费用时记入本账户的借方，余额表示已经提取但尚未支付的费用。

（5）归集和分配施工费用

工程项目成本的核算，就是将施工过程中所发生的各项要素费用，根据经过严格审核的有关原始凭证所确定的对象，通过一定的处理程序，按照经济用途归集和分配到施工生产成本中去。归集和分配施工费用时，应注意以下几点：

① 直接成本应直接根据原始凭证确定的成本核算对象和成本项目归集，间接成本则需先单独归集至月终时再进行分配。

② 严格遵守成本开支范围和执行各项费用开支标准，不得扩大成本开支范围和提高费用开支标准。

根据上述要求，将应计入本月工程项目成本的各项费用在各成本核算对象之间，按照成本项目进行归集和分配，直接或间接地计入工程项目成本。其基本程序为：

第一步，为工程施工直接发生的施工费用，直接作为工程项目成本的构成内容，直接计入该成本核算对象中去，即记入"工程施工"总分类账和明细分类账。

第二步，为工程施工服务所发生的间接费用，可先按发生地点和用途进行归集汇总，即记入"工程施工"、"机械作业""工程施工—间接费用"等账户。

第三步，"辅助生产"账户归集的辅助生产成本，按其用途分配计入各受益对象，即记入"工程施工""辅助生产""工程施工—间接费用"等账户。

第四步，将"机械作业"账户归集的机械作业成本，按其用途分配计入各受益对象，即记入"工程施工""工程施工—间接费用"账户。

第五步，将"工程施工—间接费用"账户归集的工程间接成本，按一定的方法分配计入各合同项目工程成本，即计入"工程施工"账户。

最后，通过上述程序，将应计入各成本核算对象的施工费用，都已集中登记在"工程施工"账户及其所属的各成本核算对象的明细账中，如果某成本核算对象期末尚有未完工程而又需要计算其成本时，还应将已归集的施工费用，在已完工程和未完工程之间进行分配，以分别计算已完工程成本和未完工程成本。工程竣工后，将其实际成本与"工程结算"账户确认的应结算工程价款对冲。

综上所述，工程成本核算就是对各项施工费用按照规定的程序，进行归集、分配、再归集、再分配的数据处理过程，这项活动提供了经济管理所需要的成本信息。即：

①分配各项要素费用；②分配待摊费用和预提费用；③分配辅助生产费用；④分配机械作业费用；⑤分配施工间接费用；⑥结算竣工工程成本。

4.2 待摊和预提费用的核算

4.2.1 待摊费用的核算

待摊费用是指企业已经支付或已经发生，但应由本期和以后几期成本共同负担、需按期摊销的各项耗费。包括：

(1) 一次大量领用低值易耗品的摊销费。

(2) 一次发生的数额较大、受益期较长的大型施工机械（如塔吊）的安装、拆卸及辅助设施费。

(3) 一次发生数额较大、受益期较长的施工机械进出场费。

(4) 一次发生数额较大的砂石开采剥土费。

(5) 在施工生产经营活动中支付数额较大的契约、合同公证费和鉴证费，科学技术和经营管理咨询费。

(6) 一次支付的财产保险费。

(7) 一次支付数额较大的劳动办招募费、职工探亲路费和探亲假期间的工资。

(8) 预付报刊订阅费。

(9) 其他费用。

有些费用虽属待摊费用性质，但发生额较小，对成本水平影响不大，发生时可不作为待摊费用处理，直接计入当期成本费用。企业在筹建期间发生的开办费，以及在生产经营期间发生的摊销期限在1年以上的其他费用，作为递延资产，也不作待摊费用处理。

为了核算待摊费用的发生和摊销情况，企业应设置"待摊费用"账户。该账户的借方登记实际发生或支付的各项待摊费用，贷方登记按期分摊的待摊费用，余额表示尚待摊销的待摊费用。该账户应按照待摊费用的种类设置明细账，组织待摊费用的明细分类核算。

企业应根据待摊费用的实际情况，以及费用项目的受益期限，合理确定其摊销期限和数额，按期摊销，不得多摊、少摊或不摊。分摊期限一般不超过12个月。跨年度受益的待摊费用，如支付给职工的冬煤补贴等，摊销期可以跨年度计算。对这些发生数额很大，受益期远远超过12个月的待摊费用，如施工机械进出场费、安装、拆卸费等，作为递延资产核算。待摊费用的摊销应由企业自行编制摊销底表，以作为各期摊销费用的核算依据。

案例 4-1：某建筑施工企业本月发生施工机械安装、拆卸及辅助设施费 12,000 元，其中材料 10,000 元，人工费 2,000 元，分 6 期进行摊销。

费用发生时，根据领料单及分配表作如下会计分录：

借：待摊费用-施工机械安拆及辅助设施费　　　　12,000
　　贷：库存材料　　　　　　　　　　　　　　　　10,000
　　　　应付工资　　　　　　　　　　　　　　　　 2,000

本期摊销此项费用时，根据摊销计算表作会计分录如下：

借：工程施工　　　　　　　　　　　　　　　　　　2,000
　　贷：待摊费用-施工机械安拆及辅助设施费　　　　2,000

待摊费用摊销底表见表 4-1。

待摊费摊销底表　　　　　　　　　　　　　　　表 4-1

费用项目	费用合计（元）	分摊期限	月摊销额（元）	摊销起止期间
塔吊安拆费	12,000	6	2,000	
低值品摊销	20,000	2	10,000	

案例 4-2：某建筑施工企业本月一次领用低值易耗品 30,000 元，采用"五五摊销法"进行摊销，摊销额分两期计入成本。

领用低值易耗品时，根据领料单用如下分录：

借：低值易耗品-在用　　　　　　　　　　　　　　30,000
　　贷：低值易耗品-在库　　　　　　　　　　　　　30,000

计提低值易耗品摊销时，根据摊销表作会计分录：

借：待摊费用-低值易耗品摊销费　　　　　　　　　15,000
　　贷：低值易耗品-摊销　　　　　　　　　　　　 15,000

分摊计入成本时，可作会计分录：

借：工程施工　　　　　　　　　　　　　　　　　　7,500
　　贷：待摊费用-低值易耗品摊销费　　　　　　　　7,500

4.2.2　预提费用的核算

预提费用是指预先计入工程项目成本或费用，而在以后某期支付或发生的费用。包括：

（1）预提收尾工程费用

是指工程已经完全具备了使用和投产条件，但由于特殊情况，如材料和设备在短期内不能解决等客观原因，影响了收尾工程的进行，而预提计入工程成本的收尾工程费用。

该项费用的预提，必须同时具备以下条件：

① 经业主同意并已办理竣工结算；

② 由企业提出收尾工程清单，列明项目名称，并附费用计算依据；

③ 预提的数额不得超过收尾工程的预算成本；

④ 经主管部门审查和财政部门批准。

（2）预提固定资产大修理费用

固定资产计划内的大修理费用，由于修理间隔时间长，一次支付的数额较大，因而可采取预提的方式，按期计提、平均负担该项费用。

为了核算预提费用的预提和实际支付情况，应设置"预提费用"账户。该账户的贷方登记预提的各项预提费用，借方登记支付实际发生的预提费用，贷方余额表示预提而尚未支付的各项预提费用。该账户应按预提费用的种类设置明细账，组织明细分类核算。

案例 4-3：假设某建筑施工企业承建的某办公楼工程已基本完工，具备了投入使用的条件，但暖气设备未到，影响收尾工程的进行。经业主同意、有关部门批准，按 30000 元预提收尾工程费用；2 个月后，设备到货进行安装，发生人工费 10000 元、材料费 15000 元，以银行存款支付其他费用 5000 元。可作如下会计分录：

预提收尾工程费用时

借：工程施工　　　　　　　　　　　　　　　30,000

　　贷：预提费用-预提收尾工程费　　　　　　　　30,000

实际发生费用时，根据实际发生的原始凭证作如下分录：

借：预提费用-预提收尾工程费　　　　　　　　30,000

　　贷：应付工资　　　　　　　　　　　　　　10,000

　　　　库存材料　　　　　　　　　　　　　　15,000

　　　　银行存款　　　　　　　　　　　　　　 5,000

案例 4-4：假设某建筑施工企业从 1 月份开始每月预提固定资产大修理费用 10000 元，7 月份发生修理费用 72000 元，其中：材料费 41000 元，人工费 15000 元，以银行存款支付其他费用 16000 元，可作如下会计分录：

每月预提固定资产大修理费用时：

借：机械作业　　　　　　　　　　　　　　　10,000

```
贷：预提费用-预提固定资产修理费用        10,000
```
7月份实际发生大修理费用时，根据实际发生的各种相关凭证作如下分录：
```
借：专项工程支出-固定资产修理           72,000
    贷：库存材料                         41,000
        应付工资                         15,000
        银行存款                         16,000
```
修理完毕，结转修理费用时
```
借：预提费用-预提固定资产修理费          60,000
    机械作业                             12,000
    贷：专项工程支出-固定资产修理        72,000
```

4.3 辅助生产费用的核算

辅助生产成本的核算，是建筑施工企业对辅助生产部门在材料生产或劳务提供过程中所发生的各项耗费进行的归集和分配。

4.3.1 辅助生产成本的归集

（1）辅助生产及其特点

在建筑施工企业内部，或多或少地有一些为工程施工、机械作业服务的生产车间、单位或部门，如机修车间、木工车间、供水站等，它们是为企业工程施工、产品生产、机械作业等服务而进行的材料生产和劳务供应的，有时也对外销售一部分，这些部门称为辅助生产部门。其根本任务是服务于本企业的工程施工、机械作业及施工管理工作，所进行的生产叫做辅助生产。如机械设备维修，构件的现场制作，铁木件加工，固定资产清理，供应水、电、气，施工机械的安装、拆卸和辅助设施的搭建工程等。该部门在材料生产和劳务提供过程中所发生的各项耗费为辅助生产费用，它区别于工程施工等费用，应单独进行归集和核算，月末将其分配计入受益对象，从而成为工程成本的组成部分。所以，辅助生产成本核算也是工程成本核算的重要组成部分。

（2）辅助生产费用归集账户的设置

为了归集和分配辅助生产费用，应设置"辅助生产"账户。借方登记辅助生产部门发生的各项耗费；贷方登记月终结转完工材料和劳务的实际成本；月末借方余额反映辅助生产部门在产品的实际成本。

辅助生产部门发生的各项开支，根据材料、工资等分配表和有关凭证，按成本核算对象和成本项目进行归集。成本核算对象可按生产的材料和提供劳务的类别确定。成本项目可划分为以下几项：

① 材料费：是指辅助生产部门在材料生产和劳务提供过程中所耗用的各种材料的实际成本。

② 人工费：是指支付给辅助生产部门生产工人的工资与按规定提取的职工福利费。

③ 其他直接费：是指除上述项目以外的其他直接生产费用，如折旧费、水电费等。

④ 间接成本：是指为组织和管理辅助生产所发生的各项开支。

（3）辅助生产费用归集的方法

辅助生产的类型不同，其成本归集的程序也不一样。

对于只生产一种材料或劳务的辅助生产部门，如供水、供电、供气等部门，其所发生的一切成本都是直接成本，一般在发生时直接计入按材料或劳务品种设置的辅助生产明细账。当月归集的生产费用总额即为该期材料或劳务的总成本，除以产量即可求得单位成本。

对于生产多种材料或提供多种劳务的辅助生产部门，如现场构件制作、铁木件加工、设备维修等部门、单位，其所发生的成本往往需由两种或两种以上的材料或劳务负担，因此应将共同性费用在受益对象之间进行合理分配。同时，这类辅助生产部门有的还有期初、期末在产品，这就需要将归集的辅助生产成本在完工产品和在产品之间进行分配，从而计算出完工产品的总成本和单位成本。

辅助生产部门发生的间接成本，应先按辅助生产部门设立"辅助生产-间接成本"明细账进行归集，月终时再按一定标准分配计入有关材料或劳务成本中去。辅助生产费用的归集通过设置和登记"辅助生产明细账"来进行。

4.3.2 辅助生产费用的分配

（1）辅助生产成本分配的原则

辅助生产成本的分配，是指将各辅助生产明细账中所归集的成本，采用一定的方法计算出材料或劳务的总成本和单位成本，并按各受益对象耗用的数量计入到工程成本中。为了保证施工生产成本的真实性，在进行辅助生产成本分配时，应遵循以下几项原则：

① 谁受益谁负担的原则。凡接受辅助生产部门提供的材料、劳务的部门、单位，均应负担辅助生产成本。其中能确认受益对象是直接计入各受益对象的成本中去；不能直接确认受益对象的，应按受益比重在各受益对象之间进行分配。

② 分配方法力求合理、简便。辅助生产成本分配所采用的方法，既不能为求分配简便而采用过于简化的方法，从而影响成本计算的准确性；也不能为求分

配精确而将分配方法搞得太复杂，从而增加了成本核算的工作量。

(2) 辅助生产成本的分配方法

① 直接分配法。

直接分配法是指各辅助生产部门发生的成本直接分配给辅助生产部门以外的受益对象，而各辅助生产部门相互提供的劳务则不分配。成本分配的计算公式为：

$$某项劳务的分配率 = \frac{该辅助生产部门直接发生的成本总额}{不包括为其他辅助生产部门提供的劳务总量}$$

$$某受益对象的分配额 = 该受益对象耗用的劳务 \times 分配率$$

案例 4-5：假设某施工单位设有供水、供电两个辅助生产车间，本月各车间直接发生的成本为：供水车间 3200 元，供电车间 1750 元。根据劳务供应统计表，各受益对象耗用的劳务数量见表 4-2。

劳务数量　　　　　　　　　　　　　　　　　　　　　表 4-2

受益对象	用电量（kW·h）	用水量（t）
供电车间		2000
供水车间	1000	
工程施工	3000	11000
机械作业	5000	
施工管理	500	2000
合计	9500	15000

根据上述资料编制的"辅助生产成本分配表"如下。

作如下会计分录：

借：工程施工	3,324
机械作业	1,029
工程施工-间接费用	597
贷：辅助生产-供电车间	1,750
-供水车间	3,200

这种分配方法的优点是计算手续简便，但准确程度较差，因而适用于各辅助生产部门相互提供劳务较少的情况。

② 一次交互分配法。

采用一次交互分配法是将辅助生产成本分两步进行分配：第一步只在各辅助生产部门之间进行交互分配成本；第二步将各辅助生产部门分配前成本，加上分配进来的费用，减去分配出去费用，再在辅助生产部门以外的受益对象之间进行分配。其分配的计算公式为：

第一步，交互分配的计算公式

$$某项劳务的分配率 = \frac{该辅助生产部门直接发生的成本总额}{该辅助生产部门直接提供的劳务总量}$$

某辅助生产部门分配额
=该辅助生产部门耗用某辅助生产部门提供的劳务数量×分配率

第二步，对外分配的计算公式

$$某项劳务的分配率 = \frac{该部门直接发生的成本＋分配转入费用－分配转出费用}{该部门为辅助生产以外提供的劳务数量}$$

某受益对象分配额 = 该受益对象耗用某辅助生产部门提供的劳务数量×分配率

案例 4-6：

以案例 4-5 编制的"辅助生产成本分配表"，如表 4-3 所示。

交互分配表　　　　　　　　　　　　　　　　　表 4-3

项　目	交互分配		对外分配		合计
	供电车间	供水车间	供电车间	供水车间	
分配金额（元） 分配数量 分配率	1750 9500 0.184	3200 15000 0.213	1992 8500 0.234	2958 13000 0.228	4950
分配对象	数量	金额	数量	金额	数量	金额	数量	金额	金额
供水车间 供电车间	1000	184	2000	426					
工程施工 机械作业 工程施工-间接费用(元)					3000 5000 500	702 1170 120	11000 200	2508 450	3210 1170 570
合计（元）		184		426		1992		2958	4950

根据上述辅助生产费用分配表，可作如下会计分录：

第一步，在交互分配时，
　　借：辅助生产-供电车间　　　　　　　　　　426
　　　　　　　-供水车间　　　　　　　　　　184
　　　　贷：辅助生产-供电车间　　　　　　　　　　184
　　　　　　　-供水车间　　　　　　　　　　426

第二步，对外分配时
　　借：工程施工　　　　　　　　　　　　　　3,210

```
        机械作业                                    1,170
        工程施工-间接费用                              570
     贷：辅助生产-供电车间                            1,992
           -供水车间                                 2,958
```

4.4 机械作业成本的归集

4.4.1 机械作业及其特点

施工机械是建筑安装工程施工的重要劳动手段，从施工现场的"三通一平"到基础的开挖与回填、构件预制及现场浇灌、水平与垂直运输、设备及构件的吊装就位等，都要以施工机械为主要手段去完成。

建筑企业的施工单位使用自有的施工机械和运输设备，进行机械化施工和运输作业，以及机械出租业务，称为机械作业。施工单位除了少量对外机械出租业务外，其根本任务还是为本单位的工程施工服务。机械作业的这一特点，决定其作业成本必须单独进行归集和核算，并将其分配计入各受益对象，成为工程成本的组成部分。因此，机械作业成本的核算，不仅对工程项目成本有着直接的影响，而且也只有在计算出机械作业成本之后，才能进行工程项目成本核算。

4.4.2 机械作业成本的归集

实行独立核算的建筑施工企业使用自有的施工机械和运输设备进行机械作业所发生的各项成本，通过"机械作业"账户归集。该账户借方登记使用自有机械设备进行机械作业所发生的各项成本，贷方登记按受益对象分配结转的机械作业成本，月终时无余额。

在机械作业账户下应设置"承包工程"和"机械出租"明细账户，详细反映为承包工程和机械出租业务进行机械化施工和运输作业所发生的各项开支。在明细账户下，还应再按成本核算对象和规定的成本项目设置明细账，进行明细分类核算。

成本核算对象应以施工机械和运输设备的种类确定。一般是大型机械或运输设备按单机或机组分类，小型机械或运输设备按类别分类。

成本项目一般包括以下几点内容：

（1）燃料及动力费。

（2）人工费。

(3) 折旧及修理费。
(4) 其他直接费。
(5) 间接费用。

4.4.3 机械作业成本的分配

(1) 机械作业成本分配的依据

为了考核施工机械的使用情况，以及便于机械作业成本计入受益对象，建筑施工企业应建立和健全施工机械使用情况的有关原始记录。施工机械使用情况的原始记录，主要有"机械运转记录"和"机械使用月报"。"机械运转记录"由机械操作人员逐日填写。

(2) 承包工程机械作业成本的分配

承包工程机械作业成本的分配，可根据具体情况分别采用下列方法：

① 机械台班分配法。

机械台班分配法，是指按照各受益对象使用的机械台班数和台班实际成本分配机械作业成本的一种方法。这种方法适用于按单机或机组分别核算的施工机械及运输设备作业成本的分配。计算公式为：

$$机械台班实际成本 = \frac{该种机械实际发生的作业成本}{该种机械实际完成的工作台班}$$

$$某受益对象分配额 = 该受益对象实际使用机械台班数 \times 机械台班实际成本$$

案例 4-7：某建筑施工企业混凝土搅拌机本月实际发生的作业成本为 2000 元，实际工作 200 台班，其中，03 号项目使用 20 个台班。则可作如下分配：

混凝土搅拌机实际台班成本 = 2000 元/200 台班 = 10 元/台班

03 号项目应分配的机械作业成本 = 20×10 元 = 200 元

② 完成产量分配法。

完成产量分配法的分配原理与上述的机械分配法基本相同，仅在分配时将台班数量换为完成产量即可。这种方法适用于能确定完成产量的各种设备的作业成本分配。计算公式为：

$$单位产量作业成本分配率 = \frac{该种机械实际发生的作业成本}{该种机械实际完成的产量}$$

$$某受益对象分配额 = 该受益对象使用该种机械完成的产量 \times 单位产量作业成本分配率$$

案例 4-8：以案例 4-7 的资料为例，假设混凝土搅拌机实际完成混凝土工程量为 2000m³，其中 03 号项目完成的混凝土工程量为 200m³。则可作如下分配：

单位混凝土搅拌量作业成本分配率＝2000 元/200m³＝1.00 元/m³

03 号项目分配额＝200m³×1.00 元/m³＝200 元

③ 计划成本分配法。

计划成本法分配是按各种机械设备的台班计划成本和各受益实际使用的台班数量来分配机械作业成本。实际发生的机械作业成本和按计划成本分配的金额之间的差额，再按照各受益对象已分配金额的比例进行调整。计算公式如下：

某受益对象机械作业成本分配额 ＝ 该受益对象使用某种机械的台班数量
$$\times 该机械台班计划成本$$

某受益对象机械作业成本调整额 ＝ 该受益对象已分配的作业成本
$$\times \frac{机械作业成本分配差额}{按计划成本分配的金额之和}$$

④ 机械使用费预算成本分配法。

这种方法是以各工程机械使用费预算成本的比例进行机械作业成本的分配。这种方法一般适用于小型机械设备作业成本的分配。其计算公式为：

$$某类机械作业成本分配率 ＝ \frac{该类机械实际发生作业成本}{各工程机械使用费预算成本之和}$$

某受益对象分配额 ＝ 该工程机械使用费预算成本 × 某类机械作业成本分配率

建筑施工企业对使用自有施工机械设备发生的机械作业成本的分配，应通过编制"自有机械作业成本分配表"进行。

根据自有机械作业成本分配表，可作机械作业成本分配的会计分录：

借：工程施工

　　贷：机械作业-承包工程（某核算对象）

施工单位出租机械设备，应按规定的结算价格和结算方法，向租用机械设备的单位收取租赁费，用于补偿出租机械设备所发生的机械作业成本。因而其出租机械的成本不得分配计入工程成本中去，而应直接列入当期的支出。会计分录为：

借：其他业务支出

　　贷：机械作业-机械出租（某核算对象）

4.5　工程项目实际成本的核算

工程项目实际成本的核算，就是将工程项目施工过程中发生的施工费用，按人工费、材料费、机械使用费、其他直接费和间接费用等各个成本项目进行再归集和再分配,从而计算出各成本核算对象在一定时期及自开工至竣工期间所发生的实际成本数。

通过工程项目实际成本的核算,可以真实地反映出施工单位在一定时期,每项工程在一定时期及整个施工周期内成本的真实水平,然后与预算成本对比,就能正确提示成本的节超情况,从而为工程项目成本管理提供信息,促进施工管理水平的不断提高。为此,工程项目实际成本核算应完成以下任务:正确计算工程项目的实际成本,真实反映工程项目成本水平,为确认当期施工活动成果和总结竣工工程施工管理经验教训提供依据。

4.5.1 人工费的核算

(1) 工程项目成本中人工费的内容

工程项目成本中的人工费项目,其内容包括:按照国家规定支付给直接从事建筑安装工程施工的工人,在现场制作的工人,用人力将器材自工地仓库运至工地和在工地范围内转移的辅助工人,在现场直接为工程制作构件的工人,以及为施工机械送料、配料和搬运施工机械所需产品(如流态混凝土、砂浆等)辅助工人的工资、计提的福利费和发放的劳保费等。

(2) 人工费计入成本核算对象的方法

人工费分配计入成本核算对象,应当按照人工费的性质和内容区别对待:

① 建筑安装工人的计件工资:将计件标准工资直接计入受益成本核算对象的"人工费"项目。

② 建筑安装工人的计时工资:根据用工记录能明确受益对象的,将计时标准工资直接计入受益成本核算对象的"人工费"项目;如不能明确受益对象的,则按各工程实际用工数(或定额用工数)进行分配,分别计入各受益对象成本算对象的"人工费"项目。计时工资分配的计算公式为:

某成本核算对象应分配的计时工资 = 该成本核算对象实际用工数 × 日平均计时工资

日平均计时工资 = (计时标准工资 + 加班工资) / 出勤工日数

计时工资分配的依据主要是建筑安装工人的施工用工记录。施工用工记录一般附于工程任务单或班组作业计划的背面(或附页),其内容包括施工生产工人的出勤、缺勤和工时利用等情况。应由劳资管理人员指导班组详细填报,月终对每个成本核算对象和其他用途的实际用工进行分析汇总,编制"施工用工统计表",作为计时工资分配的依据。

③ 建筑安装工人的工资性津贴:按各成本核算对象的实际(或定额)用工数(计件、计时合计工日数)的比例分配计入各受益对象的"人工费"项目。计

算公式为：

$$工资性津贴分配率 = 工资性津贴 / (计时工日数 + 计件工日数)$$
$$某成本核算对象应分配的工资性津贴 = 该成本核算对象实际（或定额）用工数 \times 工资性津贴分配率$$

④ 建筑安装工人包括在工资总额中的各种资金及其他工资：应按各成本核算对象的实际（或定额）用工数（计件、计时工日合计数）进行分配，计入各成本核算对象"人工费"项目。其计算和分配方法同于工资性津贴。至于其他工资应和地区计价定额的规定相一致，可不列入人工费。

⑤ 建筑安装工人的职工福利费：按计入各成本核算对象的工资额和规定的计提标准进行计算，计入各成本核算对象的"人工费"项目。

⑥ 建筑安装工人的劳动保护费：劳动保护费包括发放给职工个人的劳动保护用品以及对工人提供的保健用的解毒剂、营养品、防暑饮料、洗涤肥皂等的购置费或补助费，应按各成本核算对象的实际（或定额）用工数（计件、计时工日合计数）进行分配，计入各成本核算对象的"人工费"项目。其计算与分配方法同工资性津贴。

在人工费成本核算中，应严格区分人工费的范围，一切非工程施工所发生的人工费不得计入"人工费"项目。施工生产工人从事施工现场临时设施搭设、现场材料整理、运输和加工等发生的人工费，也不得计入"人工费"项目。

（3）人工费分配表的编制

工程成本核算中人工费的分配，应通过"人工费分配表"进行。假设某建筑施工企业根据施工用工记录和日平均工资率等资料编制的"人工费分配表"见表4-4。

人工费分配表　　　　　　　　表4-4

项 目	工日数	分配率	101 合同项目		203 合同项目		204 合同项目		302 合同项目		合计（元）
			工日	金额（元）	工日	金额（元）	工日	金额（元）	工日	金额（元）	
1 工资				106050		10198		9080		13182	138510
计件工资	6670		5040	52920	410	4325	200	2100	1020	11550	70895
计时工资	5130	9.5	4060	38570	470	4465	600	5700			48735
津　贴	11800	0.5	9100	4550	880	440	800	400	1020	510	5900
资　金	11800	0.5	9100	4550	880	440	800	400	1020	510	5900
其他工资	11800	0.6	9100	5460	880	528	800	480	1020	612	7080
2 职工福利费				14847		1428		1271		1845	19391
3 劳动保护费	11800	2.0	9100	18200	880	1760	800	1600	1020	2040	23600
合　计				139097		13386		11951		17067	181501

根据分配表 4-4，即可在工程施工二级账户"建筑安装工程成本明细表"和按成本核算对象设置的"建筑安装工程成本卡"的"人工费"项目栏中登记其人工费。

4.5.2 材料费的核算

（1）工程项目成本中材料费的内容

工程项目成本中的材料费包括：建筑安装工程施工过程中耗用并构成工程实体的主要材料、结构件的实际成本和有助于工程形成的其他材料实际成本，以及周转材料的摊销费和租赁费用。

（2）材料费计入成本核算对象的方法

建筑安装工程施工过程中所消耗的材料，一般可根据发出材料的有关原始凭证分类整理、汇总后直接计入或分配计入各成本核算对象的"材料费"项目。具体如下：

① 凡是领料时能点清数量和分清用料对象的，应在表 4-5 的领料单上填明成本核算对象的编号和名称，据以直接汇总计入各成本核算对象。

领（发）料单　　　　　　　　　　　　　　表 4-5

领料单位：　　　　　　　　　　　　　　　　　　　编　　号：
材料用途：　　　　　　　　年　　月　　日　　　发料仓库：

材料编号	材料名称规格	计量单位	数量		单价	金额
			结领	实发		
	备注					

主管：　　　　　　制单：　　　　　　收料：　　　　　　发料：

② 凡是用料时不易点清数量，也难分清用料对象的大堆材料，可先由材料员或班组验收保管，如实行集中搅拌的则由搅拌站验收保管，月末时通过实地盘点并计算实耗量，编制"大堆材料耗用计算单"，结合材料消耗定额，据以分配计入各成本核算对象。"大堆材料耗用计算单"的格式见表 4-6。

大堆材料耗用计算单　　　　　　　表 4-6

××××年××月

名称规格	细　砂	碎　石	砖
单价	16.60 元/t	22.00 元/t	200.00 元/千块
上月盘存 加：本月新进 减：本月调出 　　月末盘存			
本月耗用			

③ 凡是系集中配料或统一下料的，应在领料单上填明"工程集中配料"字样，月末由材料管理人员或领料班组根据用料情况，编制"集中配料耗用计算单"，结合材料消耗定额或实际耗用的比重，分配计入各成本核算对象（表4-7）。

耗用量分配表　　　　　　　　　　　　　　　　　　　　　　　表4-7

用料对象	定额用量	分配数量	金额	定额用量	分配数量	金额	定额用量	分配数量	金额
修理车间									
调试间									
办公楼									
合计									

主管：　　　　　　制单：　　　　　　收料：　　　　　　发料：

④ 建筑安装工程用的预制结构件，一般由建筑企业所属的实行内部独立核算的预算构件厂生产或向外部购入，然后运至现场组织安装；也有的由施工单位在施工现场就地制作与安装。对于预制构件厂与外部供应的结构件，应和建筑材料一样办理入库手续，按照安装进度，根据有关原始凭证将其实际成本计入各成本核算对象的"材料费"项目；对于现场自行制作的结构件，可通过"辅助生产"账户归集制作成本，完工后将其各项耗费计入各成本核算对象相应的成本项目中（表4-8）。

集中配料耗用计算单　　　　　　　　　　　　　　　　　　　　表4-8

××××年××月

名称规格	调和漆		松香水		清漆		配制后综合料	
单位、单价	16.00元/kg		8.0元/kg		18.00元/kg		16.00元/kg	
	数量	金额	数量	金额	数量	金额	数量	金额
上月结存								
加：本月新领或配成								
减：本月调出								
月末盘存								
本月耗用								

⑤ 周转材料。它是一种具有特定用途的劳动工具，其用量的多少直接取决于特定的工程对象的结构、工程量及所采用的施工方法。因而，就必须将其使用损耗价值作为"材料费"包括在预算定额内，按不同的工程对象来规定其消耗定额。在成本计算上，为了和预算口径一致，也就相应地将其使用费列为材料费核算。

工程施工使用自有周转材料，应按规定的摊销方法计提摊销额；作为固定资产管理的钢模板等周转材料，应按规定的折旧率计提折旧费；租用的周转材料，应按规定的价格支付租赁费。周转材料的使用费，一般可按各成本核算对象的使

用量进行分配,如使用量的计量有困难的,也可按各成本核算对象的定额耗用量为基础进行分配。周转材料使用费的分配,一般根据"周转材料摊销计算单"确定的摊销额,"固定资产折旧计算表"所确定的周转材料折旧额,以及支付的周转材料租赁费,通过编制"周转材料使用费汇总分配表"分别计入各成本核算对象(表4-9)。

周转材料使用汇总分配表 表4-9

××××年××月

类别	自有周转材料				固定资产		租入周转材料				合计金额
	架料		模板		钢模		架料		模板		
受益对象	用量	摊销额	用量	摊销额	用量	折旧额	用量	租赁费	用量	租赁费	
A合同项目											
B合同项目											
C合同项目											
D合同项目											
合 计											

工程竣工和年终时,还应对在用的周转材料进行清查盘点,对于短缺、退回降低成色的周转材料,应补提摊销额;对于报废短缺的周转材料,应分配负担的材料成本差异。

⑥ 工程竣工后的剩余材料,应当办理退料手续,填制退料单(或红字填制"领料单");施工中发生的残次材料和包装品等,应尽量回收利用,填制"残料交库单",估价入账并冲转工程成本的"材料费"。

(3) 材料费分配表的编制

月末时,施工单位应根据领料单、定额领料单、大堆材料耗用计算单、集中配料耗用计算单、周转材料使用费汇总分配表、退料单等原始单据,编制"材料费分配表"(表4-10),用于确定当月各成本核算对象所发生的材料费,作为工程成本计算和成本账卡登记的依据。

材料费分配表 表4-10

受益对象 材料名称	计量单位	A合同项目		B合同项目		C合同项目		D合同项目		合计金额
		数量	金额	数量	金额	数量	金额	数量	金额	
一、主要材料										
钢 材	t									
水 泥	t									
石 灰	t									
小 计										
成本差异										

续表

受益对象 材料名称	计量单位	A合同项目		B合同项目		C合同项目		D合同项目		合计金额
		数量	金额	数量	金额	数量	金额	数量	金额	
二、结构件 　混凝土构件 　成本差异	m³									
三、其他材料 　金　　额 　成本差异										
四、前三项合计 　金　　额 　成本差异										
五、周转材料 1. 自有周转材料 　架　　料 　模　　板 2. 折旧费 3. 租入周转材料 　架　　料 　模　　板										
六、总　　计										

按计划成本进行材料日常核算的企业，还应按月随同耗用材料的计划成本和当月的实际材料成本差异率分配材料成本差异，将耗用材料的计划成本调整为实际成本。为了加快月结工作，材料成本差异的分配也可以按上月的材料成本差异率计算。

4.5.3 机械使用费的核算

（1）工程项目成本中机械使用费的内容

工程项目成本中的机械使用费，是指在工程施工过程中使用机械所发生的各项开支。包括：使用自有施工机械和运输设备所发生的机械使用费，租用外单位（包括内部独立核算单位）施工机械所支付的机械租赁费，以及按规定支付的施工机械安装、拆卸和进出场费等。

（2）机械使用费计入工程项目成本的方法

① 租用外单位（包括内部独立核算机械作业单位）的施工机械。应按租赁机械设备种类，使用及停置台班数和规定的结算价格支付机械租赁费。建筑施工企业支付的机械租赁费，凡能确定受益对象的，应按照机械租赁费结算凭证所附的机械运转记录列示的工程和使用台班数等资料，直接计入有关成本核算对象的机械使用费中；如由几个成本核算对象共同受益的，应以定额使用量等为标准，

分配记入各成本核算对象的机械使用费中。租赁机械使用费一般通过编制"租赁机械使用费汇总分配表"进行计算和分配。

现以某施工单位根据内部独立核算的机械化站转来的有关结算凭证编制的"租赁机械使用费汇总分配表"为例，列示其一般格式如表 4-11 所示。

租赁机械使用费汇总分配表 表 4-11

机械名称 受益对象	推土机		汽车		吊车		合计金额 （元）
	单价（元）	500	单价（元）	400	单价（元）	200	
	台班	金额（元）	台班	金额（元）	台班	金额（元）	
101 合同项目	5	2500					2500
302 合同项目			6	2400	10	200	4400
合　　计	5	2500	6	2400	10	2000	6900

根据机械租赁费结算凭证和上述分配表，即可作如下会计分录，并据以在工程成本明细账中的机械使用费项目进行登记：

借：工程施工-101 合同项目（机械使用费）　　2,500
　　工程施工-302 合同项目（机械使用费）　　4,400
　　贷：机械作业-机械化站　　　　　　　　　6,900

② 使用本单位自有施工机械和运输设备。其作业成本先通过"机械作业"账户核算，月终再按一定的方法分配计入受益成本核算对象的机械使用费项目中。其中，大、中型机械设备，可按单机或机组归集，计算台班实际成本，然后根据机械运转记录及机械使用月报所示的工程名称、使用台班和台班实际成本分配计入各受益核算对象，也可采用完成产量分配法或计划成本分配法进行分配；现场使用的小型机械设备（机械定额不包括的），其作业成本可在"机械作业"账户设置一个明细账户综合核算，月终按机械设备具体使用情况或工程机械费预算成本或工程工料实际成本为分配标准，分配计入各受益核算对象的机械使用费项目中。

在实际工作中，自有机械使用费的分配是通过编制"自有机械使用费分配表"进行的，其格式如表 4-12 所示。

自有机械使用费分配表 表 4-12

机械名称 受益对象	搅拌机		卷扬机		翻斗车		小型机械		合计金额
	单价	30	单价	40	单价	50	分配率	10%	
	台班	金额	台班	金额	台班	金额	标准	金额	
A 合同项目									
B 合同项目									
C 合同项目									
D 合同项目									
合　　计									

③ 按照规定支付的施工机械安装、拆卸和进出场费。应先通过"待摊费用"账户归集，然后根据实际情况，摊销计入或一次计入受益成本核算对象的机械使用费项目。为了使实际成本与预算成本对口，在摊销时应注意以下几点：

首先，凡预算定额内包括该项费用，可从"待摊费用"账户分次摊入受益成本核算对象；

其次，凡预算定额内未包括该项费用，按定额规定单独计算的，应于收到该项费用时，相应自"待摊费用"账户转入受益成本核算对象。

假如某施工单位承包的工程项目施工机械进出场费等已包含在预算定额之中，按受益期限本月应摊销的金额为：施工机械安装及拆卸费1200元，进出场费1500元。根据各工程机械使用费预算成本的比例分配结果如表4-13所示。

施工机械进出场费分配表　　　　　　表4-13

费用\受益对象	安装拆卸费（元）			进出场费（元）			合计金额（元）
	分配基础	分配率	分配额	分配基础	分配率	分配额	
101合同项目	9500		760	9500		950	1710
203合同项目	1200		96	1200		120	216
204合同项目	900		72	900		90	162
302合同项目	3400		272	3400		340	612
合　　计	15000	8％	1200	15000	10％	1500	2700

根据上述分配结果，可编制如下会计分录：

借：工程施工—有关核算对象（机械使用费）　　2,700
　　贷：待摊费用—施工机械安装及拆卸费　　　　1,200
　　　　　　—施工机械进出场费　　　　　　　　1,500

4.5.4　其他直接费的核算

（1）工程项目成本中其他直接费的内容。

工程项目成本中的其他直接费是指在施工现场直接发生的，但不能计入人工费、材料费和机械使用费的其他直接施工耗费。主要包括：

① 冬雨期施工增加费。指在冬雨期施工时需增加的设施（防雨、防寒棚）、劳保用品、防滑雨雪的人工及劳动效率降低等开支。

② 夜间施工增加费。指夜间施工所发生的照明设施、夜餐补助、夜间施工劳动效率降低等开支。

③ 材料、成品、半成品的二次或多次搬运费。指由于施工现场条件限制而发生的少量零星材料、成品、半成品一次运输不能到达堆积地点，必须进行二次

或多次搬运的开支。

④ 检验试验费。指对建筑材料、构件和建筑安装物进行一般鉴定、检查所发生的开支。包括自设实验室进行试验所耗用的材料和化学药品等费用。但不包括新材料、新结构的试验以及建设单位要求对具有出厂合格证明的材料进行检验、对构件进行破坏性试验及其他特殊要求检验试验的开支。

⑤ 生产工具用具使用费。指施工生产所需不属于固定资产的生产及检验用具的购置、摊销和维修费，以及支付给工人的自备工具补贴费。

⑥ 特殊工种培训费。指对施工单位特殊工种的工人进行技术培训所发生的开支。

⑦ 工程定位复测、工程点交和场地清理费。指工程定位复测、交工验收以及建筑物 2m 以内的垃圾，以及 2m 以外因施工造成障碍物的清理等发生的开支。

⑧ 工程预算包干费。指工程材料的理论重量和实际重量的差异等产生的耗费。

⑨ 技术援助费。指与工程设计与技术有关的咨询、服务等开支。

2）其他直接费计入工程成本的方法。

① 其他直接费在发生的当时，能确定各个具体成本核算对象的，直接记入受益对象的成本中去。

② 其他直接费用在发生时不能确定直接确定具体成本核算对象的，应先通过"工程施工-其他直接费"明细账户核算，期末时根据具体情况，采用以下方法进行分配：

a. 生产工日分配法。它是以生产工日为基础分配其他直接费的一种方法。计算公式为：

其他直接费分配率 ＝其他直接费发生额／各成本核算对象生产工日成本之和
$\times 100\%$

成本核算对象应分配的其他直接费 ＝该成本核算对象生产工日数
$\times$ 其他直接费分配率

这种方法一般适用于其他直接费发生的大小与生产工日的多少成正比例的项目的分配，如生产工具用具使用费、特殊工种培训费等。

b. 工料成本分配法。它是以各成本核算对象已发生，并登记在工程成本明细账的人工费、材料费、合计金额为基础分配其他直接费的一种方法。计算公式为：

其他直接费分配率 ＝ 其他直接费发生额／各成本核算对象工料成本之和 $\times 100\%$

成本核算对象应分配的其他直接费 ＝该成本核算对象工料成本
$\times$ 其他直接费分配率

这种方法适用于与各成本核算对象生产的工日关系不大的其他直接费的分配，比如材料二次搬运费、检验试验费、工程定位复测费、工程点交和场地清理费等。

c. 其他直接费预算成本分配法。它是指以其他直接费预算成本或其他直接费单项预算成本为基础分配其他直接费的一种方法。计算公式为：

其他直接费分配率＝其他直接费发生额/各成本核算对象其他直接费预算成本之和×100％

某成本核算对象应分配的其他直接费＝该成本核算对象其他直接费预算成本数×其他直接费分配率

这种方法适用于与生产工日或工料成本关系不大的其他直接费项目的分配，如冬雨期施工增加费、夜间施工增加费等。

其他直接费的分配，应通过编制"其他直接费分配表"进行。

案例 4-9：某建筑施工企业本月发生的冬雨期施工增加费 2000 元，按其他直接费预算成本比例分配；生产工具用具使用费 22000 元，按生产工人工日分配；检验试验费 4500 元、二次搬运费 1100 元、场地清理费 1600 元，按工料成本的比例分配。根据上述资料编制的"其他直接费分配表"如表 4-14 所示。

其他直接费分配表（元） 表 4-14

受益对象 费用项目	分配率（％）	101 合同项目		203 合同项目		204 合同项目		302 合同项目		合 计	
		分配基础	分配金额	分配基础	分配金额	分配基础	分配金额	分配基础	分配金额	分配基础	分配金额
冬雨期施工增加费	1.54	75219	1158	14978	230	17895	276	21719	336	129811	2000
检验试验费	0.3	1109487	3328	103758	312	113263	340	164960	520	1491468	4500
场地清理费	0.11	下同	1209	下同	104	下同	113	下同	174	下同	1600
二次搬运费	0.07		818		76		83		123		1100
工具用具费	1.86	9100	16926	880	1637	800	1488	1020	1949	11800	22000
合 计			23439		2359		2300		3102		31200

4.5.5 施工间接成本的核算

施工间接成本是指为了工程施工而发生的各项共同性耗费，即施工单位在组织管理施工过程中发生的、不能直接归属到某项工程和各项开支中去。根据现行财务制度的规定，施工间接成本属于制造费用，应计入到工程项目成本中去，作为工程项目成本的组成内容之一。

由于施工间接成本是一项共同性耗费,因而发生后不能直接计入某项工程成本中去,必须先行归集,然后采用一定的方法分配计入到受益的工程项目成本中去。所以,施工间接成本核算的任务是:正确归集与合理分配施工间接成本,以保证工程项目成本计算的准确性。

(1) 施工间接成本的组成

施工间接成本是指施工单位(如工程处、分公司、施工队、项目组等)为施工准备、组织和管理工程施工所发生的各项现场管理费。

① 物料消耗:指施工过程中领用的、不能明确确认其工程归属的零星材料,以及修理维护用的物料费等。

② 管理人员工资:指施工单位的行政、技术、政工、试验、消防、炊事和勤杂等人员的工资,以及按规定标准提取的职工福利费。

③ 固定资产使用费:指施工单位行政管理使用的属于固定资产的房屋、建筑物、设备、仪器等计提的折旧费,以及实际发生的修理费用、租赁费等。

④ 低值易耗品使用费:指施工单位行政管理使用的各种工具、器具、家具和检验、试验、消防、测绘用具等的购置、维修和摊销费。

⑤ 办公费:指施工单位行政管理办公用的文具、纸张、账表、印刷、邮电、书报、会议及集体取暖用煤等费用。

⑥ 水电费:指施工单位行政管理所耗用的水电费用。

⑦ 差旅交通费:指施工单位职工因公出差的差旅费、住勤补助费、市内交通费和误餐补助费、上下班交通补贴、工地转移费、职工探亲路费、劳动力招募费,职工离退休、退职一次性路费,工伤人员就医路费,以及现场管理使用的交通工具的油料、运输、燃料、养路费和牌照费等。

⑧ 保险费:指施工单位支付给保险公司的各种财产、运输、物资及特殊工种安全保险等的保险费用。

⑨ 劳动保护费:指施工单位为管理人员提供的防暑饮料、洗涤用肥皂等的购置费,施工中使用的不构成固定资产的技术安全设施的摊销和修理费,以及职工在工地洗澡、饮水的燃料费等。

⑩ 工程保修费:指在工程竣工交付使用后,在保修期间所发生的各项保修费用。

⑪ 其他费用:指除上述各项以外的其他必要的开支,包括定额测定费、预算编制费、清洁卫生费等。

上述各项目的内容,应与地区规定的建筑安装工程现场管理费用定额相一致。

（2）施工现场管理费的归集

① 现场管理费核算会计账户的设置。

为了反映和监督建筑施工企业在一定时期内现场管理费的发生和分配情况，在会计核算中需设置"工程施工-间接费用（现场管理费）"明细账户。该明细账户用于核算施工单位为组织和管理工程施工活动所发生的各项资金耗费。借方登记实际发生的各项现场管理费；贷方登记月终分配计入各受益对象的现场管理费，该明细账户月末无余额。

为了满足成本管理的需要，"工程施工-间接费用（现场管理费）"账户应按施工单位分别设置明细账，并在账内按费用项目开设专栏，进行明细分类核算。

② 现场管理费的归集。

建筑施工企业发生的各项现场管理费，应按其用途和发生地点进行归集，现场管理费的归集按其记账依据的不同，可采用以下两种方法：

a. 一般费用在发生时，直接根据开支凭证或据以编制的其他费用分配表，记入"工程施工-间接费用（现场管理费）"账户及其明细账中去，如办公费、差旅交通费、保险费等。

b. 工资、材料、折旧等费用，应在月终时根据汇总编制的各种费用分配表，记入"工程施工-间接费用（现场管理费）"账户及其明细账中去。

案例 4-10：某建筑施工企业 2011 年 12 月份发生下列经济业务：

（1）以现金 500 元支付办公用品购置费。根据发票作分录如下：

借：工程施工-间接费用（办公费）　　　　　　　　　500
　　贷：现金　　　　　　　　　　　　　　　　　　　　　500

（2）报销职工上下班交通补贴费 300 元，以现金支付。根据差旅费报销单作分录：

借：工程施工-间接费用（差旅交通费）　　　　　　　300
　　贷：现金　　　　　　　　　　　　　　　　　　　　　300

（3）根据"工资分配表"，应付工作人员工资 5000 元，工程保修人员工资 100 元。

借：工程施工-间接费用（管理人员工资）　　　　　5,000
　　工程施工-间接费用（工程保修费）　　　　　　　100
　　贷：应付工资　　　　　　　　　　　　　　　　　　5,100

（4）管理部门报销公用自行车修理费 200 元，以现金支付。根据修理费发票。

借：工程施工-间接费用（差旅交通费）　　　　　　　200

  贷：现金   200

（5）根据"职工福利费计提分配表"计提管理人员福利费580元，工程保修人员福利费120元。

  借：工程施工-间接费用（管理人员工资）   580
    工程施工-间接费用（工程保修费）   120
    贷：应付福利费   700

（6）根据"固定资产折旧计提分配表"，提取施工单位管理用固定资产折旧费2500元。会计分录如下：

  借：工程施工-间接费用（固定资产使用费）   2,500
    贷：累计折旧   2,500

（7）根据"发出材料汇总分配表"，工程保修领用材料200元，工程施工领用零星材料1200元，行政管理领用一次摊销的低值易耗品600元，计提分期摊销的低值易耗品摊销费800元。会计分录为：

  借：工程施工-间接费用（工程保修费）   200
  借：工程施工-间接费用（物料消耗）   1,200
  借：工程施工-间接费用（低值易耗品使用费） 1,400
    贷：库存材料   1,400
      低值易耗品-在库低值易耗品   600
       -低值易耗品摊销   800

（8）报销职工探亲路费600元，结转原借款。会计分录为：

  借：工程施工-间接费用（差旅交通费）   600
    贷：其他应收款   600

（9）以银行存款支付工地开水房、浴池燃料费800元。会计分录为：

  借：工程施工-间接费用（劳动保护费）   800
    贷：银行存款   800

（10）摊销应由本月负担的财产保险费1200元。会计分录为：

  借：工程施工-间接费用（保险费）   1,200
    贷：待摊费用-保险费   1,200

（11）以现金支付临时工清洁卫生费1000元。会计分录如下：

  借：工程施工-间接费用（其他费用）   1,000
    贷：现金   1,000

（12）以银行存款支付办公用水电费800元，会计分录为：

  借：工程施工-间接费用（水电费）   800
    贷：银行存款   800

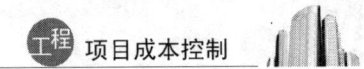

根据上述经济业务登记的"现场管理费明细账"见表 4-15。

现场管理费明细（元） 表 4-15

20××年		凭证号	摘要	管理人员工资	固定资产使用费	物料消耗	低耗品使用费	办公费	水电费	差旅交通费	保险费	劳动保护费	工程保修费	其他费用	合计	分配转出
月	日															
		1	购办公用品					500							500	
		2	报交通费							300					300	
		3	工资分配	5000									100		5100	
		4	自行车修理							200					200	
		5	计提福利费	580									120		700	
		6	计提折旧		2500										2500	
		7	材料分配			1200	1400						200		2800	
		8	报探亲路费							600					600	
		9	浴池等燃料									800			800	
		10	财产保险费								1200				1200	
		11	场地清理费											1000	1000	
		12	水电费						800						800	
			分配结转													16500
			本月合计	5580	2500	1200	1400	500	800	1100	1200	800	420	1000	16500	16500

（3）施工间接成本的分配

1）施工间接成本分配标准的确定

施工间接费用按其发生的地点和规定的明细项目归集后，即为施工间接成本总额，应由各施工单位当期所施工的全部工程来负担。如，某建筑施工企业当期只进行一项工程的施工，则施工间接成本的核算只是为了管理与控制该项费用的发生，其归集的施工间接成本可直接计入该项工程项目成本中去，不存在在各项工程项目之间进行分配的问题。但在同一时期进行多项工程施工的施工单位，归集的施工间接成本则应按适当的标准分配计入到各工程项目的成本中去。

分配施工间接成本的关键，在于选择合理的分配标准。由于施工间接成本包含的内容繁杂，费用项目的性质各异，为施工间接成本分配标准的选择带来了一定的难度。在一般情况下，选择施工间接成本的分配标准，需考虑施工间接成本与工程的关系及与工程实物量的关系，同时还应遵循以下几项原则：

① 相关性原则：即分配标准与被分配的施工间接成本的发生有着密切的联系，一般可按工程预算成本现场管理费的基础作为分配的标准，这样可与预算成本口径一致，便于工程项目成本的分析考核。

② 易操作原则：即作为分配标准的因素必须易于正确计量，容易取得，以便于合理计算出各工程所负担的施工间接成本。

③ 相对稳定原则：即施工间接成本分配标准与分配方法一经确定，不得任意改变，以保证各期成本的可比性。

2) 施工间接成本的分配方法

① 按工程直接费成本比例分配。

这种方法是以应负担被分配施工间接成本的各工程所发生的直接费成本为标准，分配施工间接成本的一种方法。其计算公式为：

施工间接成本分配率＝施工间接成本总额/各工程直接费成本之和×100％

某工程施工间接成本分配额＝该工程直接成本数×施工间接成本分配率

此方法适用于一般建筑工程、市政工程、机械化施工的大型土石方工程等建筑工程的施工间接成本分配。

案例4-11：某建筑施工企业同时进行甲、乙两合同项目的施工，本月共发生施工间接成本16800元，甲项目本月发生的直接费成本为210000元，乙项目本月发生的直接费成本为80000元。各项目应负担的施工间接成本分配如下：

施工间接成本分配率＝16800/(210000＋80000)×100％＝5.79％

甲项目应负担的施工间接成本＝210000×5.79％＝12159元

乙项目应负担的施工间接成本＝80000×5.79％＝4641元

② 按工程人工费成本的比例分配。

这种方法是以直接计入各工程项目中的人工费的比例作为分配标准，分配施工间接成本的一种方法。其计算公式为：

施工间接成本分配率＝施工间接成本总额/各工程人工费成本之和×100％

某工程施工间接成本分配额＝该工程人工费成本数×施工间接成本分配率

这种方法一般适用于机械及电气设备安装工程、管道安装工程、人工施工的大型土石方工程、装饰工程等的施工间接成本的分配。

上述分配公式中的建筑工程的直接费成本和安装工程的人工费成本，可按当期发生的实际成本或预算成本计算。

如果在一个施工单位内，同一时期既进行建筑工程施工又进行安装工程施工，则施工间接成本的分配应分两步进行：

a. 以人工费成本为标准，在各类工程之间进行施工间接成本的分配。计算公式如下：

施工间接成本分配率＝施工间接成本总额/各类工程人工费成本之和×100％

某类工程施工间接成本的分配额＝该类工程的人工费成本×施工间接成本分配率

b. 在同一类的各个工程之间进行分配。其分配方法同上面讲的相同。

施工间接成本分配计入工程成本，可通过编制"施工间接成本分配表"进行。施工间接成本分配表的格式见表 4-16、表 4-17。首先，在各有关二级账户之间进行分配，其次，在各成本核算对象之间进行分配。

施工间接成本二级账户分配　　　　　　　　　　表 4-16

受益对象	建筑工程	安装工程	合　计
分配基础			
分配金额			

成本核算对象间分配　　　　　　　　　　表 4-17

受益对象	分配基础	分配率	分配额	受益对象	分配基础	分配率	分配额

4.6　工程项目成本明细账的设置和登记

为了便于组织建筑工程项目实际成本的核算，必须设置建筑安装工程成本明细账。工程项目成本明细账一般分设"建筑安装工程成本明细账"（二级账）和"建筑安装工程成本卡"（三级账），用以完整、准确、及时地记录全部或某项建筑安装工程在施工过程中发生的各项施工费用，全面反映承包工程施工过程中物化劳动和活劳动的消耗。

"建筑安装工程成本明细账"（表 4-18）按建筑工程和设备安装工程分别设置二级账，用来登记施工单位全部建筑工程及设备安装工程自年初起的施工工程成本数和按期计算确认的已完工程实际成本数，为考核和分析各期及全年全部工程项目成本提供依据。该明细账应按成本项目设置专栏。

建筑安装成本明细账　　　　　　　　　　表 4-18

20××年		摘　要	直接费用				间接费用	工程成本合计	工程价款收入	其中：预算成本
月	日		人工费	材料费	机械使用费	其他直接费				
11	30	期末已领未用材料 期末已完工程成本								
12	31	人工费分配								
12	31	材料费分配								
12	31	租赁机械费分配								

续表

20××年		摘要	直接费用				间接费用	工程成本合计	工程价款收入	其中：预算成本
月	日		人工费	材料费	机械使用费	其他直接费				
12	31	自有机械费分配								
12	31	机械进出场费分配								
12	31	其他直接费								
12	31	间接费用分配								
12	31	本期工程成本合计								
12	31	减期末未完工程成本								
12	31	期末已领未用材料								
12	31	本期完工成本								
12	31	自年初累计已完工程成本								

"建筑安装工程成本卡"按成本核算对象分成本项目开设，用来归集每一成本核算对象自开工到竣工所发生的全部施工费用。为了满足竣工成本决算的要求，以及工程竣工后成本分析的需要，"建筑安装工程成本卡"还应设置附页，其内容是人工、机械和材料消耗数量的计算和汇总。

工程项目成本明细账（二级账）和工程项目成本卡（三级账）中各成本项目的实际成本栏，登记全部承包工程及各工程每月发生和分配的各项施工费用，根据各成本项目的费用分配表所列示的数据登记。工程项目成本卡附页中人工、机械和材料用量，根据有关的费用分配表中所列示的人工用工数、工程使用主要机械台班数和重点核算主要材料用量填列。

"建筑安装工程成本明细账"与"建筑安装工程成本卡"的登记，原则上应根据有关记账凭证同时进行登记，即在登记"建筑安装工程成本明细账"的同时，也要登记"建筑安装工程成本卡"。属于调账性质的经济业务，如月终办理假退料的已领未用材料，可只登记"建筑安装工程成本明细账"而不登记"建筑安装工程成本明细账"。"建筑安装工程成本卡"见表4-19～表4-23。

建筑安装工程成本卡 表4-19

核算对象编号：×××合同项目　　　　　　　　　本核算对象包括工程：
核算对象名称：办公楼　　　　合同预算造价：　　　建筑面积或实物工程量：5000m²

20××年		凭证号	摘要	直接费用				间接费用	合计	工程价款收入	其中：预算成本
月	日			人工费	材料费	机械使用费	其他直接费				
			自开工累计								
		1	人工费分配								
			材料费分配								
			自有机械费分配								

续表

20××年		凭证号	摘要	直接费用				间接费用	合计	工程价款收入	其中：预算成本
月	日			人工费	材料费	机械使用费	其他直接费				
		1	机械进出场费分配								
			其他直接费								
			直接成本小计								
			间接费分配								
			本月合计								
			自开工累计								

建筑安装工程成本卡（附页）　　　　　　　　表 4-20

项目	20××年											合计
	月	月	月	月	月	月	月	月	月	月	月	
一、人工（工日）												
二、机械（台班）												
1. 汽车												
2. 吊车												
3. 混凝土搅拌机												
三、材料												
1. 钢材（t）												
2. 水泥（t）												
3. 石灰（t）												
4. 砖（千块）												
5. 砂（m^3）												
6. 碎石（m^3）												
7. 块石（m^3）												
8. 混凝土构件（m^3）												

建筑安装工程成本卡　　　　　　　　表 4-21

核算对象编号：×××合同项目　　　　　　　　本核算对象包括工程：
核算对象名称：5号厂房　　　　合同预算造价：　　　　建筑面积或实物工程量：

20××年		凭证号	摘要	直接费用				间接费用	合计	工程价款收入	其中：预算成本
月	日			人工费	材料费	机械使用费	其他直接费				
			人工费分配								
			材料费分配								
			租赁机械费分配								
			自有机械费分配								
			机械进出场费分配								
			其他直接费								

续表

20××年		凭证号	摘要	直接费用				间接费用	合计	工程价款收入	其中：预算成本
月	日			人工费	材料费	机械使用费	其他直接费				
			直接成本小计								
			间接费分配								
			本月合计								
			自开工累计								

建筑安装工程成本卡   表 4-22

核算对象编号：×××合同项目　　　　　　　　本核算对象包括工程：
核算对象名称：3号住宅楼　　　合同预算造价：　　建筑面积或实物工程量：5000m²

20××年		凭证号	摘要	直接费用				间接费用	合计	工程价款收入	其中：预算成本
月	日			人工费	材料费	机械使用费	其他直接费				
			自开工累计								
			人工费分配								
			材料费分配								
			自有机械费分配								
			机械进出场费分配								
			其他直接费								
			直接成本小计								
			间接费分配								
			本月合计								
			自开工累计								

配电房建筑安装工程成本卡   表 4-23

核算对象编号：×××合同项目　　　　　　　　本核算对象包括工程：
核算对象名称：配电房　　　合同预算造价：　　建筑面积或实物工程量：

20××年		凭证号	摘要	直接费用				间接费用	合计	工程价款收入	其中：预算成本
月	日			人工费	材料费	机械使用费	其他直接费				
			自开工累计								
			人工费分配								
			材料费分配								
			租赁机械费分配								
			自有机械费分配								
			机械进出场费分配								
			其他直接费								

续表

20××年		凭证号	摘要	直接费用				间接费用	合计	工程价款收入	其中：预算成本
月	日			人工费	材料费	机械使用费	其他直接费				
			直接成本小计								
			间接费分配								
			本月合计								
			自开工累计								

4.7 已完工程实际成本的计算

（1）未完工程成本的计算

未完工程又称未完施工，是指已经投料施工，但尚未完成预算定额规定的全部工序和内容，不能办理工程价款结算的分部分项工程。如抹灰工程，按预算定额规定应抹三遍，如果在本期只抹了两遍，就叫做未完工程或未完施工。未完工程成本可按预算单价进行计算，也可按实际成本进行计算。

1）按预算单价计算。

未完工程成本按预算单价计算，一般可采用以下几种方法：

① 估量法（又称约当产量法）。它是对未完工程工程量估计其完成程度，折合为已完工程数量（约当产量），然后乘以分部分项工程的预算单价即可求出未完工程成本。其计算公式为：

未完工程成本 ＝ 未完工程数量 × 估计完成程度 × 分部分项工程预算单价

案例 4-12：某建筑施工企业担负某工程木门窗油漆工程施工任务，预算定额规定为三遍油成活，本月已刷两遍，已完工序数量为 $260m^2$，预算单价为 7.80 元。则未完工程成本计算如下：

未完工程成本 ＝ 260 × 2/3 × 7.80 元 ＝ 1352 元

② 估价法。它是将预算单价根据分部分项工程内各个工序的比重，按扩大工序的原则加以适当划分，求出每个扩大工序的预算单价，然后乘以未完工程数量，即可求出未完工程成本。其计算公式为：

工序单价 ＝ 分部分项工程预算单价 × 某工序占分部分项工程的比重

未完工程成本 ＝ Σ（未完工序工程量 × 工序单价）

案例 4-13：某建筑施工企业承包某项工程，该工程某分部分项工程是由甲乙两道工序组成，各工序占该分部分项工程的比重分别为 60%、40%，该分部分项工程的预算单价为 30 元/m²；本月月末经盘点，完成甲工序 400m²、乙工序 350m²，则未完工程成本计算如下：

甲工序单价＝30 元/m²×60%＝18 元/m²

乙工序单价＝30 元/m²×40%＝12 元/m²

未完工程成本＝400m²×18 元/m²＋350m²×12 元/m²＝11400 元

③ 直接法。它是直接根据未完工程已经投入的人工、材料和机械设备台班数量分别乘以其预算单价，来计算未完工程成本。其计算公式为：

未完工程成本＝投入人工数量×人工预算单价＋投入材料数量×材料预算单价＋投入机械台班×机械台班预算单价

按预算价格计算未完工程成本，计算手续比较简单，但与实际有所出入。

2）按实际成本计算。

如果未完工程在当月工作量中所占比重较大，而且期初期末数相关又比较大，若把月末未完工程的预算成本视同实际成本来计算已完工程的实际成本，就会影响成本核算结果的准确性。为了合理确定已完工程实际成本，未完工程成本还是应当采用实际成本进行计算。其计算公式为：

$$未完工程成本 = \frac{本期实际发生施工成本 + 期初未完工程成本}{本期已完工程数量 + 期末未完工程折合量} \times 期末未完工程约当产量$$

案例 4-14：某分部分项工程由甲、乙、丙三道工序组成，各道工序占该分部分项工程的比重分别为 50%、30%、20%；月末经过盘点，完成已完工程数量 800m²，未完工程数量为：甲工序 100m²、乙工序 50m²、丙工序 20m²，本月该分项工程实际发生的施工成本 9035 元，月初无未完工程。根据上述资料，可计算如下：

未完工程成本＝9035/(800＋100×50%＋50×30%＋20×20%)×69 元
　　　　　　＝717 元

凡是能取得分部分项工程项目实际成本资料的施工企业，都应采用此种方法计算未完工程项目成本。如果分部分项工程实际发生的施工费用无法取得，可按本月已完工程的预算成本与月末未完工程的预算成本为标准来分配、计算未完工程实际成本。计算公式如下：

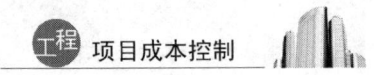

$$\text{某工程本月未完工程实际成本} = \frac{\text{该工程月初未完工程成本} + \text{本月发生的施工费用}}{\text{该工程本月已完工程预算成本} + \text{月末未完工程预算成本}} \times \text{该工程本月未完工程预算成本}$$

未完工程成本的计算方法一经确定，就不应随意变动，以保证各期成本计算口径的统一，便于进行成本的分析。

期末未完工程的盘点和估价，一般应由基层施工单位于期末时进行实地盘点，并编制"未完工程盘点表"，然后移交给会计人员，作为未完工程成本计算的依据。其格式见表 4-24 所示。

根据表 4-24 可据以登记"建筑安装工程成本明细账"（二级账）

未完工程盘点表　　　　　　　表 4-24

单位工程名称	分部分项工程		到期末已做工序					其中：分项成本			
	名称	预算单价	名称或内容	占分项工程(%)	已做数量	折合已完工程数量	应计价值	人工费	材料费	机械使用费	其他直接费
甲	乙	1	2	3	4	5=3×4	6=5×1	7	8	9	10
×合同项目小计其他直接费											
合　计											

（2）已完工程实际成本的计算

期末未完工程成本确定以后，即可根据下面公式计算本期已完工程实际成本：

已完工程实际成本 ＝ 期初未完工程成本 ＋ 本期实际发生工程成本
　　　　　　　　　－ 期末未完工程成本

从这个公式可以看出，本期已完工程成本包括期初未完工程成本，但不包括期末未完工程成本；本期工程成本包括期末未完工程成本，但不包括工程成本。

如果存在已领未用材料即已开领料单领出但未耗用的材料，完工实际成本计算公式为：

本期已完工程实际成本 ＝ 期初未完工程成本 ＋ 期初已领未用材料
　　　　　　　　　　＋ 本期发生工程成本 － 期末未完工程成本
　　　　　　　　　　－ 期末已领未用材料

为了正确反映当月的已完工程实际成本数，便于成本的分析、考核，月末时应对已领未用材料进行盘点，填制"已领未用材料盘点单"，据以办理"假退料"手续，并作为已完工程成本计算的依据。"已领未用材料盘点单"的格式见表 4-25。

已领未用材料盘点单　　　　　　　　　　　　　　　表 4-25

工程名称：

材料名称	规　格	计量单位	期末盘点数	单　价	金　额
圆　钢		t			
螺纹钢		t			
木　材		m³			
合　计					

通过上述月末未完工程成本和已领未用材料成本的计算，就可以计算本月已完工程的实际成本。已完工程实际成本的计算，一般应通过编制"已完工程成本计算表"进行。其格式见表 4-26。

案例 4-15：按表 4-26 计算已完工程成本。

已完工程成本表（元）　　　　　　　　　　　　　　　表 4-26

工程名称	期初未完工程成本	期初已领未用材料	本期工程实际成本	期末未完工程成本	期末已领未用材料	本期已完工程成本
甲	1	2	3	4	5	6＝1+2+3-4-5
101 合同项目			1236693		52200	1184493
203 合同项目			116211			116211
204 合同项目			125890			125890
302 合同项目			188475	4624		183851
合　计			1667269	4624		1610445

根据上述已完工程成本计算表进行账务处理，作会计分录如下：

　　借：工程结算成本　　　　　　　　　　　1,610,445
　　　　贷：工程施工-101 项目　　　　　　　1,184,493
　　　　　　　　-203 项目　　　　　　　　　116,211
　　　　　　　　-204 项目　　　　　　　　　125,890
　　　　　　　　-302 项目　　　　　　　　　183,851

4.8　期间费用的核算

期间费用是指不能直接计入成本而应计入当期损益的各项费用，包括管理费用、财务费用、销售费用。

（1）管理费用

① 管理费用的组成内容。

管理费用是建筑企业为组织和管理企业施工生产和经营活动所发生的各项支出。其发生与当期的收入不是个别的、直接的因果关系，而是一种总体的、间接的对应关系，所以，管理费用属于期间费用，直接计入当期损益，不计入工程成本。

管理费用的内容较多，本书第1章已有详细列述，不再赘述。

② 管理费用的核算。

为了反映企业管理费用的发生情况，需设置"管理费用"账户进行总分类核算。发生各项管理费用时，记入本账户的借方；期末，应将本账户的余额转入"本年利润"账户，结转后本账户无余额。本账户应按费用项目设置明细账，组织明细核算。

案例 4-16：假设某建筑施工企业 2011 年 12 月份发生下列有关的经济业务：

(1) 1日，财务部门购买办公用品300元，以现金支付。会计分录为：

借：管理费用-办公费　　　　　　　　　　　　300
　　贷：现金　　　　　　　　　　　　　　　　300

(2) 2日，报销职工上下班交通补贴费600元，以现金支付。

借：管理费用-差旅交通费　　　　　　　　　　600
　　贷：现金　　　　　　　　　　　　　　　　600

(3) 3日，人事部门员工报销差旅费3500元，剩余现金800元交回。

借：管理费用-差旅交通费　　　　　　　　　　3,500
　　现金　　　　　　　　　　　　　　　　　　800
　　贷：其他应收款-李宏扬　　　　　　　　　　4,300

(4) 5日，工程部门报销业务招待费3,000元，以现金支付。

借：管理费用-其他　　　　　　　　　　　　　3,000
　　贷：现金　　　　　　　　　　　　　　　　3,000

(5) 6日，以银行存款支付车辆养路费1,600元。

借：管理费用-差旅交通费　　　　　　　　　　1,600
　　贷：银行存款　　　　　　　　　　　　　　1,600

(6) 7日，行政部门领用低值易耗品800元。

借：管理费用-工具用具使用费　　　　　　　　800
　　贷：低值易耗品　　　　　　　　　　　　　800

(7) 10日，分配管理人员工资45,000元，并按工资总额的14%计提职工福利费6,300元。

借：管理费用-管理人员工资　　　　　　　51,300
　　贷：应付工资　　　　　　　　　　　　　　45,000
　　　　应付福利费　　　　　　　　　　　　　6,300

(8) 15日，计提公司管理部门固定资产折旧费3000元。
借：管理费用-固定资产使用费　　　　　　3,000
　　贷：累计折旧　　　　　　　　　　　　　　3,000

(9) 20日，以现金支付公司管理人员洗现费900元。
借：管理费用-劳动保护费　　　　　　　　　900
　　贷：现金　　　　　　　　　　　　　　　　　900

(10) 21日，计提本月离退休统筹金6000元。
借：管理费用-劳动保险费　　　　　　　　6,000
　　贷：其他应付款-离退休统筹金　　　　　　6,000

(11) 30日，按规定标准计提工会经费4800元，职工教育经费2200元。
借：管理费用-工会经费　　　　　　　　　4,800
　　　　　　-职工教育经费　　　　　　　　2,200
　　贷：其他应付款-工会经费　　　　　　　　4,800
　　　　　　　　　-教育部门经费　　　　　　2,200

(12) 30日，计算本月应交房产税1800元，车船使用税900元，土地使用税800元。
借：管理费用-税金　　　　　　　　　　　3,500
　　贷：应付税金-房产税　　　　　　　　　　1,800
　　　　　　　　-车船使用税　　　　　　　　　900
　　　　　　　　-土地使用税　　　　　　　　　800

(13) 31日，将本月发生的管理费用记入当月损益。转入"本年利润"账户。
借：本年利润　　　　　　　　　　　　　81,500
　　贷：管理费用　　　　　　　　　　　　　81,500

(2) 财务费用的核算
① 财务费用的组成内容。
　　财务费用是指建筑企业为筹集施工生产经营所需资金而发生的各项开支。包括企业经营期间发生的短期借款利息支出（减利息收入）、汇兑损失（减汇兑收益）、金融机构手续费，以及企业为筹集资金所发生的其他财务费用。
　　财务费用也属期间费用，计入当期损益，不计入工程成本。
② 财务费用的核算。

为了反映企业财务费用的发生情况，应设置"财务费用"账户进行总分类核算。企业发生各项财务费用时，记入本账户的借方；期末，将本账户的余额结转于"本年利润"账户，计入当期损益。结转后，本账户期末无余额。本账户应按费用项目设置明细账，组织明细核算。

案例4-17：假设某建筑企业2011年12月份发生下列有关的经济业务：
(1) 25日，收到银行存款利息收入通知单，通知存款利息收入1000元。
借：银行存款　　　　　　　　　　　　　　　　1,000
　贷：财务费用-利息支出　　　　　　　　　　　　1,000
(2) 26日，接银行通知，支付借款利息2800元。
借：财务费用-利息支出　　　　　　　　　　　　2,800
　贷：银行存款　　　　　　　　　　　　　　　　2,800
(3) 27日，委托银行办理银行汇票一份，支付手续费20元。
借：财务费用-银行手续费　　　　　　　　　　　　20
　贷：现金　　　　　　　　　　　　　　　　　　　20
(4) 31日，按人民币市场汇率调整美元外币账户余额为：现金-100元、银行存款-4000元、应收账款-480元。
借：财务费用-汇兑损失　　　　　　　　　　　　4,580
　贷：现金-美元户　　　　　　　　　　　　　　　100
　　　银行存款-美元户　　　　　　　　　　　　4,000
　　　应收账款-美元户　　　　　　　　　　　　　480
(5) 31日，将本月发生的财务费用计入当期损益，转入"本年利润"账户。
借：本年利润　　　　　　　　　　　　　　　　6,400
　贷：财务费用　　　　　　　　　　　　　　　　6,400
根据上述有关记账凭证登记的"财务费用明细账"，如表4-27所示。

财务费明细账（元）　　　　　　　　　　　　　　　表4-27

年月	日	凭证字号	摘要	利息支出	汇兑损失	银行手续费	其他费用	合计
12	25	1	利息收入	2800				-1000
	26	2	付借款利息					2800
	27	3	付手续费			20		20
	31	4	调整汇兑损益		4580			4580
	31			2800	4580	20		6400
	31		结转	-2800	-4580	-20		-6400

(3) 销售费用

销售费用是指建筑企业在销售产品、自制半成品等过程中发生的各项费用以及专设销售机构的各项经费，具体包括的项目内容为：包装费、运输费、展览费、广告费以及专设的销售机构的费用。销售费用同样应在发生的当期就计入当期的损益，并于月末转入"本年利润"科目。建筑企业一般发生的销售费用较少，可不设此科目，在费用发生时记入"管理费用-销售费用"科目。

5 工程项目成本分析与考核

5.1 工程项目成本分析

5.1.1 工程项目成本分析概述

工程项目成本分析，就是根据统计业务和会计等核算提供的相关资料，对项目成本的形成过程和影响成本增减的因素进行分析，以寻求进一步降低成本的途径（包括项目成本中的成本节约的挖潜和成本超支的纠正）；同时，通过成本分析，可从账簿、报表反映的成本现象看清成本的实质，从而增强项目成本的透明度和可控性，为加强成本控制，实现项目成本目标创造条件，为成本考核提供数量依据。由此可见，工程项目成本分析也是降低成本，提高项目经济效益的重要手段。

工程项目成本分析的重点工作是做好合同预算、项目预算、计划成本的测算、实际成本以及类似施工项目的实际成本。

(1) 工程项目预算成本。又称为责任成本，它将作为项目部的控制限额，也是考核项目班子成员业绩的主要依据。

(2) 责任成本。主要由现场经费、临时设施、主体工程三部分费用组成。项目部在项目实施过程中必须把各种费用的发生控制在该预算内。另外，根据实际情况，责任成本在不同的情况下起着不同的作用。在解决劳务分包问题时，是起指导性的作用的；而在考核一个项目管理水平问题时，是起决定性作用的。

(3) 计划成本。是项目部根据详细的项目方案总体部署计划实际投入费用的成本，是事前和事中对项目实际成本的估算和控制指标。在制定过程中应该强调不突破公司责任成本，如果实际情况无法达到，那么最终严格控制在中标预算以内。否则，工程项目肯定会亏损。

(4) 实际成本。是项目部财务账目显示劳务分包费、材料费、机械费、项目部费用等的实际消耗的汇集，代表实际投入的工程项目费用。在实际成本发生过程中，要及时和计划成本作对比，用计划成本考核实际发生成本。实际成本发生后要及时记录，特别是合同外发生的成本，保证成本资料的全面、完整、真实，作为调解索赔的依据。

合同预算、责任成本、计划成本、实际成本在项目成本分析中的作用：

（1）表明公司和项目部的控制目标，明确公司的盈亏情况和项目部的投入。中标合同价减责任成本是公司预期的利润，责任成本是计划成本的限额，实际成本是对计划成本、责任成本、合同预算价的最终的定性。

（2）分清合同预算、责任成本、计划成本、实际成本的作用。合同预算严格控制责任成本的编制，计划成本则参照责任成本编制，计划成本要严格控制实际成本的发生。

（3）明确计划成本作为项目部指导项目的依据。由于合同预算和责任成本是公司按照公司总体成本费用编制的，在总量上可以控制，在项目过程中就很难起到控制作用了。为此，参考责任成本和项目方案编制的计划成本就起到了指导项目的作用。

成本分析在项目成本管理中的作用非常重要，主要体现在以下几个方面：

（1）项目成本分析为项目管理人员提供了一个重要的经济信息依据。项目管理包括项目现场管理和项目成本管理两个方面。现场管理主要是对工程质量、进度、安全的管理，反映的是实物现状，看到的是一目了然的工程实体，比较直观；而成本管理主要是过程控制行为，形成的是经济数据资料，若不通过成本数据的分析就难以看清工程的真实面貌，了解到成本管理的真实情况。分析交流可以使公司各级管理人员较为详细地了解项目成本管理的基本状况和管理成效，明白项目的管理优势和存在的问题及问题形成原因，使领导心中有数，便于领导决策；通过分析交流相互启发，可以使企业领导和各管理部门能够在成本管理的思路上、经济运行的做法上和对某些具体问题的认识上达到高度统一，从而形成相互协调、相互促进、共同提高、良性互动的良好局面。

（2）开展项目成本分析是对企业项目管理制度实施结果的检验和对业务人员能力考验和素质提高。分析结果显示控制效益明显，说明制度措施得当，相反，则说明制度措施有漏洞，需要尽快完善调整；分析资料如何，能否反映出企业项目实情，是业务人员工作质量和专业能力水平的体现，同时，也可使业务人员的业务素质得到促进和提高。

（3）开展项目成本分析是改善和促进企业管理的一种形式。分析就是依据现有资料对项目的实施情况进行检验，总结项目实施中所积累的好的经验，查找项目实施中的不足和缺陷，为企业健康成长提供依据。否则，企业的经济状况若明若暗，盲目乐观或者盲目悲观，都会影响企业健康发展。

由此可见，工程项目成本分析是工程项目成本管理的主要任务之一，是对工程项目成本进行对比评价和采取整改措施的重要手段。

5.1.2 项目成本分析的内容

从成本分析为生产经营服务的角度，施工项目成本分析的内容应与成本核算对象的划分同步。如果一个项目包括若干个单位工程，并以单位工程为成本核算对象，就应对单位工程进行成本分析；与此同时，还要在单位工程成本分析的基础上，进行施工项目的成本分析。

（1）项目成本分析内容的分类

施工项目成本分析与单位工程成本分析尽管在内容上有很多相同的地方，但也各有不同的侧重点。从总体上说，施工项目成本分析的内容主要包括以下三个方面：

① 随着项目施工的进展而进行的成本分析，包括：分部分项工程成本分析、月度成本分析、季度成本分析、年度成本分析、竣工成本分析。

② 按成本项目进行的成本分析，包括：人工费分析、材料费分析、机械使用费分析、其他直接费分析、间接成本分析。

③ 针对特定问题和与成本有关事项的分析，包括：成本盈亏异常分析、工期成本分析、资金成本分析、技术组织措施节约效果分析、其他有利因素和不利因素对成本影响的分析。

（2）项目成本分析内容应遵循的原则要求

从成本分析的效果出发，施工项目成本分析的内容应该符合以下原则要求：

① 实事求是原则。在成本分析当中，必然会涉及一些人和事，分析结果必然牵扯各方面的利益。因此，成本分析一定要以充分的事实依据，对事物进行实事求是的评价，并要尽可能做到措辞恰当，能为绝大多数人所接受。

② 定量分析原则。成本分析要充分利用统计核算、业务核算、会计核算和有关辅助记录的数据进行定量分析，尽量避免抽象的定性分析。因为定量分析对事物的评价更为精确，更令人信服。

③ 时效性原则。成本分析应及时进行，做到及时发现问题，及时解决问题。否则，就有可能贻误解决问题的最好时机，甚至造成问题成堆，发生难以挽回的损失。

④ 服务生产经营原则。成本分析不仅要发现问题，而且要分析问题产生的原因，并为解决问题提供思路方法，提出积极有效的解决问题的合理化建议。这样的成本分析，必然会深得人心，从而受到有关项目管理人员的配合和支持，使施工项目的成本分析更健康地开展下去。

5.1.3 项目成本分析的方法

由于施工项目成本涉及的范围很广，为满足建筑施工企业经营的需要，项目成本分析应该在不同的情况下采取不同的分析方法。在此，我们将成本分析方法归结为项目成本分析基本方法、项目成本分析综合方法、成本项目构成要素分析法、特定问题与成本有关事项的分析四类方法进行讲述。

（1）项目成本分析基本方法

项目成本分析基本方法包括：比较法、因素分析法、差额计算法和比率法。这些分析方法要遵循的是对比分析原则。施工项目成本分析与一般问题分析的方法基本相同，应该遵循对比分析的原则，遵循由宏观到微观、由全面到重点、由粗到细、由表及里的分析方法。因此，掌握合适的分析方法对成本管理至关重要，只有掌握合适的分析方法，才能及时发现成本管理问题，找出问题产生的原因，对症下药解决问题。

由于分析结论是由数据对比得到的，因此数据对比是分析的基本原则，对比分析要掌握两方面基本约束：一是比较基准，二是比较内容。

① 比较基准：是财务上一般以时间（月度）为准，对于施工项目成本分析不仅要考虑时间基准，还要考虑施工部位，使成本数据具有可比性。

② 比较内容：是已经分析施工项目管理中存在四个层面的数据，即：中标预算数据、责任成本数据、计划成本数据、实际消耗数据，这些数据之间不同的对比说明不同的问题，在分析时应该根据不同分析要求定义不同的分析报表，用以说明不同的问题。

1）比较法

比较法又称"指标对比分析法"。它是通过技术经济指标的对比，检查计划的完成情况，分析产生差异的原因，进而挖掘内部潜力的方法。这种方法具有通俗易懂、简单易行、便于掌握的特点，因而得到了广泛的应用，但在应用时必须注意各技术经济指标的可比性。

比较法的应用，通常有下列三种形式：

① 将实际指标与计划指标对比，以检查计划的完成情况，分析完成计划的积极因素和影响计划完成的原因，以便及时采取措施，保证成本目标的实现。在进行实际与计划对比时，还应注意计划本身的质量。如果计划本身出现质量问题，则应调整计划，重新正确评价实际工作的成绩，以免影响实施人员的工作积极性。

② 将本期实际指标与上期实际指标对比。通过这种对比，可以看出各项技术经济指标的动态情况，反映施工项目管理水平的提高程度。在一般情况下，一个技术经济指标只能代表施工项目管理的一个侧面，只有成本指标才是施工项目管理水平的综合反映。因此，成本指标的对比分析尤为重要，一定要真实可靠，而且要有深度。

③ 与本行业平均水平、先进水平对比。通过这种对比，可以反映本项目的技术管理和经济管理与其他项目的平均水平和先进水平的差距，进而采取措施赶超先进水平。

以上三种对比，可以在一张表上同时反映。如某项目本年计划节约材料 5 万元，实际节约 6 万元，上年节约 4 万元，本企业先进水平节约 6.5 万元。将上述指标进行列表反映，可以一目了然的反映出项目成本的管理水平。

2）因素分析法

因素分析法，又称连环替代法。这种方法，可用来分析各种因素对成本形成的影响程度。在进行分析时，首先要假定众多因素中的一个因素发生了变化，而其他因素则不变，然后按顺序逐个替换，并分别比较其计算结果，以确定各个因素的变化对成本的影响程度。

因素分析法的计算步骤如下：

① 确定分析对象即所分析的技术经济指标，并计算出实际与计划（预算）数的差异；

② 确定该指标是由哪几个因素组成的，并按其相互关系进行排序；

③ 以计划（预算）数为基础，将各因素的计划（预算）数相乘，作为分析替代的基数；

④ 将各个因素的实际数按照上面的排列顺序进行替换计算，并将替换后的实际数保留下来；

⑤ 将每次替换计算所得的结果，与前一次的计算结果相比较，两者的差异即为该因素对成本的影响程度；

⑥ 各个因素的影响程度之和，应与分析对象的总差异相等。

必须说明，在应用因素分析法时，各个因素的排列顺序应该固定不变。否则，就会得出不同的计算结果，也会产生不同的结论。

3）差额计算法

差额计算法，是因素分析法的一种简化形式，它利用各个因素的计划与实际的差额来计算其对成本的影响程度。

4）比率法

比率法，是指用两个以上指标的比例进行分析的方法。它的基本特点是：先把对比分析的数值变成相对数，再观察其相互之间的关系。常用的比率法有以下几种：

① 相关比率。由于项目经济活动的各个方面是互相联系，互相依存，又互相影响的，因而将两个性质不同而又相关的指标加以对比，求出比率，并以此来考查经营成果的好坏。

例如：产值和工资是两个不同的概念，但它们的关系又是投入与产出的关系。在一般情况下，我们都希望以最少的人工费支出完成最大的产值。因此，用产值工资率指标来考核人工费的支出水平，就很能说明问题。

② 构成比率。又称比重分析法或结构对比分析法。通过构成比率，可以考查成本总量的构成情况以及各成本项目占成本总量的比重，同时也可看出量、本、利的比例关系（即预算成本、实际成本和降低成本的比例关系），从而为寻求降低成本的途径指明方向。

③ 动态比率。动态比率法，就是将同类指标不同时期的数值进行对比，求出比率，以分析该项指标的发展方向和发展速度。动态比率的计算，通常采用基期指数（或稳定比指数）和环比指数两种方法。

（2）项目成本分析综合方法

所谓综合成本，是指涉及多种生产要素，并受多种因素影响的成本费用，如分部分项工程成本，月度、季度、年度成本等。由于这些成本都是随着项目施工的进展而逐步形成的，与生产经营有着密切的关系。因此，做好上述成本的分析工作，无疑将促进项目的生产经营管理，提高项目的经济效益。

1）分部分项工程成本分析。

分部分项工程成本分析是施工项目成本分析的基础。分部分项工程成本分析的对象为已完分部分项工程。分析的方法是：进行预算成本、计划成本和实际成本三项成本对比，分别计算实际偏差和目标偏差，分析偏差产生的原因，为今后的分部分项工程成本寻求节约途径。

分部分项工程成本分析的资料来源是：预算成本来自施工预算，计划成本来自施工预算，实际成本来自施工任务单的实际工程量、实际耗费人工和限额领料单的实耗材料。

由于施工项目包括很多分部分项工程，不可能也没有必要对每一个分部分项工程都进行成本分析。特别是一些工程量小、成本费用微不足道的零星工程。但是，对于那些主要分部分项工程则必须进行成本分析，而且要做到从开工到竣工进行系统的成本分析。这是一项很有意义的工作，因为通过主要分部分项工程成本的系统分析，可以基本上了解项目成本形成的全过程，为竣工成本分析和今后的项目成本管理提供一份宝贵的参考资料。

2）月（季）度成本分析。

月（季）度的成本分析，是施工项目定期的、经常性的中间成本分析。对于有一次性特点的施工项目来说，有着特别重要的意义。因为，通过月（季）度成本分析，可以及时发现问题，以便按照成本目标指示的方向进行监督和控制，保证项目成本目标的实现。

月（季）度的成本分析的依据是当月（季）的成本报表。分析的方法，通常有以下几个方面：

① 通过实际成本与预算成本的对比，分析当月（季）的成本降低水平；通过累计实际成本与累计预算成本的对比，分析累计的成本降低水平，预测实现项目成本目标的前景。

② 通过实际成本与计划成本的对比，分析计划成本的落实情况，以及目标管理中的问题和不足，进而采取措施，加强成本管理，保证成本计划的落实。

③ 通过对各成本项目的成本分析，可以了解成本总量的构成比例和成本管理的薄弱环节。例如：在成本分析中，发现人工费、机械费和间接费等项目大幅度超支，就应该对这些费用的收支配比关系认真研究，并采取对应的增收节支措施，防止今后再超支。如果是属于预算定额规定的"政策性"亏损，则应从控制支出着手，把超支额压缩到最低限度。

④ 通过主要技术经济指标的实际与计划的对比，分析产量、工期、质量、"三材"节约率、机械利用率等对成本的影响。

⑤ 通过对技术组织措施执行效果的分析，寻求更加有效的节约途径。

⑥ 分析其他有利条件和不利条件对成本的影响。

3）年度成本分析。

企业成本要求一年结算一次，不得将本年成本转入下一年度。而项目成本则以项目的寿命周期为结算期，要求从开工到竣工到保修期结束连续计算，最后结算出成本总量及其盈亏。由于项目的施工周期一般都比较长，除了要进行月（季）度成本的核算和分析外，还要进行年度成本的核算和分析。这不仅是为了满足企业汇编年度成本报表的需要，同时也是项目成本管理的需要。因为通过年度成本的综合分析，可以总结一年来成本管理的成绩和不足，为今后的成本管理提供经验和教训，从而可对项目成本进行更有效的管理。

年度成本分析的依据是年度成本报表。年度成本分析的内容，除了月（季）度成本分析的六个方面以外，重点是针对下一年度的施工进展情况规划切实可行的成本管理措施，以保证施工项目成本目标的实现。

4）竣工成本的综合分析。

凡是有几个单位工程而且是单独进行成本核算（即成本核算对象）的施工项目，其竣工成本分析应以各单位工程竣工成本分析资料为基础，再加上项目经理部的经营效益（如资金调度、对外分包等所产生的效益）进行综合分析。如果施工项目只有一个成本核算对象（单位工程），就以该成本核算对象的竣工成本资料作为成本分析的依据。

单位工程竣工成本分析，应包括以下三方面内容：

① 竣工成本分析；
② 主要资源节约超支对比分析；
③ 主要技术节约措施及经济效果分析。

通过以上分析，可以全面了解单位工程的成本构成和降低成本的来源，对今后同类工程的成本管理很有参考价值。

(3) 成本项目构成要素分析法

1) 材料费分析。

材料费分析包括主要材料、结构件和周转材料使用费的分析以及材料储备的分析。

① 主要材料和结构件费用的分析。主要材料和结构件费用的高低，主要受价格和消耗数量的影响。而材料价格的变动，又要受采购价格、运输费用、途中损耗等因素的影响；材料消耗数量的变动，受操作损耗、管理损耗和返工损失等因素的影响，可在价格变动较大和数量超用异常的时候再作深入分析。为了分析材料价格和消耗数量的变化对材料和结构件费用的影响程度，可按差额分析法进行分析：

因材料价格变动对材料费的影响 =（预算单价 − 实际单价）× 消耗数量

因消耗数量变动对材料费的影响 =（预算用量 − 实际用量）× 预算价格

② 周转材料使用费分析。在实行周转材料内部租赁制的情况下，项目周转材料费的节约或超支，取决于周转材料的周转利用率和损耗率。因为周转变慢，周转材料的使用时间就长，相应租赁费支出就会增加。周转利用率和损耗率的计算公式如下：

周转利用率 = 实际使用数 × 租用期内的周转次数 /（进场数 × 租用期）× 100%

损耗率 = 退场数 / 进场数 × 100%

案例 5-1：某建筑施工项目需要定型钢模，考虑周转利用率 85%，租用钢模 $4500m^2$，月租金 5 元/m^2；由于加快施工进度，实际周转利用率达到 90%。可用"差额分析法"计算周转利用率的提高对节约周转材料使用费的影响程度。

具体计算如下：

$$(90\% − 85\%) × 4500 × 5 元 = 1125 元$$

③ 采购保管费分析。材料采购保管费属于材料的采购成本，包括：材料采购保管人员的工资、工资附加费、劳动保护费、办公费、差旅费，以及材料采购保管过程中发生的固定资产使用费、工具用具使用费、检验试验费、材料整理及零星运费和材料物资的盘亏及毁损等。

材料采购保管费一般应与材料采购数量同步，即材料采购多，采购保管费也会相应增加。因此，应该根据每月实际采购的材料数量（金额）和实际发生的材料采购保管费，计算"材料采购保管费支用率"，作为前后期材料采购保管费的对比分析之用。

④ 材料储备资金分析。材料的储备资金，是根据日平均用量、材料单价和储备天数（即从采购到进场所需要的时间）计算的。上述任何两个因素的变动，都会影响储备资金的占用量。材料储备资金的分析，可以应用"因素分析法"。从以上分析内容来看，储备天数的长短是影响储备资金的关键因素。因此，材料采购人员应该选择运距短的供应单位，尽可能减少材料采购的中转环节，缩短储备天数。

2）人工费分析。

在实行管理层和作业层两层分离的情况下，项目施工需要的人工和人工费，由项目经理部与施工队签订劳务承包合同，明确承包范围、承包金额和双方的权利、义务。对项目经理部来说，除了按合同规定支付劳务费以外，还可能发生一些其他人工费支出，主要有：

① 因实物工程量增减而调整的人工和人工费；

② 定额人工以外的估点工工资（如果已按定额人工的一定比例由施工队包干，并已列入承包合同的，不再另行支付）；

③ 对在进度、质量、节约、文明施工等方面作出贡献的班组和个人进行奖励的费用。

项目经理部应根据上述人工费的增减，结合劳务合同的管理进行分析。

3）机械使用费分析。

由于项目施工中，项目经理部不可能拥有主要大中型施工机械设备的特点，而是随着施工的需要，向企业动力部门或外单位租用。在机械设备的租用过程中，存在着两种情况，一是按产量进行承包，并按完成产量计算费用，如土方工程，项目经理部只要按实际挖掘的土方工程量结算挖土费用，而不必过问挖土机械的完好程度和利用程度；另一种是按使用时间计算机械费用，如塔吊、搅拌机、砂浆机等，如果机械完好率差或在使用中调度不当，必然会影响机械的利用率，从而延长使用时间，增加使用费用。因此，项目经理部应该给予一定的重视。

由于建筑施工的特点，在流水作业和工序搭接上往往会出现某些必然或偶然的施工间隙，影响机械的连续作业；有时，又因为加快施工进度和工种配合，需要机械日夜不停地运转，这样难免会有一些机械利用率很高，也会有一些机械利用不足，甚至租而不用。利用不足，台班费需要照付；租而不用，则要支付停班费。因此，在机械设备的使用过程中，必须以满足施工需要为前提，加强机械设备的平衡调度，充分发挥机械的效用。同时，还要加强平时的机械设备的维修保养工作，提高机械的完好率，保证机械的正常运转。

4) 其他直接费分析。

其他直接费是指施工过程中发生的除直接费以外的其他费用，包括：二次搬运费，工程用水电费，临时设施摊销费，生产工具用具使用费，检验试验费，工程定位复测费，工程点交费，场地清理费等。

其他直接费的分析，主要应通过预算与实际数的比较来进行分析。如果没有预算数，可以使用计划数代替预算数。

5) 间接成本分析。

间接成本是指为施工准备、组织施工生产和管理所需要的费用，主要包括现场管理人员的工资和进行现场管理所需要的费用。

间接成本的分析，也应通过预算（或计划）数与实际数的比较来进行。

(4) 特定问题与成本有关事项的分析

针对特定问题与成本有关事项的分析，包括成本盈亏异常分析、工期成本分析、质量成本分析、资金成本分析等内容。

1) 成本盈亏异常分析。

成本出现盈亏异常情况，对施工项目来说，应引起高度重视，必须彻底查明原因，必须立即加以纠正。检查成本盈亏异常的原因，应从完成多少产值、消耗多少资源、发生多少成本这三个因素入手分析，因为这三个因素之间有着必然同步关系。

上述三个因素的检查是提高项目经济核算水平的有效手段，不仅适用于成本盈亏异常的检查，也可用于月度成本的检查。检查可以通过以下五个方面的对比分析来实现。

① 产值与施工任务单的实际工程量和形象进度是否同步。

② 资源消耗与施工任务单的实耗人工、限额领料单的实耗材料、当期租用的周转材料和施工机械是否同步。

③ 其他费用（如材料价差、超高费、台班费等）的产值统计与实际支付是否同步。

④ 预算成本与产值统计是否同步。

⑤ 实际成本与资源消耗是否同步。

实践证明，把以上五个方面的同步情况查明以后，成本盈亏的原因自然一目了然。

2) 工期成本分析。

工期的长短与成本的高低有着密切的关系。在一般情况下，工期越长费用支出越多，工期越短费用支出越少。特别是固定成本支出，基本上是与工期长短成正比增减的，是进行工期成本分析的重点。

工期成本分析，就是计划工期成本与实际工期成本的比较分析。所谓计划工期成本，是指在假定完成预期利润的前提下计划工期内所耗用成本计划；而实际成本，则是在实际工期中耗用的实际成本。

工期成本分析的方法，一般采用比较法，即将计划工期成本与实际工期成本进行比较，然后应用因素分析法分析各种因素的变动对工期成本差异的影响程度。进行工期成本分析的前提条件是，根据施工图预算和施工组织设计进行量、本、利分析，计算施工项目的产量、成本和利润的比例关系，然后用固定成本除以合同工期，求出每月支用的固定成本。

(5) 项目成本分析中应关注的问题

项目成本分析思路、方法要得当，重点要突出，应着重从以下方面关注项目成本分析的效果：

1) 在分析的时候，要遵循由粗到细、由表及里的分析方法。

① 汇总成本分析表，从费用构成角度看整个项目预算收入和实际成本各项费用金额差异。

② 关注亏损费用项，重点关注大额成本项目，逐一排查盈亏原因。重点关注的大额成本项目包括：分包费用盈亏、钢筋费用盈亏、商品混凝土费用盈亏、周转材料费用盈亏、机械使用费用盈亏、临设费用盈亏等。

③ 对于大额亏损项做量价分析，项目上一般应先做量差分析。一般实践中具体的分析步骤如下：

a. 首先保证预算数据和实际消耗数据在时间和部位上的同步。

b. 比较预算用量和实际用量，找出亏损原因是预算较低，还是实际消耗太高。

c. 如果是实际消耗问题，查找计划、采购、加工、领用各环节是否有问题，如果有问题，应责成相关人员整改；如果没问题，可能就是预算太低。

d. 如果是预算过低应重新审核预算，并与甲方协商处理。

e. 在量差分析没有问题的基础上，如果还有亏损，则要考虑价差问题，要作价差分析，成本价差差额＝实际耗量×价差。价差往往不取决于项目部，但项目部要说明成本成因和差额影响，因此，价差分析总是要做的。

2) 坚持"五统一"分析要求，规范成本分析的思路方法。

① 统一指标体系。各部门、各工区、各环节均要实行统一的单价、定额、开支、折旧、摊销、上交标准，按照统一标准来衡量成本，分析盈亏。

② 统一分析时点。即必须按照"权责发生制"原则，将所有分析资料调整为同一基准时点内容，如果有未达账项，应按统一时点要求作出调整，以保证成本分析的可比性。

③ 统一考核分析对象。可按管理需要作出统一要求，具体可分为单位工程、单项工程、分步工程、工序或各个生产核算单位。

④ 统一分析方法。按照"因素分析"、"对比分析"法，结合经验判断、历史成本数据、先进单位标准比较等方法，对应考核成本对象的目标值、实现值、节超值、节超率及其数量、单价、金额进行分析判断，查找出合理节超与非合理节超；分析结果不仅要有数字报表分析，还要有文字分析说明；分析要前后衔接，每期成本分析前应首先说明上期存在问题的整改和制定措施的落实情况；分析要环环相扣，工序之间、核算单位之间、前后分析期之间的数量、价格和成本费用要分得清，相互衔接得上。

⑤ 统一分析报表。各管理部门、各核算单位都要按照统一的分析报表，提供分析资料进行分析，以规范分析思路和方法；如果各行其是，或每次分析报表各异，前后不衔接，不可比，就很难保证分析效果。

3）各部门分析内容的侧重点。

① 工程管理部门。重点对技术方案优化和执行情况、工程数量控管情况进行分析。

② 计划成本部门。重点对目标成本的制定和分解、劳务（含设备租赁）合同的签订和执行、对上对下的验工计价与结算、已完工程的变更与索赔情况进行分析。

③ 财务部门。重点对工程收入、成本、税金、利润计划执行情况、间接费用和上交预算执行情况、单项工程及辅助生产实际成本情况、资金收支预算执行情况、主要债权债务情况进行分析。

④ 劳资部门。重点对人工成本情况，职工收入与实现利润、完成上交挂钩考核情况进行分析。

⑤ 设备物资部门。重点对物资、设备的采购计划执行情况，物资储备占用与物资周转情况，材料（配件）定额消耗情况、周转材料设备利用效率情况、单机单车成本核算情况、水电能源定额消耗情况进行分析。

⑥ 安全质检部门。重点对安全措施成本、质量标准成本控制情况进行分析。

⑦ 科技部门。重点对科研课题研究进展和研发经费预算执行情况进行分析。

4）不同阶段分析的侧重点。

① 工程开工初期要重点对征地拆迁成本，临时设施成本，设营安家成本，施工组织方案、施工技术方案优化，材料料源、价格、采购供应方式分析，劳务

单价、施工机械使用单价和合同签订等情况进行分析。

② 工程建设过程中要重点对既定成本目标、措施的贯彻落实和变更索赔完成情况进行分析。

③ 完工收尾阶段重点对施工合同实现、成本（费用）清算、责任指标完成、清欠收款、财产清理结算、职工收入挂钩和奖惩等情况进行分析。

5) 分析要有结论。

结论要突出问题和原因的查找。问题、原因查找要分清客观因素和主观原因，为问题的解决和措施的制定奠定基础。

6) 成本分析要与制定措施和考核奖惩相结合。

成本分析发现问题后，就要针对存在的问题制定整改措施，尽可能纠偏改错，不能任其发展。同时，要按照项目管理办法和责任合同要求实施考核，兑现奖惩，对在成本管理核算中作出成绩和贡献的要适时奖励，工作失职渎职给项目造成损失的要严格追究责任，并予以处罚。真正起到激励促进作用，提高成本管理核算的积极性和创造性。

5.2 项目成本考核

项目成本考核是衡量项目成本降低的实际成果，也是对成本指标完成情况的总结和评价。成本指标是用货币形式表现的生产费用指标，也是反映施工项目全部生产经营活动的一项综合性指标。施工项目成本的高低，在一定程度上反映了项目的经营成果、经济效益和对企业贡献的大小。

5.2.1 项目成本考核的意义

施工项目成本考核包括两方面的考核，即项目成本目标完成情况的考核和成本管理工作业绩的考核。这两方面的考核都属于企业对施工项目经理部成本监督的范畴。应该说成本降低水平与成本管理工作有着必然的联系，又同受偶然因素的影响，但都是对项目成本评价的一个方面，都是企业对项目成本进行考核和奖惩的依据。

施工项目成本考核的目的，在于贯彻落实责、权、利相结合的原则，促进成本管理工作的健康发展，更好地完成施工项目的成本目标。

在施工项目的成本管理中，项目经理和所属部门、施工队直到生产班组，都有明确的成本管理责任，而且有定量的责任成本目标。通过定期和不定期的成本考核，既可对他们加强督促，又可调动他们成本管理的积极性。

项目成本管理是一个系统工程，而成本考核则是系统的最后一个环节。如果对成本考核工作抓得不紧,或者不按正常的工作要求进行考核,前面的成本预测、成本控制、成本核算、成本分析都将得不到及时正确的评价。这不仅会挫伤有关人员的积极性,而且会给今后的成本管理带来不可估量的损失。

施工项目的成本考核,特别要强调施工过程中的中间考核。这对具有一次性特点的施工项目来说尤为重要。因为通过中间考核发现问题,还能及时地对所发现的问题予以纠正。而竣工后的成本考核,虽然也很重要,但对成本管理的不足和由此造成的损失,已经无法弥补。

5.2.2 项目成本考核的内容

施工项目的成本考核可以分为两个层次:一是企业对项目经理的考核;二是项目经理对所属部门、施工队和班组的考核(对班组的考核,平时以施工队为主)。

(1) 企业对项目经理的考核

对项目经理的考核内容一般包括以下一些方面:

① 项目责任目标成本的完成情况考核,包括总目标及其所分解的施工各阶段、各部分或专业工程的子目标完成情况。

② 建立以项目经理为核心的成本管理责任制的落实情况,项目经理是否认真组织成本管理和核算,对企业所确定的项目管理方针及有关技术组织措施的指导性方案是否认真贯彻实施。

③ 成本计划的编制和落实情况,成本管理组织与制度是否健全,在运行机制上是否存在问题。

④ 对各部门、各施工队和班组责任成本的检查和考核情况,项目经理是否经常对下属管理人员进行成本效益观念的教育。管理人员的成本意识和工作积极性。

⑤ 在成本管理中贯彻责、权、利相结合原则的执行情况,项目经理部的核算资料账表等是否正确、规范、完整,成本信息是否能及时反馈,能否主动取得企业有关部门在业务上的指导。

(2) 项目经理对所属各部门、各施工队和班组考核

这些考核内容一般包括下面内容:

① 对各部门的考核内容,包括本部门、本岗位成本的完成,本部门、本岗位成本管理责任的执行情况。

② 对各施工队的考核内容,包括对劳务合同规定的承包范围和承包内容的执行情况,劳务合同以外的补充收费情况,对班组施工任务单的管理情况,以及班组完成施工任务后的考核情况。

③ 对生产班组的考核内容（平时由施工队考核），以分部分项工程成本作为班组责任成本，以施工任务单和限额领料单的结算资料为依据，与施工预算进行对比考核班组责任成本的完成情况。

(3) 项目成本考核要求

① 企业对施工项目经理部进行考核时，应以确定的责任目标成本为依据。

② 项目经理部应以控制过程的考核为重点，控制过程的考核应与竣工考核相结合。

③ 各级成本考核应与进度、质量、安全等指标的完成情况相联系。

④ 项目成本考核的结果应形成文件，为奖罚责任人提供依据。

5.2.3 项目成本考核的实施

(1) 施工项目成本的考核采取评分制

具体方法：先按考核内容评分，然后可按七与三的比例加权平均。即：责任成本完成情况的评分占七成，成本管理工作业绩的评分占三成，这是一个经验比例，施工项目可以根据自身具体情况进行调整。

(2) 施工项目成本的考核与相关指标的完成情况相结合

具体方法为：成本考核的评分是奖惩的依据，相关指标的完成情况是奖惩的条件。也就是在根据评分计奖的同时，还要参考相关指标的完成情况加奖或扣罚。与成本考核相结合的相关指标，一般有工期、质量、安全和现场标准化管理。

(3) 强调项目成本的中间考核

项目成本的中间考核，可从以下两方面考虑：

① 月度成本考核。一般是在月度成本报表编制以后，根据月度成本报表的内容进行考核。在进行月度成本考核的时候，不能单凭报表数据，还要结合成本分析资料和施工生产、成本管理的实际情况，然后才能作出正确的评价，推动今后的成本管理工作，保证项目成本目标的实现。

② 阶段成本考核。按项目的形象进度划分项目的施工阶段，一般可分为基础、结构、装饰、总体四个阶段。如果是高层建筑，可对结构阶段的成本进行分层考核。阶段成本考核的优点，在于能对施工告一段落后的成本进行考核，可与施工阶段其他指标（如进度、质量等）的考核结合得更好，也更能反映施工项目的管理水平。

(4) 正确考核施工项目的竣工成本

施工项目的竣工成本，是在工程竣工和工程款结算的基础上编制的，它是竣工成本考核依据，是能够反映工程全貌而又正确的项目成本。而月度完成的分部分项工程，只是建筑产品的局部，并不具有使用价值，也不可能用来进行商品交换，只能作为分期结算工程进度款的依据。因此，真正能够反映全貌而又正确的项目成本，是在工程竣工和工程款结算的基础上编制的。由此可见，施工项目的竣工成本是项目经济效益的最终反映。它既是上缴利税的依据，又是进行职工分配的依据。由于施工项目的竣工成本关系到国家、企业、职工的利益，必须做到核算正确，考核正确。

（5）施工项目成本奖罚

施工项目的成本考核，如上所述可分为月度考核、阶段考核和竣工考核三种。对完成情况的经济奖罚，也应分别在上述三种成本考核的基础上进行兑现。不能只考核不奖罚，或者考核后拖了很久才奖罚。因为职工所担心的，就是领导对贯彻责、权、利相结合的原则执行不力，忽视群众利益。由于月度成本和阶段成本都是假设性的，正确程度有高有低。因此，在进行月度成本和阶段成本奖罚的时候不妨留有余地，然后再按照竣工成本结算的奖金总额进行调整（多退少补）。施工项目成本奖惩的标准应通过经济合同的形式明确规定，这样不仅使得奖罚标准具有法律效力，任何人都无权中途变更，或者拒不执行。另一方面，通过经济合同明确奖罚标准以后，职工群众就有了争取目标，因而也会在实现项目成本目标中发挥更积极的作用。在确定施工项目成本奖罚标准的时候，必须从本项目的客观情况出发，既要考虑职工的利益，又要考虑项目成本的承受能力。在一般情况下，造价低的项目，奖金水平要定得低一些；造价高的项目，奖金水平可以适当提高。具体的奖罚标准，应该经过认真测算再行确定。此外，企业领导和项目经理还可对完成项目成本目标有突出贡献的部门、施工队、班组和个人进行随机奖励。这种奖励形式往往能够在短期内大大提高员工的积极性，往往能起到立竿见影的效用。

5.3 竣工结算的审计

5.3.1 项目成本审计的意义和作用

项目竣工结算是指施工企业按照合同规定的内容完成全部所承包的工程，经验收质量合格，并符合合同要求之后，向发包单位进行的最终工程结算。

项目工程结算审计是指总包、监理、造价咨询单位及建设单位对各承包单位提交的工程结算资料所进行的审计活动。

工程竣工结算审计是在工程竣工后，由企业内部审计人员所实施的一种工程决算报告前的审计，是基本建设工程项目审计的重要组成部分，是工程决算的重要前提。作为企业内部审计人员，特别是工程审计人员要为工程决算提供真实、准确的工程项目竣工结算资料，即项目竣工结算书。竣工结算是一种动态的计算，是按照工程实际发生的量与额来计算的。经审查的工程竣工结算是核定建设工程造价的依据，也是建设项目竣工验收后编制竣工决算和核定新增固定资产价值的依据。

根据结算审核经验来看，由于受经济利益的驱使，各施工单位提供的工程结算价格一般都会超出实际造价，所以审核工作中工程量计算的准确性、工程合同以及现场签证发生情况的属实性等几个方面内容就成为竣工结算审计的重点。

5.3.2 项目成本审计的内容

（1）审核竣工结算编制依据

编制依据主要包括：

① 工程竣工报告、竣工图及竣工验收单；

② 工程施工合同或施工协议书；

③ 施工图预算或招标投标工程的合同标价；

④ 设计交底及图纸会审记录资料；

⑤ 设计变更通知单及现场施工变更记录；

⑥ 经建设单位签证认可的施工技术组织措施；

⑦ 预算外各种施工签证或施工记录；

⑧ 合同中规定的定额，材料预算价格，构件、成品价格；

⑨ 国家或地区新颁发的有关规定。审计时，要审核编制依据是否符合国家有关规定，资料是否齐全，手续是否完备，对遗留问题处理是否合规。

（2）审核工程量

1）工程量是决定工程造价的主要因素，核定施工工程量是工程竣工结算审计的关键。审计的方法可以根据施工单位编制的竣工结算书中的工程量计算表，对照图纸尺寸进行计算来审核，也可以依据图纸重新编制工程量计算表进行审计。审核的重点包括以下四个方面：

① 审核投资比例较大的分项工程，如基础工程、钢筋混凝土工程、钢结构等。

② 审核容易混淆或出漏洞的项目，如土石方分部中的基础土方。

③ 审核容易重复列项的项目。

④ 审核容易重复计算的项目。对于无图纸的项目要深入现场核实，必要时可采用现场丈量实测的方法。

2）审核材料用量及价差。

① 材料用量审核，主要是审核钢材、水泥等主要材料的消耗数量是否准确，列入直接费的材料是否符合预算价格。

② 材料代用和变更是否有签证，材料总价是否符合价差的规定，数量、实际价格、差价计算是否准确。

③ 在审核工程项目材料用量的基础上，依据预算定额统一基价的取费价格，对照材料耗用时的实际市场价格，审核退补价差金额的真实性。

3) 审查隐蔽验收记录。做好隐蔽工程验收记录是进行工程结算的前提。目前，在很多建设项目中隐蔽工程没有验收记录，到竣工结算时，施工企业才找有关人员后补记录，然后列入结算。有的甚至没有发生也列入结算，这种事后补办的隐蔽工程验收记录，不仅存在严重质量隐患，而且使工程造价提高，并且存在严重徇私舞弊腐败现象。因此，在审核隐蔽工程的价款时，一定要严格审查验收记录手续的完整性、合法性。验收记录上除了监理工程师及有关人员确认外，还要加盖建设单位公章并注明记录日期，防止事后补办记录或虚假记录的发生，为竣工结算减少纠纷扫平道路，有效地控制工程造价。

4) 审查设计变更签证。设计变更应由原设计单位出具设计变更通知单和修改图纸，设计、校审人员签字并加盖公章，并经建设单位、监理工程师审查同意。重大的设计变更应经原审批部门审批，否则不应列入结算。在审查设计变更时，除了有完整的变更手续外，还要注意工程量的计算，对计算有误的工程量进行调整，对不符合变更手续要求的不能列入结算。

5) 审查工程定额的套用。主要审查工程所套用定额是否与工程应执行的定额标准相符，工程预算所列各分项工程预算定额与设计文件是否相符，工程名称、规格、计算单位是否一致。正确把握预算定额套用，避免高套、错套和提高工程项目定额直接费等问题。

6) 审核工程类别。对施工单位的资质和工程类别进行审核，是保证工程取费合理的前提，确定工程类别，应按照国家规定的规范认真核对。

7) 审查各项费用的计取。在审查时，应审查各项费率、价格指数或换算系数是否正确，价差调整计算是否符合要求。

8) 审查附属工程。在审核竣工结算时，对列入建安主体的水、电、暖与室外配套的附属工程，应分别审核，防止施工费用的混淆，重复计算。

9) 防止各种计算误差。工程竣工结算是一项非常细致的工作，由于结算的子项目多，工作量大，内容繁杂，不可避免地存在着这样或那样的计算误差，但很多误差都是多算。因此，必须对结算中的每一项都要进行认真核算，防止因计算误差导致工程价款多计或少计。

在工程量审核中，应严格注意以下两点，以确保审核结果的正确性：

1) 口径必须一致。审核工程量时，应注意审查施工图列出的细目与预算定额中的工程细目是否相一致，只有一致才能套用预算定额中的预算单价。

2) 计量单位必须一致。审核工程量时，应注意审查施工图列出的计量单位，是否与预算定额中的计量单位相一致，只有一致才能套用预算定额中的预算单价。

(3) 审核施工企业资质

严格审核施工企业的资质，对挂靠、无资质等级及无取费证书的施工企业，应降低综合单价或审计，确定综合单价及造价。

(4) 审核工程合同

工程合同审计是项目审计的一项重要内容，必须仔细查阅相关文件资料是否齐全、合法合规。

5.3.3 项目成本审计的程序

审计人员实施建设工程竣工结算审计，需制定一套程序，并严格按程序开展工作。建设工程竣工结算审计程序应至少包括以下四个阶段：

(1) 准备阶段

在准备阶段，审计单位接收工程竣工结算资料，根据工程具体情况成立审计组，制订审计实施计划。

(2) 初审阶段

① 审计人员熟悉送审的结算资料，了解工程基本情况，必要时可深入工程现场查看。

② 审计人员应仔细阅读工程合同、招标文件、投标文件、工程变更签证等资料。

③ 审计人员熟悉工程结算资料后，重点对工程变更签证进行审计，对审计中发现的问题及时记录，以便向有关单位进一步核实。

(3) 现场查验

审计人员完成初审后，应勘察工程现场，并就发现的问题仔细查验。在工程现场，审计人员应根据竣工图纸详细检查工程完工情况，详查或抽查工程质量情况。审计人员应着重检查工程变更以及存在问题的工程实际情况。

(4) 沟通阶段

审计人员根据初审中发现的问题、现场勘察了解的情况与建设、管理、施工等单位的负责人交换意见，对于存在的分歧根据合同等文件充分进行磋商，达成一致意见，并作出审计结论。

6 工程项目的资金管理

资金管理对于保证工程项目的顺利进行有着极为重要的意义。资金管理的好坏直接影响到项目施工和经营能否正常有序的进行，是工程项目管理体系中非常重要的一个环节。在施工过程中，资金使用计划预测不准确、资金需求编制不科学、融资渠道不通畅、资金的编制、使用、结算、回收不合理，是许多工程项目管理中存在的突出问题。

资金管理不当，不单会使成本增加，降低项目收益，还可能影响工程的前期准备和施工中的日常运营，导致工期拖延，严重的甚至导致资金链断裂，既而造成项目失败，甚至使企业面临破产的危险。特别是在工程建筑市场竞争日趋激烈的今天，企业为了竞争承揽工程项目，一方面，要投入资金更新设备设施，又要不断增强技术创新；另一方面，通胀压力增加、原材料价格上涨，加上工程项目通常运行周期偏长，在运作过程中往往需要垫付大量资金，使得资金缺口的矛盾日益突出，成为制约工程类生存和发展的重要因素。加强资金管理，可以有效缓解资金压力，降低项目成本，提高项目效益，提升建筑企业的竞争能力和盈利能力。

6.1 项目资金管理概述

项目资金管理是指施工项目管理团队根据工程项目施工过程中资金运动的规律，进行的资金收支预测、编制资金计划、筹集投入资金（施工项目管理团队收入）、资金使用（支出）、资金核算与分析等一系列资金管理工作（图6-1）。

6.1.1 资金管理的概念

资金管理，是企业对于其资金的来源和资金的使用进行有计划的分析、控制、监管、考核等一系列工作的总称。资金管理是财务管理的一部分。资金管理通常理解为对固有资金、流动资金、专项资金、融资资金等现金资产进行使用和监管。

6.1.2 资金管理的原则

资金管理的原则包括：

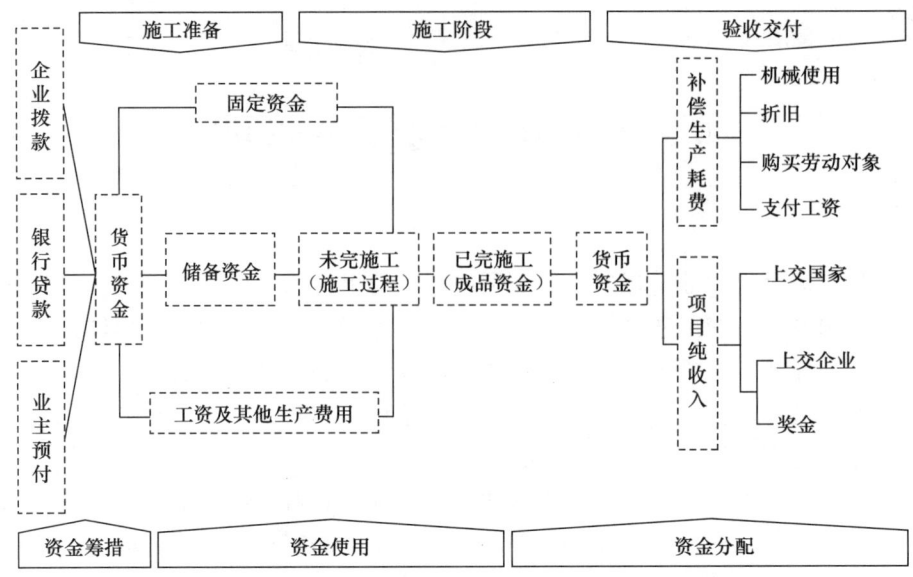

图 6-1 项目资金运动示意图

（1）划清固定资金、流动资金、专项资金的使用界限，一般不能相互流用。

（2）避免因互相挪用，造成账户亏空，影响工程顺利实施；实行计划管理，对各项资金的使用，既要适应工程项目的计划任务的要求，又要按照企业的经营决策有最大限度地利用资金。

（3）统一集中与分口、分级管理相结合，建立使用资金的责任制，促使企业内部各单位合理、节约地使用资金。

（4）财务会计部门与使用资金的有关部门分工协作，共同管理好资金。

6.1.3 资金管理的内容及要点

（1）资金管理的主要内容

① 资金的筹集：短期筹集，长期筹集等。

② 资金的使用：按照工程节点的拨款，投资的使用，机器设备的投入等。

③ 资金的监管：代付、分包的资金如何使用，资金是否到位及时等。

④ 资金的结算：资金的流动方向，收款是否及时。

⑤ 资金的有效利用：考核每单位资金的最大利用率。

（2）项目资金管理要点

1）项目资金管理应确保资金入账及时、支出节省、规避风险及提高资金使用效益。

① 确保资金入账及时。是指项目管理团队及时向发包人收取工程预付备料

款，做好分期核算、资金预算、节点结算，及时和发包方确认工程进度。

② 支出节省。是指资金使用过程中通过科学计算，对人工费、材料费、机械使用费、临时设施费、场地使用费和施工管理费等工程实施过程中的各项支出费用进行严格监控，坚持节约原则，保证支出的合理性。

③ 规避风险。主要是指项目管理团队对项目资金的收取和支出作出合理的预测，分析各种可能出现的常规情况和突发状况下的资金使用预案，避免资金链过度紧张，并且坚持专款专用，合理使用资金，避免资金风险。

2) 由企业财务部门统一管理工程资金，根据进度拨款，可以有效增加资金监管的安全度。所有资金的收支均按财会制度由财务部门统一对外运作。资金进入财务部门后，根据项目进度按期拨款，多退少补，而项目管理团队负责责任范围内项目资金的直接使用管理。同时，还可以避免资金直接由项目管理团队暗箱操作资金和私设"小金库"的现象。

3) 项目资金计划的编制、审批。项目管理团队应根据施工合同、承包造价、施工进度计划、施工项目成本计划、物资供应计划等编制年、季、月度资金收支计划，上报企业主管部门审批后实施。

4) 项目资金的计收。项目管理团队应按企业授权，配合企业财务部门及时进行资金计收。

资金计收应符合下列要求：

① 新开工项目按工程施工合同收取预付款或开办费。

② 根据月度统计报表编制"工程进度款估算单"，在规定日期内报监理工程师审批、结算。如发包人不能按期支付工程进度款且超过合同支付的最后限期，项目管理团队应向发包人出具具有法律效力的付款违约通知书，并根据合同约定的违约条款追索赔偿。

③ 根据工程变更记录和证明发包人违约的材料，及时计算索赔金额，列入工程进度款结算单。

④ 发包人委托代购的工程设备或材料，必须签订代购合同，收取设备订货预付款或代购款。

⑤ 工程材料价差应按规定计算，发包人应及时确认，并与进度款一起收取。

⑥ 工期奖、质量奖、措施奖、不可预见费及索赔款应根据施工合同规定与工程进度款同时收取。

⑦ 工程尾款应根据发包人认可的工程结算金额及时收回。

⑧ 项目资金的控制使用。项目管理团队应按企业下达的用款计划控制资金使用，以收定支，节约开支；应按会计制度规定设立财务台账，记录资金支出情况，加强财务核算，及时盘点盈亏。

⑨ 项目的资金总结分析。项目管理团队应坚持做好项目的资金分析，进行计划收支与实际收支对比，找出差异，分析原因，改进资金管理。项目竣工后，结合成本核算与分析，进行资金收支情况和经济效益总结分析，上报企业财务主管部门备案。企业应根据项目的资金管理效果对项目管理团队进行奖惩。

⑩ 短期资金储备。保持适量的流动性，确需要时能够提取一定数额以内的资金，以平衡短期流动资金收支问题。

⑪ 紧急融资。随时保持和融资渠道的沟通畅通，用于帮助解决因突然的和不可预见的自然灾害而产生的收支问题（如遇到地震、龙卷风等自然灾难）。

6.2 项目资金管理的内容

6.2.1 资金回收管理

资金的回收管理主要是对应收账款及时回收进行的一列些管理活动。

（1）应收账款风险控制管理

应收账款风险控制管理，是指一项工程项目实施后在应收账款尚未正式形成之前，即开始分析该笔对应的应收账款及影响其是否能够顺利回收的有关因素，制定一套能适应本企业具体情况的应收账款风险控制制度，以降低不合理应收账款的形成，预防发包方长期占用应收账款和坏账发生。应收账款风险控制管理对于保证资金的回笼和企业顺利发展有着极为重要的意义。

① 设立单独的客户信息管理部门。客户信息管理部负责对签约客户的各项信息进行汇集、整理、重大事项调研以及信用信息分析。对客户经营过程中发生的重大或突发事件，应及时作出分析报告，以避免给企业造成损失。

② 科学选择客户。建议企业要端正思想，不能为了拿下项目讨客户欢心而盲目垫付资金，一定要选择信誉良好的客户。具体可通过联系沟通、实地考察、资信调查、业内同行评价这四个方面逐步地筛选出符合本企业信用标准的客户企业。

③ 确立信用管理制度。信用政策是应收账款管理制度的主要组成部分，包括信用标准、信用条件和收账政策三个方面。

信用品质主要通过客户过去的付款记录，预测其将来履约或爽约的可能性，由此首先决定是否给予客户信用。客户偿付能力的高低主要看其资产的流动比例和变现能力的大小。企业要通过客户的财务报告资料，了解其资产规模、负债结构及产权比率，判断客户自有资金实力是否雄厚，以掌握好商业信用额度的使用。

企业在制定收账制度时，应权衡增加收账费用与减少应收账款机会成本和坏账损失的得失。合理的信用政策应把信用标准、信用条件、收账政策结合起来，考虑三者的综合变化对销售额、应收账款机会成本、坏账成本和收账成本的影响。

④ 健全内部控制制度。应收账款管理的内部控制对于信用制度的贯彻执行，对于保证应收账款的有序管理都有极其重要的意义。

a. 实行交易审批程序。交易审批程序执行的主体为经营部经理。企业要对交易审批程序执行情况定期地进行监督检查。如对不执行交易审批程序并产生逾期应收账款或已经造成企业经济损失的，将对有关人员进行批评、处罚，直至给予相应的行政处分或相关处理。

b. 总经理和财务双签制度。在付款程序上，可以先由业务员填写付款申请书，采取本部实行总经理和财务双签制度，保证企业的每一笔支出都正常和有记录。

c. 结算方式。在结算方式上，考虑两个方面，既从自身角度出发，安全及时地收回全部货款，保证企业的资金周转和应收账款的周转率，又从客户的角度出发，选择的结算方式应具有竞争力，目标是在二者之间平衡。

d. 强化内部专业监督。对于非销售性"应收账款"，要强化内部专业监督，如财务管理、内部审计等，加强企业自我约束和监督机制。

⑤ 履约保障。具体来说，可采用保证、抵押、质押、留置商品所有权和定金等几种方式。

a. 保证。是指合同当事人以外的第三人向债权人担保债务人履行合同义务的协议，保证所依靠的是信用，是保证人的庄严承诺。

b. 抵押。是指债务人或者第三人以担保债务清偿为目的，不转移占有权，就自己的财产为债权人设定处分权和出卖得价优先受偿权的物权行为。

c. 质押。是指债务人或者第三人将其动产或权利凭证移交债权人占有的形式，作为债权的担保，质押以移交物的占有为要件。

d. 留置。是指债权人以特定的合同占有债务人的动产，在该债务人不按照合同约定的期限履行合同时，债权人有权留置该动产，并以该动产折价或者变卖而优先受偿的权利，留置权仅适用于保管合同、运输合同和加工承揽合同。

e. 定金。是指合同当事人一方于合同成立后在合同未履行以前，为保证合同的履行给付对方一定数额的款项。

(2) 应收账款的回收期控制管理

① 应收账款的动态跟踪管理。企业销售人员应进行跟踪管理，加强沟通，一方面可维护与客户的良好关系，另一方面又可及早排除可能导致货款拖欠的隐

患,极大地提高应收账款回收率。

② 应收账款的催收。企业在收到全额货款之前,一定要把所有的销售资料保管好,作为催收乃至诉讼的依据。这些资料包括销售合同、信用申请表、订单、发票、往来传真和信件、货运单据等一切能够证明企业对应收账款的权利的文件。执行催收的每一步都应形成文字记录,因为坏账损失报损需要文字依据。

③ 应收账款的反馈控制。根据应收账款的事前、事中和事后控制的情况,填写应收账款执行分析表,支出各控制环节的缺陷,提出改进意见,并及时反馈给事前控制阶段,重新评估事前控制的可靠性和可行性,并及时作出相应的调整和修正。

6.2.2 资金支出管理

(1) 资金支出的事前管理

在资金支出管理的背后就是成本控制,建筑工程类企业一般的思路应是,先确定或预估预施工项目的目标价格,然后进行包括图纸、功能等内容在内的工程设计,之后再进行成本预算,确定计划成本。得到该项目的目标利润率及目标成本,最终算出资金使用的总量。然后按成本项目结构进行分解,将总目标成本层层分解到生产经营的各环节。在总目标成本的分解过程中,已经界定了资金支出上限,这样建立起的资金支出预算就可以实现资金支出的事前管理和控制。

(2) 资金支出预算的事中管理

建筑施工企业在工程施工过程中经常会不可避免地遇到不可预测和不可控事件(如阴雨天,员工无法工作导致工期拖延),这样会对期初以目标成本为基础确立的资金支出预算产生较大影响。对于这种情况,可以采用总额控制、额度内适当调节的方式来确保总目标成本的实现,采用工程分段施工人力成本的优化配置,资金配额从其他月度内滚动和季度间滚动进行调整。

(3) 资金支出预算的事后管理

资金支出事后控制包括两个方面的内容:一是资金支出预算考核评价;二是由审计监察部门通过不定期抽查、流程穿行测试等方式对单笔业务的资金支出预算执行控制情况和预算体系的制度有效性实施监控。

6.2.3 代付材料分包费的管理

代付材料分包费应从注重合同管理和代付申报制度双管齐下。

(1) 注重合同管理。

企业除现金收入之外的供货业务都必须签订合同,要求业务员在拓展新客户时,实行拓展新客户审批表,由营销部、法务部、专项管理的副总经理和总经理

 6 工程项目的资金管理

层层审批。当销售部门收到经客户信息管理部和企业法定代表人审核签字后的代付申报单后，根据审批意见并与客户意见达成一致的情况下签订销售合同。

（2）建立代付申报制度。

企业可以设计预先统一编号的"代付申请单"，载明因何工程代付欠款单位名称、法人代表、开户银行及账号、经手人、地址、电话、发货日期、货名、规格、数量、金额、本单位经办人和责任人，还有代付金额、代付期限、有无担保等内容，分别由客户、责任人、经办人和资信管理部门留存，资信管理部门定期检查其使用情况，防止挪用和截留资金，杜绝资金的体外循环。

6.2.4 项目备用金的管理

为确保公司各部门、项目业务工作的正常运转，规范备用金使用管理，确保备用金的安全，需要制定备用金报账制度。规定备用金的使用范围、备用金的核定金额、备用金的使用管理等制度。

（1）备用金的使用范围

备用金主要用于日常办公、后勤、交通、业务费、临时用工、设备的日常维护及低值材料采购等需要支付现金的支出等。具体为：①零星材料采购；②公司直接管理的人员和各项目、部门权限范围内聘请人员的工资及附加；③日常往来所需的业务接待费用；④这些小金额的支付手段外的。项目部门需要开支备用金范围以外的其他各项费用，原则上都应按照公司本部的资金使用申报及费用报销程序进行，由公司财务部门进行直接支付。

（2）备用金的核定

公司核算项目部门为办理日常零星开支和低值物资采购，需要保持一定数量的库存备用金，一般不超过一个月零星支付所需现金。项目部门应根据自身的业务量、规模大小，在备用金的使用范围内，按照不超过一个月零星支付所需现金量提出备用金使用额度申请，公司依据其业务实际情况审定备用金额度。

（3）备用金的使用管理

项目部门的备用金须派专人进行妥善保管，部门及项目负责人与专管员对其安全负责，应采取有效措施防盗、防丢失。同时，备用金使用应执行事前申报制度，其使用决策权限划分为：

申请人→部门负责人→项目负责人→公司负责人

① 项目人员工资及附加支付。由公司直接管理的人员按照公司劳资部门管理规定，发放工资及附加。各项目、部门在公司划分的权限范围内聘请的工作人员档案和工资、补助等管理办法应报公司行政部门备案，同考勤记录一起作为人员工资及附加发放的依据。

② 业务接待费用开支。单次业务接待费用大于若干数的由各项目、部门负责人决定是否办理；若超过部分负责人权限的由各项目、部门负责人口头报告公司分管经理决定是否办理。

③ 备用金。管理人员应在公司财务部门的指导下，建立备用金登记簿，每次报账前根据备用金登记簿认真填制报表，并将原始支付凭证作为报销汇总表的附件。

④ 各项目部门必须严格在备用金使用范围内开支现金。备用金管理员在备用金使用完毕后，应及时到公司按程序办理账务报销，并补足备用金，确保各项业务的顺利开展。如工作需要调整备用金限额时，应向公司申请报批。

6.2.5 资金管理的方法

(1) 建立完善的预算编制和审批考核制度

施工企业要建立和完善预算编制、审批、监督、考核的全面预算控制体系。预算范围由单一的经营性资金收支计划，扩大到生产经营、基建、投资等全面资金预算。预算主体包括企业内部各独立核算单位。预算编制采取逐级编报、逐级审批、滚动管理的办法，预算一经确定，即成为企业内部组织生产经营活动的法定依据，不得随意更改。针对施工企业的特点，实施资金预算管理应遵循以下程序：

① 自下而上逐级编制资金预算计划。

② 自上而下，通过一定的会议形式审批预算。公司职能部门对所属单位的预算计划，通过收集整理，确定公司下月财务预算，改"用后算"为"算后用"。

③ 执行严密的预算调整程序。原则上，各级预算一经批准确定，不得更改；但因特殊事由须调整的，应遵循严密的审批制度。

④ 建立严格监督和考核制度。资金管理的实质就是对各个环节现金流的监督与控制，也就是对施工生产、任务承揽、设备购置和基建投资等过程的现金流采用预算管理和定额考核，实行动态监控，量化开支标准。

在编制资金预算时，本着轻重缓急的原则，将营运资金区分为生产经营资金和非生产经营资金。生产经营资金包括承揽任务、项目施工和正常管理费所需资金，是保证生产经营的必需资金，应按照企业内部各个所属单位年度、月度计划，统筹调配，保证生产经营部分资金供应，不得挤占或挪用。非生产经营是跟生产经营相对联系不太紧密的资金，这部分资金须本着节俭、必须、适度的原则，力求压缩总额开支。

(2) 从监控制度上进一步加强资金周转各环节的可控性

这是对推行全面预算管理的补充。企业要树立"钱流到哪里，管理、监控就紧跟到哪里"的观念，将现金流量管理贯穿于企业管理的各个环节，高度重视企业的支付风险和资产流动性风险。严把现金流量的出入关口，对经营活动、投资活动和筹资活动各个环节产生的现金流量进行严格管理。施工企业监控的重点应包括：一是资金收入方面：应收款项是否应收未收或缓收；在建项目资金是否及时回笼；已完工项目是否及时撤场；处置资产的审批及款项收回等，当期的实际资金收入与预算收入差异及原因。二是资金支付方面：应付款项是否存在支付风险；大额资金的立项、审批、支付是否合规；当期的实际资金支出与预算是否存在差异及其原因分析。

（3）从技术手段上灵活运用资金结算工具，提高资金使用效果

施工企业应立足工程项目高度分散的现实，探索实施资金集中管理的做法，积极规避财务风险。一是建立、完善内部结算中心制度，实施资金的集中管理，及时调剂余缺。建立结算中心制度，严格控制多头开户和资金账外循环，实现了内部资金的集中管理、统一调度和有效监控，对分支机构做到了"你的钱，我看着你花"。结算中心一个口径对银行，下属单位除保留日常必备的费用账户外，统一在结算中心开设结算账户，可以发挥结算中心汇集内部资金的"蓄水池"作用。二是与银行协作，探索、实施"网上银行"结算方式。目前中国银行、中国建设银行、招商银行、中国工商银行已推出了"网上银行"业务。"网上银行"可以将本系统的资金高度集中。将企业各分支机构在各地的资金汇兑业务虚拟在一个总账户下运行，减少了跨省同行资金调度，减少了提前汇到异地银行的沉淀资金。"网上银行"能及时提供企业的资金动态和存量，有利于资金决策，加强了对资金的统一调度和调剂能力，降低了财务风险。

（4）从经营理念上瞄准目标市场，找准市场定位，强化全员参与的成本管理意识

资金管理的范畴涉及企业管理的方方面面，在经营理念上，企业必须细分市场，找准自己的市场定位，发挥企业的优势，从源头加强控制，科学合理地筛选投标项目，而不是饥不择食，不分良莠，有项目就跟踪，见标就投。另一方面要从支出上加强控制，中标的项目必须强化全员全方位的成本控制，消灭亏损项目，配合以上各项措施走精细化管理的路子。综上，施工企业要适应市场竞争，就必须不断提升自身的实力，保证企业资金流的良性循环。在资金管理上必须建立一套行之有效的管理制度，从完善机制、健全制度入手，努力使资金运动的各个环节处于可控状态，优化资金结构，盘活沉淀资金，加大监控力度，规避资金风险，提升财务管理水平。

案例 6-1：某建筑施工企业资金回收管理办法

第一章 总 则

第一条 为加强、规范公司资金回收管理，明确资金回收责任人的权利和义

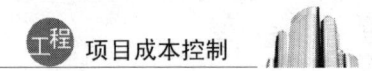

务，提高公司资金回收率，保证公司资金运转正常，特制定本办法。

第二条　资金回收管理必须坚持以下原则：

1. 加强在施阶段资金回收管理工作，资金回收工作应该经常性的开展，并严格按合同条款执行。

2. 加强对超期付款、大额欠款、长账龄欠款单位的管理，实行预警和黑名单管理，避免呆坏账产生。

3. 严格做好设备拆卸安装前后的经营管理工作，包括索赔、总结算办理、资料完备和资金回收。

4. 确保将付款方口头承诺内容落实到书面文字上，并严格按照有关法律规章执行。

5. 做到"设备不订合同不进场，进度款不付清不工作，工程款不付清不清场，上一项目不签字付款不开工下一项目"的工程款回收"四不"原则。

第二章　职　责

第三条　公司财务部负责资金回收的管理工作，具体负责公司全部工程应收账款明细表的编制、催款函等函件的撰写、资金回收动态表编制、月预警明细单和黑名单确认、资金回收奖励台账编制、周回款进度跟踪等管理工作，具体的催款活动由营销部门负责。

项目负责人或地区、分公司负责人为第一责任人，负责资金回收。

各区域公司负责所管辖工程的资金回收，具体对接工程的各项事务，包括办理付款手续、发票送达、领取支票、发放和回收函件，在第一时间向公司提供信息等。

第三章　资金回收

第四条　应收账款的编制和发放。当月28日，公司财务部向各区域公司负责人或相关责任人以电子邮件形式发送公司应收账款明细表（分在施工程应收账款和完工工程应收账款）。区域负责人或相关责任人应及时查收。

第五条　资金回收计划表的填写、整理和处理。当月最后一个工作日，各区域公司填写次月《资金回收计划表》（分在施工程次月计划回款和完工工程次月计划回款，见附件1），列明所管辖各工程次月计划回收额，同时说明其他工地无回款计划的原因，以电子邮件或传真到公司财务部。财务部统一汇总、整理，并经公司主管领导审定完成公司的《资金回收计划表》，并在次月3日通过电子邮件形式将表格发送给各区域公司负责人或相关责任人。区域公司负责人或相关责任人以此作为月资金回收目标，并展开实施。

第六条　需发函件工程清单的填写、整理和处理。次月第一个工作日，区域公司负责人或相关责任人根据所管辖工程的实际情况填写《需发函件工程清单》

（见附件2），明确函件的形式（告知函、催款函、律师函、诉讼等）通过电子邮件形式发送给公司财务部。公司财务部将需发函件工程汇总、审核后，由公司主管领导审批，确定函件的最终形式。函件由财务部负责统一撰写，并在次月第一周完成。区域负责人或相关责任人负责将函件送达工地，然后将工地书面签收内容传真给公司财务部，原件定期提交给公司财务部存档。财务部及时将区域公司办理的结果上报给主管领导。

第七条 资金回收跟踪表的整理和分析。区域公司负责人或相关责任人负责公司《资金回收跟踪表》的填写，该表每周填写一次并上报，每月四次。财务部将区域上报的表单收集、整理和分析，及时上报主管领导。

第八条 在施工程资金回收过程中的停塔处理。根据多次商谈或多次发催款函，对资金支付未按合同履约的项目，区域公司负责人根据自己的判断建议公司做停塔处理，公司主管领导综合分析欠款单位、欠款超期时间、欠款额度、黑名单、是否恶意拖欠等决定是否作停塔处理，停塔的最后决定权为公司主管领导。停塔处理是工程在施阶段保护公司合法权益的有效手段，目的在于回收资金，同时也会伤害承租方，一定要妥善用好。

第九条 完工工程资金回收处理。

1. 对于即将完工的工程，拆塔前必须将总结算办理完毕，资料必须齐全，并按合同的要求将款结清，如有特殊情况需向公司领导请示。

2. 对合同中明确拆塔前不能付清款项的工程，拆塔前工程所在项目必须提供有效的书面付款承诺。

3. 对于有关设备拆除后，未按书面付款承诺支付款项且恶意拖欠的客户，可采用发送律师函或起诉等方法，以保证在有效诉讼期限内收回余款。

第四章 奖 励

第十条 公司所有项目均明确具体的回款负责人，对资金回收良好的，对负责人及相关责任人予以奖励。

第十一条 对于K50/50（含）以下有关设备按合同约定的付款条件，当期收回的按2‰给予奖励，比当期晚一月收回的按1.8‰给予奖励，以此类推到比当期晚五个月收回的按1‰给予奖励，再晚收回当期资金的不再奖励。对于K50/50以上有关设备和××有限公司、××的工程项目，按合同约定条件当期收回的按1‰给予奖励，比当期晚一月收回的按0.8‰给予奖励，以此类推到比当期晚四个月收回的按0.2‰给予奖励，以后收回的，不再奖励。

第十二条 对于距当期欠款一年以后仍未收回的，按1‰从该回款负责人的奖金中扣除，但××有限公司、××等长期合作单位的欠款，经主管领导同意不采取法律诉讼的项目除外。

第十三条 奖金的发放。奖金的30%奖励给回款负责人,该笔奖金按照两种方式发放,当月发放回款负责人奖励金额的40%,余额纳入对责任人综合奖励的范畴,年底发放。奖金的另外60%由回款负责人奖励给予责任人所在分公司、区域公司对资金回收作出贡献的相关责任人,并经公司领导审批后按月发放。

第五章 附 则

第十四条 本办法由财务部负责解释、修订,由法务部审核,公司办公室发布。

第十五条 本办法自××年×月×日起施行。

附件:

附件A:资金回收计划表

资金回收计划表						
项目名	合同公司	未付资金	计划回收日	是否逾期	日期(单位:月)	负责人
××城市道路建设						
××城市道路建设						
××××土建工程						
×××弱电项目						

附件B:催款工程清单

序号	项目名称/项目特征	定额编号	计量单位	综合单价组成(元)						综合单价
				人工费	材料费	机械费	管理费	利润	风险	
1	挖掘机挖土自卸汽车运土方	1-142	1000m³							
2	回填土夯填	1-299	100m³							
3	砖基础	3-1	10m³							
4	陶粒空心砌块墙	3-84	10m³							
5	独立基础商混凝土	4-7	10m³							
6	满堂基础商混凝土	4-11	10m³							
7	现浇混凝土构造柱商混凝土	4-25	10m³							
8	现浇混凝土圆形多边形柱商混凝土	4-27	10m³							
9	现浇混凝土单梁连续梁商混凝土	4-33	10m³							
10	现浇混凝土单梁连续梁商混凝土	4-33	10m³							
11	现浇混凝土圈梁商混凝土	4-37	10m³							
12	现浇混凝土墙商混凝土(地下室外墙)	4-45	10m³							

续表

序号	项目名称/项目特征	定额编号	计量单位	综合单价组成（元）						综合单价
				人工费	材料费	机械费	管理费	利润	风险	
13	现浇混凝土墙商混凝土	4-45	10m³							
14	现浇混凝土墙商混凝土	4-45	10m³							
15	现浇弧形混凝土墙商混凝土	4-56	10m³							
16	现浇弧形混凝土墙商混凝土	4-56	10m³							
17	现浇弧形混凝土墙商混凝土	4-56	10m³							
18	现浇混凝土平板商混凝土	4-58	10m³							
19	现浇混凝土平板商混凝土	4-58	10m³							
20	现浇混凝土栏板商混凝土	4-64	10m³							
21	现浇混凝土雨篷、阳台板商混凝土	4-68	10m³							
22	现浇混凝土雨篷、阳台板商混凝土	4-68	10m³							
23	现浇混凝土整体楼梯直形商混凝土	4-70	10m²投影面							
24	现浇混凝土整体楼梯直形商混凝土	4-70	10m²投影面							
25	现浇混凝土台阶三步混凝土商混凝土	4-82	10m²							
26	现浇混凝土散水商混凝土	4-92	100m²							
27	梁后浇带商混凝土	4-100	10m³							
28	满堂基础商混凝土后浇带	4-102	10m³							
29	墙后浇带商混凝土	4-104	10m³							
30	楼板后浇带商混凝土	4-102	10m³							
31	楼板后浇带商混凝土	4-102	10m³							
32	墙后浇带商混凝土	4-104	10m³							
33	烟道、通风道	4-185	10m							
34	工业渣混凝土空心隔墙条板安装板厚90mm	4-195	100m²							
35	现浇混凝土钢筋圆钢筋（屋面）	4-265	t							
36	现浇混凝土钢筋螺纹钢筋 Φ25	4-288	t							
37	现浇混凝土钢筋螺纹钢筋 Φ20	4-288	t							
38	现场搅拌站混凝土泵送泵车	4-387	10m³							
39	油毡防水（筏板基础下）	7-25	100m²							
40	屋面1	9-31、9-32、10-96、7-56	100m²							

续表

序号	项目名称/项目特征	定额编号	计量单位	综合单价组成（元）						综合单价
				人工费	材料费	机械费	管理费	利润	风险	
41	屋面2	9-31，9-32，10-96，7-56，9-29，1-34，8-208	100m²							
42	露台屋面	9-31，9-32，8-233，9-29，7-135，7-136，10-96，1-34	100m²							
43	改性沥青卷材防水（筏板基础下）	7-57	100m²							
44	改性沥青卷材防水（地下室外墙面）	7-57	100m²							
45	卫生间（初装）	7-135，7-136，9-31，9-32，9-29，9-30	100m²							
46	安装氯丁橡胶片止水带	7-186	100m							
47	安装钢板止水带	7-187	100m							
48	外墙粘贴聚苯乙烯（XPS）保温板（地下室外墙）	8-225	100m²							
49	楼地面商品混凝土垫层不分格（筏板基础下）	9-19	10m³							
50	楼地面混凝土或硬基层上水泥砂浆找平层（筏板基础下）	9-28	100m²							
51	楼地面细石混凝土找平层（筏板基础下）	9-31	100m²							
52	楼地面（地面初装）	9-31，9-32	100m²							
53	墙面墙裙抹水泥砂浆（砖模内侧）	10-20	100m²							
54	墙面墙裙抹水泥砂浆（地下室外墙）	10-21	100m²							

续表

序号	项目名称/项目特征	定额编号	计量单位	综合单价组成（元）						综合单价
				人工费	材料费	机械费	管理费	利润	风险	
55	砖墙柱面（内墙初装）	10-95,8-191,10-32	100m²							
56	现浇混凝土面天棚（天棚初装）	8-191,10-86	100m²							
57	现浇混凝土独立基础复合模板木支撑	12-12	100m²							
58	集水坑复合模板木支撑	12-22	100m²							
59	现浇混凝土混凝土基础垫层木模板	12-23	100m²							
60	现浇混凝土矩形柱复合模板钢支撑（构造柱）	12-50	100m²							
61	现浇混凝土异形柱复合模板钢支撑	12-54	100m²							
62	现浇混凝土单梁、连续梁复合模板钢支撑	12-65	100m²							
63	现浇混凝土单梁、连续梁复合模板钢支撑（圈梁）	12-65	100m²							
64	现浇混凝土直形墙复合模板钢支撑	12-79	100m²							
65	现浇混凝土圆弧墙木模板木支撑	12-85	100m²							
66	现浇混凝土平板复合模板钢支撑	12-92	100m²							
67	现浇混凝土直形楼梯木模板木支撑	12-101	10m²							
68	现浇混凝土圆弧形悬挑板（阳台雨篷）木模板木支撑	12-104	10m²							
69	现浇混凝土栏板木模板木支撑	12-106	100m²							
70	现浇混凝土栏板木模板木支撑	12-106	100m²							
71	建筑物20m内垂直运输现浇框架结构	12-208	100m²							
72	建筑物20m内垂直运输20～60m以内20m	12-209	100m²							
73	建筑物20m内垂直运输60m以上100m以内60m	12-211	100m²							
74	特、大型机械每安装、拆卸一次费用自升式塔式起重机	12-230	台次							
75	塔式起重机基础及轨道铺拆费用固定式基础（带配重）商混凝土	12-240	座							

续表

序号	项目名称/项目特征	定额编号	计量单位	综合单价组成（元）						综合单价
				人工费	材料费	机械费	管理费	利润	风险	
76	特、大型机械场外运输费用（自升式塔式起重机）	12-261	台次							
77	综合脚手架钢管脚手架（高度20m以内）	12-287	100m²							
78	综合脚手架钢管脚手架（高度100m以内）	12-295	100m²							
79	抽水机排地表水抽水机排水深度1m以内	12-401	100m²							
80	不锈钢扶手带栏杆、有机玻璃栏板10mm厚全玻37mm×37mm方钢	1-178	10m							
81	硬木扶手铁艺栏杆 铸铁	1-191	10m							
82	墙面干挂花岗石板	10-21，8-225，2-115	100m²							
83	金属百叶窗（空调格栅）	4-259	100m²							
84	弹性涂料外墙	10-21，8-225，5-268	100m²							
	签收人									

7 工程项目成本管理体系

7.1 成本管理体系

7.1.1 成本管理体系的概念

根据国际标准化组织 ISO9000：2005《质量管理体系 原理和术语》，管理体系是"建立方针和目标并实现这些目标的相互关联或相互作用的一组要素或活动"。在国际标准化组织 ISO14001：2004 定义管理体系时，加了个"注"："管理体系包括组织结构、策划活动、职责、惯例、程序、过程和资源。"而中国成本协会 CCA2101：2008（A/0）《成本管理体系 术语》沿用了对"管理体系"的这个定义，并进一步定义成本管理体系为"在成本方面指挥和控制组织的管理体系"。中国成本协会 CCA2102：2008（A/0）《成本管理体系 要求》为实施成本管理的组织规定了成本管理体系要求，以明确成本管理的观念、思路、范围、要素、要素间的相互关系和相互作用以及体系运行机制，这个标准为组织建立、实施和保持科学、有效的成本管理体系提供依据、方法和途径，以减少管理者们不必要的摸索和探讨过程，降低管理成本的成本；该标准还规范了成本管理过程和行为，使组织的成本管理在不违背成本管理原则的情况下有序地展开，消除成本管理的随意性和盲目性；标准的实施能使组织的成本发生过程在受控的状态下进行，确保资源的合理使用和利用以及成本水平满足要求并追求卓越；标准的实施还可以通过成本管理体系的有效运行和持续改进，提升组织的成本管理和成本竞争能力，保证组织成本战略和成本目标的实现。

按照 CCA2102：2008（A/0）《成本管理体系 要求》的要求，建立、实施和保持文件化的成本管理体系，并持续改进其有效性，企业应当：

（1）规划成本战略和战略实现过程。

（2）制定成本目标。

（3）充分识别和确定成本发生的过程以及这些过程间的相互关系和相互作用。

（4）识别并提供必需的资源和信息，以支持成本管理体系的有效运行。

（5）在成本发生前实施预先控制、策划、设计和确定应发生的成本水平，以明确成本水平要求，为成本的合理发生提供依据。

（6）确定并提供成本控制和体系有效运行所需的准则和方法。

（7）确保成本发生过程得到有效的控制，以保证成本策划输出结果和成本动量要求的有效性。

（8）监视、测量和分析成本发生过程满足要求的能力，充分识别和确定提高成本因素，为成本发生过程和成本水平的持续改进提供输入。

（9）采用必要的措施和方案，以实现成本管理和成本水平的持续改进。

CCA2102：2008（A/0）《成本管理体系 要求》提出的成本管理要素如表7-1所示。

成本管理要素　　　　　　　　　　　　　　　表7-1

条款号	一级要素	二级要素	三级要素
4	成本管理体系总体要求		
4.1		总要求	
4.2		最高管理者承诺	
4.3		文件	
4.3.1			总则
4.3.2			成本管理手册
4.3.3			文件控制
4.3.4			记录控制
4.4		责任	
4.4.1			成本管理体系负责人
4.4.2			职责和权限
4.4.3			责任成本
4.5		资源	
4.5.1			总则
4.5.2			人力资源
4.6		成本管理体系策划	
4.7		成本管理体系运行	
4.7.1			总则

续表

条款号	一级要素	二级要素	三级要素
4.7.2			运行要求
4.7.3			信息和沟通
5	成本战略要求		
5.1		总则	
5.2		成本战略方针	
5.3		成本战略实现规划	
6	成本预先控制要求		
6.1		总则	
6.2		产品成本设计	
6.2.1			总则
6.2.2			产品成本设计策划
6.2.3			产品成本设计输入
6.2.4			产品成本设计输出
6.2.5			产品成本设计更改
6.3		成本策划	
6.3.1			总则
6.3.2			成本目标
6.3.3			成本计划
6.4		成本动量标准	
7	成本发生过程控制要求		
7.1		总则	
7.2		流程和作业控制	
7.2.1			总则
7.2.2			流程和作业标准
7.2.3			成本动量装置控制
7.3		资源预算控制	
7.4		成本放行控制	
7.5		成本风险控制	

续表

条款号	一级要素	二级要素	三级要素
7.6		供方成本控制	
8	监视和测量要求		
8.1		总则	
8.2		成本发生过程的监视和测量	
8.3		成本水平的监视和测量	
8.3.1			总则
8.3.2			成本核算
8.4		成本管理体系审核	
8.5		监视和测量装置控制	
8.6		不合格控制	
9	分析和改进要求		
9.1		总则	
9.2		成本分析	
9.3		持续改进	
9.3.1			总则
9.3.2			预防和纠正措施
9.3.3			提高成本因素改进
9.4		成本业绩评价	
9.5		成本否决和激励	

7.1.2 成本管理制度

建筑施工企业为加强项目成本管理，规范项目成本核算，提高项目成本管理效益，应当依据《中华人民共和国建筑法》、《中华人民共和国合同法》、《中华人民共和国会计法》、《企业会计准则》、《工程项目管理规范》等相关的法律法规和国家标准，以适当的媒介（如：纸或电子形式等）建立并保持成本管理体系文件，制定成本管理的制度。这个制度可以是覆盖成本管理全过程的整合型完整制度，也可以是针对成本管理中的某个具体环节。这些文件和制度包括：

(1) 成本战略和战略实现规划。

(2) 可能时编制企业的成本管理手册。

(3) 规范成本管理各项相关活动的制度、流程、规定。

(4) 规定成本水平的文件。

(5) 为确保成本发生过程得到有效控制和保持所需的文件。

(6) 反映成本实际情况的记录。

案例 7-1 和案例 7-2 就是两类不同形式成本管理制度的实例。

案例 7-1：某集团公司成本控制规定（摘要）

第一章 总 则

第一条 为了加强对成本费用的内部控制和管理，防范成本费用管理中的差错与舞弊，提高资金使用效益，根据《中华人民共和国会计法》和《内部会计控制规范-基本规范（试行）》等法律法规制定本规定。

第二条 本规定所称的成本，是指企业为生产一定种类和数量的产品所发生的直接材料、直接人工和制造费用的总和，即生产这些产品的生产成本；所称的费用，是指企业在一定期间发生的、不能直接归属于某个特定产品的生产成本的费用，包括企业为组织和管理生产经营活动所发生的管理费用、筹集生产经营资金等所发生的财务费用以及销售产品或提供劳务过程中所发生的营业费用。

第三条 本规定适用于本集团公司及其所属单位（以下统称各企业）。

第四条 各企业应当根据国家有关法律法规和本规定，建立适合本企业业务特点和管理要求的成本费用内部控制制度，并组织实施。

第五条 各企业负责人对本单位成本费用内部控制的建立、健全和有效实施以及成本费用支出的真实性、合理性、合法性负责。

第六条 各企业成本费用内部会计控制重点：

（一）建立成本费用控制系统，做好成本管理的各项基础工作；

（二）制定成本费用标准，分解成本费用指标；

（三）正确进行成本费用的计算和分配；

（四）控制成本费用差异；

（五）考核成本费用指标的完成情况；

（六）落实奖罚措施。

第二章 岗位分工与授权批准

第七条 企业应当建立成本费用业务的岗位责任制，明确相关部门和岗位的职责、权限。（以下略）

第八条 企业应根据生产经营活动过程中发生成本费用支出和各个环节合理设置钱、财、物的管理机构，配备合格的人员。（以下略）

第九条 企业应对成本费用业务建立严格的授权批准制度。（以下略）

第十条 （略）

第十一条　企业应当制定办理成本费用业务的程序并在办理的过程中严格控制。

办理成本费用业务的程序一般为：

（一）制定成本费用计划。根据当期批准的生产计划及确定的有关各项消耗定额，分别制定详细的成本费用计划，经授权审批人批准，作为各相关部门和人员办理有关业务的依据，如期中调整生产计划时应同时调整成本费用计划。

（以下略）

（二）支用申请。（以下略）

（三）支用审批。（以下略）

（四）办理支用业务。（以下略）

（五）办理会计记录。（以下略）

（六）对需追加的成本费用预算，应当重新办理审批手续。

（以下略）

第十二条　（略）

第十三条　（略）

第三章　预算控制

（略）

第四章　责任中心控制

（略）

第五章　成本费用过程控制

（略）

第六章　成本费用核算控制

（略）

第七章　工程项目施工成本控制

第四十九条　企业应建立和完善项目管理层作为成本控制中心的功能和机制，并为项目成本控制创造优化配置生产要素，实施动态管理的环境和条件。

第五十条　企业应根据自身的生产水平、技术能力及特点采用经验估计法、统计分析法、技术测定法、比较类推法制定施工定额，并作为编制责任预算的统一定额标准。

第五十一条　（略）

第五十二条　企业应对工程项目进行成本预测，为工程项目确定责任成本提供可靠的依据。

第五十三条　企业应按下列程序确定项目经理部的责任目标成本：

（一）根据合同造价、施工图和投标文件的工程量清单和施工定额，确定正常情况下的制造成本。

（二）将正常情况下的制造成本确定为项目经理部的可控成本，形成项目经理的责任目标成本。

第五十四条　企业应与项目经理部签订"项目管理目标责任书"，经理部承担的目标成本责任和风险应在该文件中明确。

第五十五条　企业应按"项目管理目标责任书"规定的时点及时对项目经理部实施考核，并以"项目管理目标责任书"内确定的责任目标成本为依据。

第五十六条　项目经理部应建立以项目经理为中心的成本控制体系，包括成本计划、实施、核算、分析、考核与编制成本报告。

第五十七条　项目经理应主持并组织编制项目施工成本计划，寻求降低成本的途径，确定项目的计划目标成本，对成本进行事前控制。

（以下略）

第五十八条　项目计划成本的编制。

（一）收集有关资料（略）

（二）确定目标成本（略）

（三）编制方法（略）

第五十九条　项目责任成本计划应进行分解。（以下略）

第六十条　项目经理部的职能部门、施工队和班组应对自己承担的责任成本制定措施，进行自我控制。

第六十一条　项目经理部应坚持按照增收节支、全面控制、责权利相结合的原则，用目标管理方法对实际施工成本的发生过程进行有效控制。

第六十二条　项目经理部应通过生产要素的优化配置、合理使用、动态管理、有效控制实际成本。生产要素的配置应根据计划目标成本进行询价、采购或劳务分包，实施量和价的预控，贯彻"先算后买"的原则。

第六十三条　项目经理部应加强施工定额管理和施工任务单管理，对用工、材料、设备的实际消耗量进行严格控制，并要控制施工产品符合质量要求。

（以下略）

第六十四条　项目经理部应实施科学的计划管理和施工调度，重点做到以下几点：

（一）严格实施施工组织方案，使各工序连续均衡生产，提高施工组织设计兑现率。

（二）随时掌握施工作业进度变化，及时加强调度，搞好施工协调。

（三）合理确定劳动力和机械设备的进、退场时间，减少窝工损失。

（四）合理配备施工机械，明确其使用范围和作业任务，提高利用率和使用效率。

（五）合理确定物料的采购批量和库存量，减少物料的积压浪费。

第六十五条　项目经理部应加强对分包工程管理，成立分包工程领导小组，建立管理制度。

（以下略）

第六十六条　（略）

第六十七条　（略）

第六十八条　项目经理部应根据财务制度和会计制度的有关规定，建立项目成本核算制，明确项目成本核算的原则、范围、程序、方法、内容、责任及要求，并设置核算台账，记录原始数据。

第六十九条　施工过程中项目成本核算，宜以每月为核算期，在月末进行。核算对象应按单位工程划分，并与施工项目管理责任目标成本的界定范围相一致，做到口径统一，有可比性，账账相符。坚持施工形象进度、施工产值统计、实际成本归集"三同步"的原则，认真抓好实际成本归集的关键环节。

（以下略）

第七十条　项目经理部应根据项目成本核算，其他业务核算和工程台账提供的资料进行比较分析。

（一）实际成本与责任目标成本的比较分析。

（二）实际成本与计划目标成本的比较分析。

第七十一条　项目经理部应在跟踪项目成本核算分析的基础上，编制月度项目成本报告，找出具体核算对象成本节超的数额和原因，及时采取对策，制定改善成本控制的措施，控制下月施工任务的成本。

第七十二条　项目经理部应进行成本分析。分析可采用量价分离的原则，用对比法分析影响成本节超的主要因素和用连环替代法分析成本各因素对计划目标成本的影响程度。

第七十三条　项目经理部应建立和健全项目成本考核制度。建立考核组织，公正、公平、真实、准确地按月（季）对项目部内部各岗位及所属各成本中心进行成本管理考核。

（一）考核内容应包括分解的计划目标成本完成情况，成本管理工作业绩。

（二）成本考核应与进度、质量、安全等指标的完成情况相联系。

（三）考核结果形成文件，为奖罚责任人提供依据。

第八章　考核与评价控制

（略）

第九章　监督检查

（略）

第十章　附　则

（略）

案例 7-2：某分公司成本核算的规定

1. 原则：收、支费用的分类、划分、归集要统一，严格按费用内容及分类进行核算。

2. 实际成本的核算内容和方法：

2.1　人工费的核算：

2.1.1　内容：包括直接从事建筑安装工程施工工人及辅助工人的工资及职工福利费。

2.1.2　方法：劳务分承包人工费按实际完成工程量，套用该工程合同约定使用的预算定额和企业综合价格计算用工工日，单价按与劳务承包单位签订的人工单价执行。

2.2　材料费的核算：

2.2.1　内容：包括在施工过程中耗用、构成工程实体或有助于工程形成的各种主要材料、结构件、成品、半成品、其他材料的实际成本以及周转材料的摊销及租赁费用。

2.2.2　方法：核算基本原则是按实际消耗量、实际采购价（到现场价）进行核算。例如：竹胶板模板，按工程总投入量和结构工期分月摊销计入月成本，结构完工后，验收核价冲减成本。脚手架、钢模板等周转材料具按实际发生的租赁费计算。

2.3　机械费用的核算：机械租赁费、大型机械安、拆费，进出场费均以租赁合同签订的单价和经甲乙双方签字认可的租用台班量，进行机械费用的核算。

2.4　其他直接费用的核算：工程水电费用、二次搬运费、检验试验费、工程定位复测、工程点交费、竣工清理费、排污费按实际发生数进行核算。

2.5　现场经费即间接费用核算：按财务制度规定进行核算。其中：安全文明施工增加费，按实际发生数核算。

2.6　企业管理费用的核算：依据财务核算制度的规定，按实际发生数核算。

3. 实际成本核算实行月结制

项目每月必须上报 11 张月结成本报表，各种报表必须按时上交，否则停发该单位当月工资。

7.1.3　成本核算台账

为了准确地核算项目成本，项目经理部应当建立成本核算的辅助性台账，如人工耗用台账、材料耗用台账、周转材料使用台账、机械费使用台账、临时设施台账、产值构成台账、甲供料台账以及分包台账等，确保成本数据的可追溯性。

成本核算的辅助性台账根据企业的项目管理体制和项目管理模式进行设计与填报。包括以下表式：

（1）项目成本情况汇总表

反映各成本项目节超情况及总成本情况。

（2）项目成本分析表

着重从量上分析项目成本升降原因，从而找到控制成本的措施。

（3）项目预算费用分析表

用于核算项目责任成本目标和上缴公司费用。

（4）项目现场签证及变更分配表

用于核算经业主审核认可并全面完成的签证及变更。

（5）项目人工费结算汇总

反映项目各类人员实际发放的工资、奖金。由于多数项目实行了劳务分包，项目人工费主要反映在分包价格中。但劳务分包模式的不同（如包工包料、包清工、包人工费和部分小型工具和部分周转材料等），清楚的划分劳务费有一定难度，因此该表可以"分包费用结算汇总"的表式同项目策划中的分包策划表配合使用。

（6）项目机械设备租赁结算汇总表

用于核算项目机械设备租赁费。租用企业内部设备的和租用外部设备的，可在一张表内分设不同栏目来体现。

（7）项目机械配件及油料耗用汇总表

用于核算项目机械设备耗用的油料、配件及修理费用。

（8）项目周转材料租赁结算表

根据项目租用的脚手架钢管、扣件、门架、快拆体系等周转材料收取租赁费。企业内部租赁或向外部租赁的，可用不同栏目在同一张表中反映。在劳务分包中，分包范围若包括了部分周转材料的，应由备注说明。

（9）项目材料消耗汇总表

用于填报项目实际发生的各种材料费，应与本节（1）表中的材料费的实际成本相符。

（10）项目工程材料消耗表

用于核算项目消耗各种材料的数量和金额，并填列本月和累计数额。

（11）周转材料摊销情况表

用于核算项目非租赁的周转材料摊销情况，如木模板、木枋等。新旧模板应分别填列，同时需填列发出情况和摊销情况。

（12）商品混凝土消耗统计表

用于核算企业内部搅拌站和外购商品混凝土的数量和金额。

（13）项目电费汇总表

用于核算项目实际发生的电费。

（14）项目水费汇总表

用于核算项目实际发生的水费。

（15）材料价差调整表

用于核算月度或季度统计报量中未报量的材料价差。

（16）钢筋含量调整表

反映钢筋翻样数与投标的定额钢筋数之差，核算月度或季度统计报量中未报量的钢筋含量调整数。

（17）主要材料预算与消耗对比表

用于核算主要材料盈亏及节超率，为成本分析做准备。

（18）计划成本表

反映项目月度计划成本和保本点，根据项目的有关资料和预测的情况填列；编制此表可事先预测项目成本，有利于控制项目成本。

（19）经济活动分析表

填列项目每月召开经济活动分析会的情况，即：①检查项目成本计划的执行情况；②分析项目成本情况，着重分析主要材料盈亏原因和预防措施；③分析项目存在的潜亏、潜盈的情况；④提出控制成本开支、挖掘潜力的措施及方法；⑤预测项目生产经营状况。

上述核算资料并非唯一，其表单样式应根据企业实际情况进行设计，指定专人填报。案例7-3给出了部分样表。

案例7-3：某建筑公司项目成本核算资料（部分）

（1）项目成本分析汇总表（表7-2）。
（2）项目资金收支主要情况分析表（表7-3）。
（3）工程项目收入分解计算、汇总表（表7-4）。
（4）项目目标责任考核兑现奖申报表（表7-5）。
（5）项目成本分析表（表7-6）。
（6）项目成本盈亏原因分析及整改措施表（表7-7）。

项目经理部成本分析汇总表

表 7-2
（单位：元）

序号	分析时间或考核节点		本期			累计			备注
	控制节点或时间	收入或考核指标	实际支出	节超	收入或考核指标	实际支出	节超	

项目资金收支主要情况分析表

表 7-3

年　月　　　（单位：元）

项目资金收支分解分析					项目材料采购供应资金支付情况分析				项目其他资金支付情况分析			
序号	项目	计算公式	本期	累计	序号	应付款项	已付款项	欠付款	序号	应付款项	已付款项	欠付款
1	业主确认完成产值				1				1			
2	合同约定收款比例				2				2			
3	业主应付工程款				3				3			
4	实际收到工程款	4=1×2			4				4			
5	业主下欠工程款	5=3-4			5				5			
6	项目责任合同约定用款比例				6				6			
7	项目责任合同约定用款金额	7=( )×6			7				7			
8	应交税金				8				8			
9	欠交税金				9				9			
10	公司预算资金				10				10			
11	公司资金预算支付完成情况				11				11			
12	下欠应交公司资金预算	12=10-11			12				12			
项目劳务分包资金支付情况					13				13			
序号	应付款项		已付款项	欠付款	14				14			
1					15				15			
2					16				16			
3					17				17			
					18				18			
					19				19			

工程项目收入分解计算、汇总表　　　　　表 7-4

工程项目名称：　　　　　　　　　　年　月　　　　　　　　　　　单位：元

序号	内容	成本收入归类	计算公式	××项目	……	合计
	合计		本栏＝一＋二＋三＋四＋五			
一	分部分项目清单		一＝1＋……＋5			
1	直接人工费	直接人工费				
2	直接材料费	直接材料费				
3						
4						
5						
二	措施项目清单		二＝6＋……＋20			
6	环境保护	其他直接费				
7	CI及文明施工	其他直接费或间接经费				
8	安全成本	各单位确定分解比例				
9	质量成本					
10	临时设施	其他直接费				
11						
12	二次搬运	其他直接费				
13	机械使用费	各单位确定分解比例				
14	大型机械设备进退场及安拆费	机械使用费				
15	周转材料	材料费				
16	二次搬运	其他直接费				
17	已完工程保护	其他直接费				
18	施工排水、降水	各单位确定				
19						
20	现场经费	间接费用				
三	其他项目清单		三＝(一)＋(二)			
(一)	投标人部分	按内容分解归类	(一)＝21＋……＋24			
21						
22						
23						
24						
(二)	招标人部分	按内容分解归类	(二)＝25＋……＋28			
25						
26						
27						
28						

续表

序号	内容	成本收入归类	计算公式	××项目	……	合计
四	规费项目	管理费用或间接费用	四＝29＋……＋31			
29						
30						
31						
五	税金及附加	应交税金	五＝32＋33＋34			
32		其中：营业税				
33		城市建设维护税				
34		应交教育费附加				
	当期按会计核算口径计算的收入合计		当期收入＝一＋二＋三＋四＋五			
一	项目标准成本	小计：	一＝（一）＋（二）			
（一）		小计：	（一）＝1＋2＋3＋4＋5＋6			
1		其中：专业分包支出				
2		直接人工费				
3	项目责任成本	直接材料费				
4		机械使用费				
5		其他直接费				
6		间接费用				
（二）		小计：	（二）＝7＋8＋9＋10＋11＋12			
7		其中：专业分包支出				
8		直接人工费				
9	项目非责任成本	直接材料费				
10		机械使用费				
11		其他直接费				
12		间接费用				
二	企业管理成本	小计	二＝13＋14			
13	管理费用	其中：公司	本栏＝当期收入×当年公司总部管理费用预算/公司收入预算			
14						
三		小计	三＝15＋16			
15	财务费用	其中：公司	本栏＝当期收入×当年公司财务费用预算/公司收入预算			
16						
四	应交税金	小计	四＝17＋18＋19			
17		其中：营业税	按规定计算			
18		城市建设维护税	按规定计算			
19		应交教育费附加	按规定计算			
五		企业预算利润	五＝当期收入－一－二－三－四			

项目目标责任考核兑现奖申报表　　　　　　　　　　　　　　　　表 7-5

项目名称			申请编号		
分项名称	目标责任书规定目标	实际	扣减奖百分比	部门审核签字	备注
质量目标					
工期目标					
商务策划目标					
资金管理目标					
物资管理目标					
科技进步效益奖					
环保及安全文明目标					
结算目标					
竣工资料归档					
工程款回收					
申报兑现金额					
项目累计预算收入		项目累计实际成本		成本降低额	

公司（分公司）领导签字：　　　　　　　　　项目部：
审批时间：　　　　　　　　　　　　　　　　申报时间：

项目成本分析表　　　　　　　　　　　　　　　　　　　　　　表 7-6

项目名称：　　　　　　　　　　　　　　　　　　　　年　月　日

序号		本期			累计			备注
		合同收入	目标成本	实际成本	合同收入	目标成本	实际成本	
1	人工费							
2	材料费							
(1)	工程材料费							
(2)	周转材料费							
3	机械使用费							
(1)	大型机械进出场及安拆费							
4	其他直接费							
(1)	临时设施费							
(2)	安全措施费							
(3)	其他费用							
5	间接费							
6	分包工程费							
7	税金							
	合计							

续表

序 号	本期			累计			备 注
	合同收入	目标成本	实际成本	合同收入	目标成本	实际成本	
超成本降低率： （目标成本－实际成本）÷目标成本×100%				上交比例： （合同造价－实际成本）÷合同造价×100%			
编制			审核			批准	
时间			时间			时间	

说明：1. 项目部填写，单位为万元；
2. 成本控制对象可以采用工程量清单中的分类单项，或者根据工程实际成本构成内容进行分类分析。

项目成本盈亏原因分析及整改措施表　　　　　　　　　　表 7-7

项目名称：　　　　　　　　　　　　　　　　　　　　年　月　日

本阶段项目主要盈亏内容	盈亏金额（元）	盈亏原因分析	整改措施	备 注

商务负责人：　　　　　技术负责人：　　　　　材料负责人：　　　　　项目经理：

7.2　成本管理的组织和职责

7.2.1　成本管理的组织和职责概述

企业应当确保各职能和层次以及对成本有影响的从事管理、执行、核算和验证工作的人员，特别是项目管理人员的职责和权限得到规定、理解、沟通和履行。企业的最高管理者和成本管理体系负责人应确保企业各职能和层次，以及各类人员，特别是项目经理的责任成本得到规定，以明确他们应负有的成本责任。责任成本应当是责任者的可控成本，在测算、下达、执行过程中得到评审、批准和更新，并作为制定相关人员业绩评价和成本考核指标的依据。

在企业的成本管理体系中，应分清法人层次与项目部在项目成本管理过程中各自的成本管理重点和不同的成本管理责任。

作为法人层次的企业，是项目成本管理决策中心，主要任务是确定项目合同价格，审定项目成本计划，并通过项目管理目标责任书确定项目经理部的成本目标。其在成本管理上的责任主要是三点：

（1）负责企业的成本管理体系建设。

（2）负责项目所需资源的控制和投入。

（3）管理工程项目成本控制的三个节点：项目投标决策、确定项目经理的责任成本、项目完成之后的及时兑现考核。

项目经理部不论在项目成本管理中其他方面的职责如何，它都应当是项目成本控制中心，实施可控责任成本管理。其主要责任也是三点：

（1）施工过程中的资源消耗控制。

（2）项目部员工的管理和成本责任落实。

（3）完成施工对象的价值增值活动。

7.2.2 项目经理责任制与成本管理的责权

项目经理责任制突出了项目经理个人在项目管理中的主要责任，主要有：

（1）确保企业下达的各项经济技术指标的全面完成。

（2）组织本项目范围内的相关工程的内、外发包，并对发包工程的进度、质量、安全、成本和场容进行监督管理，考核验收，全面负责。

（3）组织编制项目施工组织设计，包括工程进度计划和技术方案。

（4）科学组织项目经理部的全体人员，保证同企业法人签订的责任书的全面完成，提高综合经济效益，确保任务完成。

（5）搞好项目经理部和企业各职能部门的业务联系和经济往来，定期向企业法人报告工作。

推行项目经理责任制也具有一定的责任风险性。项目经理的目标责任书体现了指标突出、责任明确、利益直接、考核严格的基本要求，其最终结果与项目经理部的全体管理人员，特别是与项目经理奖励或处罚等个人利益直接挂钩，既负盈也负亏。

项目经理责任制突出了项目经理个人的责任,这个责任由企业同项目经理签订的项目管理目标责任书(或项目承包合同)来确定。然而一个工程项目部却是由一个团队(通常被称为项目经理部)来履行管理职责的,为了发挥项目管理团队全体管理人员的智慧和积极性,项目经理就应该,也必须学会如何把同企业签订的责任书的目标和指标分解或分配到管理团队的每一位管理人员身上,大家共担项目管理责任目标,也共享项目管理成功或失败的结果。

案例7-4:某隧道施工企业关于项目经理部职责规定中的成本管理部分

(1)负责全面履行工程承包合同内容,对所辖工程实施组织、指挥与各种内外关系的协调与联系。

(2)负责对工程项目所需要生产要素进行优化组合,对不合理的资源配置及时向公司(分公司)提出调换或调整的建议。

(3)负责组织编制工程项目策划书、实施性施工组织设计、施工方案和关键特殊工序的作业指导书,制订年、季、月施工计划,并负责对现场施工技术进行指导和管理。

(4)负责组织、管理、监督、检查本项目的主要材料、配件采购、供应及使用。

(5)指导、落实施工现场成本管理控制,确保完成公司(分公司)下达的各项指标,接受公司(分公司)考核兑现。

(6)负责按规定报送分包工程的相关资料,严格按公司现行工程分包管理实施办法规定职责审核和控制分包工程项目、单价、合同书,并检查、监督分包工作的开展。

(7)负责办理验工计价、设计变更、索赔和二次经营,以及工程竣工决算和最终决算。

(8)负责及时足额缴纳应缴公司(分公司)的各种费用,严格执行公司的资金管理制度。

(9)负责资金筹措和调拨,及时收取工程款,加强资金使用的控制管理。

(10)确保合同工期,严格质量和安全管理,达到业主、集团公司、分公司要求的目标。

(11)负责办理竣工验收,编制所辖工程的竣工资料,完善环保、水保手续。

(12)按规定及时上报成本分析报表和资料。

7.2.3 成本管理的组织设置与职责

企业应结合实际,设置相应的项目成本管理机构,首先,要确定企业和项目两个层次中项目成本管理的分管领导；其次，要设立或指定企业和项目两个层次项目成本的主管部门；最后，要按管理部门职能和业务要求，落实相应的成本管理职责。

（1）公司层次的分管领导

可以是公司的总会计师，也可以是公司分管商务工作的副总经理或总经济师。其职责主要包括：

① 领导、组织并协调项目成本管理工作，制定对分公司成本管理工作考核标准、方法和程序，并组织考核。

② 组织制定和修改项目成本管理实施细则和操作流程。

③ 参与合同策划书的编制，组织和批准项目成本策划、标本分离方案。

④ 批准项目责任成本过程调整。

⑤ 组织项目成本的过程监控，完成工程节点考核、部分兑现和竣工项目成本结算、审核兑现。

⑥ 项目责任成本确定与竣工项目兑现需经公司集体讨论，由总经理或其授权人签订和批准。

（2）公司成本主管部门

可以是财务部门，也可以是生产管理部门，还可以专设成本管理部门或商务管理部门，其职责：

① 牵头制定项目成本管理实施细则和操作流程。

② 组织和落实施工方案优化，组织编制《项目成本策划书》，协调项目标本分离与项目责任成本调整。

③ 在价本分离等管理部门协助下，组织与项目经理部商定项目责任成本，负责责任书签订的准备和兑现管理工作，协调施工过程责任成本的工程节点考核。

④ 协调相关管理部门确定工程节点，定期组织项目成本分析和项目成本预警工作。

⑤ 检查、指导和督促项目成本管理工作，提出改进项目成本管理方法和意见。

⑥ 在项目成本主管部门协助下，测算项目标准成本。

⑦ 根据与项目经理部的商定结果，确定项目责任成本总额。

⑧ 完成中报价与项目标准成本、项目责任成本之间对比分析。

⑨ 参与项目经理部组建。

（3）公司与项目成本有关的部门

包括市场营销部门、技术部门、物资（材料设备）部门、人力资源部门、劳务分包管理部门、质量管理部门、审计部门、合同管理部门等，这些部门在成本管理方面的职责都需要作出相应规定。例如：

1）市场营销部门

① 负责提供项目招投标文件及其信息跟踪资料。

② 保存和按规定移交招投标文件、报价文件、询价资料、报价底稿和报价阶段成本预测等资料。

③ 除决策因素外，承担因投标造成标准成本亏损的责任。

2）技术部门

① 负责编制和优化施工组织设计（技术标）。

② 协同工程管理部门优化项目进度计划，应用技术手段降低消耗。

3）工程（生产）管理部门

① 在技术管理部门支持下，编制和优化项目工期计划，确定工程节点。

② 牵头确定生产组织方式、分包模式和料具配置方式，会同项目成本主管部门落实项目管理目标。

③ 确定劳务、材料、周转料具、机械设备和临时设施等各种生产要素配置方案。

④ 会同项目成本主管部门、人力资源管理部门等，牵头组建项目经理部。

⑤ 承担项目非责任成本控制责任（或由公司指定的其他管理部门）。

4）人力资源管理部门

① 负责确定项目经理部人员配备、考核和薪酬的标准，负责项目兑现表编制。

② 参与项目经理部组建，建立项目经理绩效评价制度。

5）劳务分包管理部门

① 负责组织劳务分包询价，建立和更新分包商数据库。

② 根据确定的分包模式，按照规定程序，组织劳务分包。

③ 承担实际劳务单价与报价书中劳务单价的价差控制责任。

④ 负责劳务分包结算审核。

6）材料采购供应部门

① 负责材料供应数据库建立和更新。

② 根据工程项目的报价要求，做好材料询价，参与材料供应方案制定。

③ 制定材料采购成本降低目标和措施，负责材料采购价格与中标价格的对比分析，承担采购单价与报价书单价的价差控制责任。

④ 根据项目材料供应方案，编制项目材料采购计划，组织材料供应。

⑤ 定期向项目经理部提供采购合同和租赁合同复印件。

⑥ 监督和检查项目经理部材料消耗情况。

7）机械设备和周转材料管理部门

① 负责参与机械设备、周转材料配置方案制定。

② 根据优化的施工方案和机械设备配置方案，按时组织机械设备、周转材

料的进、退场。

③ 制定机械设备、周转材料使用成本降低目标和措施。

④ 负责机械设备、周转材料在使用过程中的维护和监督。

⑤ 承担以上租赁单价与报价书单价的价差责任。

8) 质量、安全管理部门

① 负责完成质量、安全配置方案确定和成本测算,跟踪监督施工过程中质量和安全成本投入以及使用情况。

② 负责审核质量和安全成本调整。

③ 承担以上预算投入与实际投入的成本控制责任。

9) 财务管理部门

① 负责协助项目及时收回工程款,负责资金分配与平衡。

② 按照公司规定和合同条件,办理分包和采购款项的支付。

③ 组织项目成本核算,完成项目成本分析。

④ 协助资产管理部门对项目经理部的资产进行核算管理和竣工盘点。

⑤ 负责提供工程节点考核和竣工清算与兑现资料,办理兑现支付工作。

⑥负责项目管理人员风险抵押金的收缴、保管和返还工作。

⑦ 负责项目现金流量分析。

⑧ 根据项目经理部配置标准,计算现场经费。

10) 审计部门

① 负责在工程竣工后,审计项目结算收入和项目责任成本收支情况,确认项目责任成本节余。

② 审核项目经理部责任成本降低额的兑现比例与兑现金额。

③ 对公司确定的重点工程项目实施过程审计。

11) 合同管理部门

① 负责评估招标文件,组织总分包合同谈判。

② 组织编制《项目合同策划书》。

③ 负责指导和协调施工过程中的合同变更与洽商。

由于不同的企业部门设置不同,上述部门及其职责只能提供参考的思路。为便于读者阅读和参考,上述职责分工见表7-8。

法人层次各职能部门项目成本管理职责　　　　　　表7-8

序号	公司(分公司)领导及职能部门	管理职责
1	公司(分公司)领导及有关部门	制定工程项目管理办法及有关实施细则;竣工项目的考核、奖罚兑现
2	主管领导、人力资源部	组建、审批项目经理部

续表

序 号	公司（分公司）领导及职能部门	管理职责
3	主管领导、工程管理部门	审批项目经理部编制的《施工项目管理实施规划》
4	成本管理部门	确定项目责任成本及成本降低率（额）项目有关费用内部控制及项目开支计划的审批；检查项目成本责任制的落实情况、费用开支计划的执行情况及费用开支内部控制的实施情况；核算项目实际成本，编制成本报表
5	工程管理、物资管理、合同管理等部门	主持或参与分包商及材料供应商的招议标，签署总分包合同，工程结算审核
6	人力资源、劳务管理、工程管理、机械管理、合同管理等各部门	分工负责组织生产要素
7	合同管理部门、成本管理部门	分包工程款、材料款的付款审核
8	合同管理部门、机械管理部门	机械租赁、租赁费用结算审核
9	资金管理部门	工程款的回收及支付
10	财务、合同管理、工程管理、物资管理等各部门	工程盘点、材料盘点
11	财务部门、工程管理部门	工程收入、报量

7.2.4 项目经理部成本管理职责和权力

项目经理部应根据人员和岗位配置情况，明确项目成本管理职责，确定岗位作业成本控制目标，实施项目责任成本管理。

（1）项目经理成本职责

① 项目经理是项目责任成本控制和工程款回收的第一责任人。

② 负责组织项目岗位作业成本的分解落实（中型以下、或施工工期半年以下的工程项目可不分解岗位作业成本）。

③ 组织施工过程中的责任成本控制、工程节点考核和成本分析。

④ 组织工程施工过程中的变更、签证和索赔管理工作。

⑤ 组织工程进度结算和竣工结算。

⑥ 工程款项支付审核。

（2）项目经理部商务合约经理成本管理职责

① 负责编制与安排项目成本降低额和岗位作业成本计划。

② 实施工程节点考核，确认项目责任成本收入和岗位作业成本收入。

③ 组织和策划项目索赔、签证、变更工作。

④ 负责与发包方办理签认，审核分包结算，实施竣工工程结算。

⑤ 负责项目相关经济资料的整理归档。

⑥ 承担分包签证结算单价控制责任。

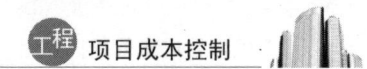

(3) 项目经理部技术负责人成本管理职责

① 负责技术方案及工期进度计划实施、过程调整与优化。

② 协助商务经理做好项目索赔、签证和变更工作。

③ 承担项目经理部确定的相关管理目标控制责任。

(4) 项目经理部成本会计成本管理职责

① 负责项目责任成本核算,记录各项消耗支出,完成收支对比,做好项目成本分析、工程节点考核兑现工作。

② 承担项目经理部备用金管理责任,负责项目费用核销。

③ 承担项目间接费用控制责任。

(5) 项目经理部周转料具负责人成本管理职责

① 承担项目料具使用和消耗管理的岗位作业成本责任。

② 编制材料需求计划,控制材料消耗。

③ 按规定完成料具的申请、验收、使用(耗用)和退场管理工作。

(6) 项目经理部机械负责人成本管理职责

① 承担机械设备租用(使用)控制的岗位作业成本责任。

② 组织机械设备进场、使用和退场管理工作。

③ 完成机械作业成本的预估与结算审核。

(7) 项目经理部专业工程师(责任工程师)成本管理职责

① 对管理范围的生产要素消耗承担岗位作业成本责任。

② 及时编制需求计划,控制材料消耗。

③ 按时提供成本核算资料。

不同施工企业在项目经理部中的岗位设置是不同的,应根据本企业的具体情况设置相关岗位和职责。

为便于阅读,列表 7-9 如下。

项目经理部各岗位成本管理职责　　　　　表 7-9

岗　位	主要职责
预算员	编制两算,办理项目增减账,负责外包和对外结算;提供分部完成工程量统计表,进行工程变更的成本控制
技术员	参与编制施工组织设计、优化施工方案,负责落实各项技术节约措施,提供技术措施节约实物量报表
劳动定额员	验收施工任务单,严格控制定额用工;提供人工分析表,核发工资、奖金、外包应付账单
施工员	编制各类施工进度计划,签发施工任务单;控制施工工期和负责做好项目统计工作
机管员	负责编制各类机械台班使用计划,提供各类机械实际使用台班资料,提高机械完好、利用率;负责外来机械的租赁费的控制

续表

岗　位	主要职责
材料员	编制各类材料需用计划，负责限额发料、进料验收及台账记录，负责提供材料耗用月报、周转材料租用单及各类供料的验收资料，控制材料采购成本
质检员	控制质量成本，提供为提高质量而发生的实物量统计表及返修、奖惩资料
行政事务员	负责项目行政事务工作，包括行政报销、办公、生活等方面工作，以及文书档案管理
安全环保员	负责保持场容整洁，检查班组落手清工作，落实修旧利废节约代用等降低成本措施，负责安全宣传教育，落实安全措施，预防事故发生
成本员	负责编制项目目标成本（成本计划），正确、及时核算项目实际成本，及时提供成本资料，进行分部、分阶段的三算分析，编制成本报表
机械管理员	建立机械设备使用台班台账和机械设备、水电费用台账；根据月度计划工作量编制机械设备使用计划和控制目标；合理利用机械设备，减少设备闲置；提供月度机械费控制情况分析资料

7.3 责任成本目标的确定

由于施工对象的不同，项目管理实践中确定项目经理责任成本的方式也有很大差异。通常有如下三种方式：

（1）"合同额减去若干百分点"的方式

这种方式的优点是操作简单，企业一经签订合同可以立即确定项目经理的责任成本。但缺点也是显而易见的，就是忽略了企业的战略成本和营销成本。因为企业在决定投标某一项工程时，其战略出发点是不同的，有时在进入某一新的领域或新的地区时，往往采取低价中标的策略，以在该新领域或新地区尽快立足为首要考虑，低价策略、甚至亏损策略都是"企业行为"，不应"转嫁"给项目经理。另一方面，由于企业的市场信誉和良好的客户关系，可能在某一成熟市场或客户签了一个高质量的合同，从合同中就可以预见可观的经济效益，其实这里面有企业的"营销利润"，这部分也同项目经理无关，在确定项目经理责任成本时这部分应当事先扣除。以"合同额减去若干百分点"的方式确定项目经理的责任成本无法顾及上述两种情况，因此是不够科学合理的。

（2）企业同项目经理谈判的方式

这种方式的优点是充分照顾了项目经理的利益，能有效地调动项目经理的积极性。但缺点也十分明显。这是因为项目部并非一级法人，同作为法人的企业"坐在谈判桌前"其实地位是并不平等的，也是不可能平等的。实践中往往可以看到这样的情况：项目经理同公司"讨价还价"，责任成本目标迟迟定不下来，直接影响了项目施工的正常进行。有的企业领导人甚至感叹：确定项目经理的责任成本目标"真是天下第一难"！例如，有的企业规定："项目的成本降低率由项目测算，经分公司完成初审后报公司审核，经公司成本委员会评审审批后确定。"结果，公司往往会在项目经理"测算"后报公司的数据上"加码"：项目经理若上报"成本降低2%"，公司一定会批复为"成本降低3%"，理由是项目经理"肯定打了埋伏"，至于这增加的一个百分点是否合理、合适，则很少有人过问。长此下去，项目经理都有了"经验"，每次都尽量少报，以备公司"加码"。项目经理同公司的关系成了一种"博弈"。

(3) "标本分离"的方式

所谓"标本分离"，即指中（议）标价或合同价与项目责任成本相互分开考核方式。"标"是指承包人（施工企业）向发包人（业主，俗称甲方）承诺并获得认可的完成所承包内容需发包人支付的工程款项，一般表现为企业中标后所签订的工程承包合同价格。"本"是指在既定的施工环境和市场条件下，根据企业现有的生产力水平、管理特点，按企业费用支出标准计算，由项目部为完成工程合同义务而支出的各项费用总和，即项目的责任成本。

"标本分离"的模式遵循了以下几个原则：

① 项目部不承担投标风险。投标风险是指企业在组织工程投标过程中，投标预算与实际施工预算相比高出或亏损的那一部分不列入项目经理的责任成本计算中，避免项目经理在成本预测阶段无形中就获得盈利或承担亏损。

项目部不承担投标风险，是因为投标时盈利或亏损，是企业根据经营情况采取的相应策略或手段所致，是企业行为而非项目行为。

② 项目部不承担市场风险。市场风险是指项目实施过程中，由于外部市场的变化，引起劳务或材料等价格的上涨或下跌，由此产生的盈利或亏损不由项目部承担。在测算项目经理责任成本时，劳务、材料、机械租赁的价格都是按照公司的内部定额进行测算。但由于内部定额无法同步跟上市场的变化，在以后的实际施工过程中，无论建设单位是否与企业进行再调整，企业都必须根据当时的劳务市场价格和材料价格对项目责任成本中的人工费、材料费等进行再调整。

项目部不承担市场风险，是因为项目部的运作是在企业内部市场内的运作，而不是在社会市场上的运作。同时，项目经理部是企业派驻管理工程项目的一次性管理机构，项目完工后项目经理部即解体，它既没有固定资产，也没有其他利润来源，不具备承担市场风险的能力。

③ 项目部必须承担管理风险。管理风险是指在项目施工过程中因管理水平的高低直接影响项目成本升降，从而导致项目盈亏。这种与项目管理水平直接关联的费用，必须由项目部自己承担。

④ 项目部必须承担技术风险。技术风险是指在工程项目施工组织设计中，企业以"投标施工组织设计"确定了在该工程上采用的方案、工艺、技术，这种投标的施工组织设计无法及时应对工程实施过程中可能出现的各种变化，如设计变更等，项目部在实际施工过程中会应用各种替代方案应对可能的各种变更等，由此引起的成本变化当然要由项目部承担，以此迫使项目管理人员"先算后干"。

⑤ 直接发生制原则。哪些费用进入责任成本范围，哪些费用不进，在确定项目责任成本目标时按直接发生制的原则来确定。对于施工预算中的各项费用，预测该项费用在施工过程中将会发生时，大多列入责任成本范围，然后测算其发生的比例。这部分费用主要有人工费、材料费、机械费、部分管理费等。如果预测该项费用在项目施工中不会发生时，则不列入责任成本范围，也不测算其比例，而由企业统一收取，发生时由企业统一支付。

遵循这样一些原则，责任成本指标的确定会比较准确、合理，不仅可以平衡项目部之间的"肥瘦"，使项目部之间的竞争处于同一水平线上，而且有利于挖掘项目的潜力，调动项目的积极性，促使项目向技术和管理要效益。

案例 7-5：××工程责任成本测算书

说明：

1. 本测算是根据××项目工程量清单及项目将发生的各类费用编制的。

2. 合同内自行完成工程：56453160.06 元（含合价包干项目），分包工程：19889228 元，安装工程：11668020.43 元。

3. 会所建筑面积：3406m^2，D栋建筑面积：55953m^2。

4. 承包范围：按主合同要求施工。

5. 分包工程：安装工程、基坑支护、土石方开挖、人工挖孔桩成孔、防水工程、乳胶漆、精装修（不含外墙装修）、市政管道工程、金属工程、厨房排烟井道、卫生间洁具等。

一、人工费

A. 人工费预算收入：9260849 元（按"99定额"抽料，仅供参考）

B. 人工费计划支出：8776437.31 元（详见人工费计划支出附表，此处略）

计划人工费节超：9260849 元－8776437.31 元＝484411.69 元

二、机械费

A. 机械费预算收入：4179884.42 元（按"99定额"抽料，仅供参考）

机械费直接费：5971263.45 元

机械费预算收入小计：5971263.45×70%＝4179884.42 元

B. 机械费计划支出：3717724.08 元

① 机械费租赁台班费：2349585.00 元（详见附表，此处略）

② 预估机械修理及配件费：7000 元/月×14.5 月＝101500 元

　　　　　　　　　　　　1000 元/月×24.0 月＝24000 元

③ 操作人员工资及奖金：603800.00 元

机操工：15 人×1000 元/(月·人)×16 月＝240000.00 元

电工：4 人×1100 元/(月·人)×24 月＝105600.00 元

对焊工：1 人×1200 元/(月·人)×17 月＝20400.00 元

塔吊工：12 人×1200 元/(月·人)×14.5 月＝208800.00 元

机修工：2 人×1000 元/(月·人)×14.5 月＝29000.00 元

④ 预算燃油及电费：638839.08 元

汽油：10026.8kg×3.38 元/kg＝33890.58 元

柴油：26955kg×3.07 元/kg＝82751.85 元

电费：614349 度×0.85 元/度＝522196.65 元

机械费计划支出小计：①＋②＋③＋④＝3717724.08 元

计划机械费节超：4179884.42 元－3717724.08 元＝462160.34 元

三、材料费

A. 预算材料费总额：31615723.52 元

B. 计划材料费节约：1873948.72 元

① 自购材料降低成本：513515.25 元（详见附表，此处略）

② 钢筋节余：(824.01×2315＋3594.9×2492＋955×2492)×1％＝132459.34 元

③ 模板计划节约：361210.08 元

模板预算收入：1993170.08 元

模板支出：1631960.00 元

a. 夹板（1830mm×915mm×18mm 胶合板）：

　　　　　15200 张×69 元/张×90％＝943920.00 元

b. 木枋（50mm×100mm）：496m^3×700 元/m^3×70％＝243040.00 元

c. 钢管租赁费：270t×90 元/(t·月)×10 月＝243000.00 元

d. 扣件租赁费：54000 个×0.3 元/(个·月)×10 月＝162000.00 元

e. 穿墙螺杆：25t×3200 元/t×50％＝40000.00 元

模板支出小计：1631960.00 元

模板节约：1993170.08 元－1631960.00 元＝361210.08 元

④ 混凝土搅拌站降低成本（详见附后，此处略）

混凝土可节约成本：896764.05元

⑤ 防护钢筋：30t×1000元/t=30000.00元

材料节约总计：①+②+③+④-⑤=1873948.72元

项目材料费总支出：31615723.52元-1873948.72元=29741774.80元

其中：主材：28128774.50元，副材料：1613000.30元。

四、脚手架计划节约：466656.46元

脚手架预算收入：1624212.06元

脚手架计划支出：1157555.60元

a. 钢管租赁费（地下室）：81.52t×90元/(t·月)×3月=22010.40元

b. 扣件租赁费（地下室）：12228个×0.3元/(个·月)×3月=11005.20元

c. 钢管租赁费（会所、首层）：75.64t×90元/(t·月)×4月=27230.40元

d. 扣件租赁费（会所、首层）：15128个×0.3元/(个·月)×4月=18153.60元

e. 钢管租赁费（塔楼）：82.8t×90元/(t·月)×8月=59616.00元

f. 扣件租赁费：(塔楼) 16560个×0.3元/(个·月)×8月=39744.00元

g. 外爬架爬升机构：44322m^2×18元/m^2=797796.00元

h. 1.8m×6m安全立网：52元/张×1500张=78000.00元

i. 3m×6m安全平网：130元/张×800张=104000.00元

脚手架支出：1157555.60元

脚手架节约：1624212.06元-1157555.60元=466656.46元

五、管理费支出：1036800.00元

管理人员工资及奖金：18人×1900元/(人·月)×24月=820800.00元

保卫人员工资及奖金：4人×750元/(人·月)×24月=72000.00元

办公及招待费：6000元/月×24月=144000.00元

合计：1036800.00元

六、分包管理费及包干费（文明施工费、安全措施费、项目总包管理配合费、污水处理费、工程保修费、保险费、树木保护费）：600000.00元

七、夜间、雨期施工增加费：295926.15元

八、试验费：100000.00元

九、临建费：380000元（按大型项目考虑）

十、交通费及电话包干费：1000元/月×24月=24000.00元

十一、项目实际发生费用：49643908.52元

人工费：8776437.31元

机械费：3717724.08 元

材料费：29741774.80 元

脚手架：1157555.60 元

管理费：1036800.00 元

包干费：600000.00 元

夜间、雨季施工增加费：295926.15 元

试验费：100000.00 元

临建费：380000.00 元

交通费及电话包干费：24000.00 元

费用支出小计（一＋二＋…十一）45830217.94 元

项目责任成本：45830217.94×(1＋5％)元＝48121728.84 元

案例 7-5 中，项目的责任成本占合同价的比例为 85.24％，即：
$$48121728.84 \div 56453160.06 \times 100\% = 85.24\%$$

既非许多企业的"合同价扣掉 10％"，也非讨价还价得出的"降低成本 3％"之类。因此它是较为科学合理的。

7.4 成本管理的流程

成本管理的主要流程如图 7-1 所示。

（1）项目投标成本估算（测算）与审核应在充分理解招标文件的基础上，进行拟建工程的现场考察（踏勘）后进行。

（2）项目部成立后 30 天内，确定项目经理的责任成本目标并由公司（分公司）和项目部签署项目成本目标责任书（可含在总的《项目管理目标责任书内》）。

（3）正常情况下，项目部全面完成目标考核成本，公司提取项目超额利润部分的 30％～70％作为超利润效益奖给项目部（项目部的具体提奖比例另定），公司另提取项目超额利润部分的 5％奖给公司（分公司）相关职能部门。项目结算奖励根据项目结算难度及结算效果由公司成本管理委员会在与结算小组签订结算责任书时另行约定。特殊情况下，项目部全面完成目标考核成本后，项目终结审计兑现时由公司成本委员会讨论决定项目部超利润效益奖。

（4）所有新开项目必须在项目部成立后 30 天内完成商务策划书的编制并报批。其中 A 类项目商务策划书由分公司审核后报公司审批；B、C 类项目商务策划书由分公司审批后报公司商务管理部门备案。

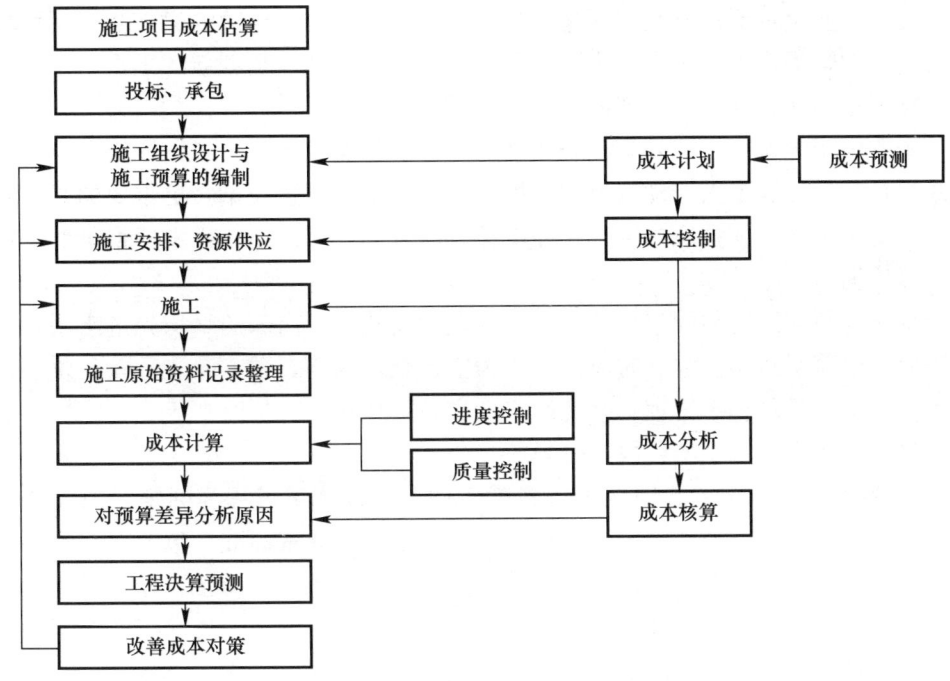

图 7-1　项目成本管理流程

（5）项目部至少每季度开展一次成本分析活动。项目季度成本分析活动的实际成本费用归集节点一般为每季度最后一个月的 25 日。项目成本分析活动由项目商务经理或商务负责人组织主持。

（6）项目竣工时，公司（分公司）总经济师或主管副总经理组织项目部、公司（分公司）商务管理部门、财务资金部门、材料设备部门核算项目的实际成本并开展竣工项目成本总结，并及时将书面资料上报公司商务管理部。填写竣工项目经济指标分析表，及时报送公司商务合约部，作为制订结算目标的依据。

（7）项目结算审定后 30 天内，分公司总经济师或主管副职组织编写竣工结算分析报告，及时报送公司商务合约部。

7.5　成本管理的基础工作

7.5.1　企业内部定额

企业内部定额是指施工企业根据本企业的施工技术和管理水平，以及有关工程造价资料制定的，供本企业使用的定额。

编制企业定额能够满足工程量清单计价的要求，内部定额的建立和运用可以提高企业的管理水平和生产力水平，是推广先进技术和鼓励创新的工具，建立企业定额还是加速企业综合生产能力发展的需要。

企业定额的作用，一是施工企业计划管理的依据，是组织和指挥施工生产的有效工具，是计算工人劳动报酬的依据，有利于推广先进技术。更重要的是，它是编制施工预算，加强成本管理和经济核算的基础，是编制工程投标报价的基础和主要依据。

企业定额编制要与国家规范保持一致性，反映企业内部的平均先进水平，内容和形式要简明适用。编制时应以专家为主，全员参与，独立自主，量、价、费分离，实事求是的动态管理，坚持稳定性和时效性相结合的原则。

（1）企业定额体系的构成与分类

① 施工消耗量定额。即在正常施工条件下，以施工过程为标定对象而规定的单位合格产品所需消耗的人工、材料、机械台班的数量标准。包括工程实体消耗量定额，即构成工程实体的分部分项工程的人工、材料、机械的消耗量标准，以及措施性消耗量定额，及有助于工程实体形成的临时设施、技术措施等消耗量标准。它是直接用于建筑施工管理中的一种定额。由劳动定额、材料消耗定额、施工机械台班使用定额三部分组成。

② 费用定额。主要是指施工过程中不以人工、材料、机械消耗量形式出现的费用，即在建筑施工生产过程中所支出的措施费、企业管理费、利润和税金等费用标准的总称。主要包括措施费定额，即为完成工程项目施工，发生于该工程施工前和施工过程中非工程实体项目的措施费用标准；企业管理费定额，指建筑安装企业组织施工生产和经营管理所需费用标准；利润定额，即施工企业完成所承包工程获得的盈利标准；规费定额，即政府和有关权力部门规定必须缴纳的费用标准；税金定额，即按国家税法规定由施工企业代收税金的标准。

③ 投标报价定额。指在正常施工条件下，以施工过程为标定对象而规定的单位合格产品所需消耗的人工、材料、机械台班数量及其费用的标准。

企业内部定额的制定有定额修正法、统计分析法、经验估计法、写实测定法和理论计算法等方法，不论哪种方法，都应在参照《建设工程工程量清单计价规范》、《全国统一建筑工程基础定额》、《建筑工程消耗量定额》、《全国统一施工机械台班费用定额》等国家和地方相关定额的基础上，基于企业的历史数据编制完成。企业定额体系的编制要得到企业领导的全面支持，企业全员全过程的配合和参与，建立强有力的组织机构并建立合理的激励机制才能完成。

（2）企业内部定额的编制程序

企业内部定额编制程序见表7-10。

企业内部定额编制程序　　　　　　　　　　　　　　　表 7-10

1. 确定定额子目的实物消耗量	第一步，由定额编制专家组根据《建设工程工程量清单计价规范》、《全国统一建筑工程基础定额》、《建筑工程消耗量定额》，结合企业自身的施工管理习惯、内部核算方式和惯例、投标报价方式和惯例确定所需编制定额的步距和工程内容
	第二步，由定额编制人员根据《建设工程工程量清单计价规范》、《全国统一建筑工程基础定额》、《建筑工程消耗量定额》，结合定额编制专家组确定的所需编制定额的步距和工程内容对《全国统一建筑工程基础定额》、《建筑工程消耗量定额》中的定额子目进行拆分或整合，形成初步的施工消耗量定额、投标报价定额子目清单及对应的定额子目的实物消耗量
	第三步，将初步的施工消耗量定额、投标报价定额子目清单及对应的定额子目的实物消耗量，报送工程技术管理专家和企业内各工程处征求意见并对各方面的意见进行汇总，提交定额编制专家组讨论
	第四步，定额编制专家组对各方面的意见进行讨论后拿出修订方案，定额编制人员将施工消耗量定额、投标报价定额子目清单及对应的定额子目的实物消耗进行修订后报定额编制专家组审定，企业领导审批
2. 确定定额子目中基础单价和工程单价	有定额编制人员根据企业内部情况结合市场价格编制人工工资单价，材料价格，机械台班单价，并报专家审定，企业领导审批定额编制人员根据施工消耗量和对应单价确定分部分项工程直接工程费单价
3. 确定费用定额指标及综合单价	确定不同类型工程各项费用指标 确定分部分项工程消耗的管理费和取得的利润值
4. 开发定额管理的应用软件	

企业定额人工消耗指标的确定可按表 7-11 的要求。

企业定额人工消耗指标的确定程序　　　　　　　　　　表 7-11

第一步	搜集资料并分析整理，计算预算定额人工消耗水平与企业实际人工消耗水平
第二步	用预算定额人工消耗量与企业实际人工消耗量对比，计算工效增长率
第三步	计算施工方法对人工消耗的影响
第四步	计算施工规范及施工验收标准对人工消耗的影响
第五步	计算新材料、新工艺对人工消耗的影响
第六步	计算劳动的技术装备程度对人工消耗的影响
第七步	其他影响因素的计算
第八步	关键项目和关键工序的调研
第九步	确定企业定额水平，编制人工消耗指标

（3）编制企业定额应该注意的问题

① 企业定额从编制到施行，必须经过科学、审慎的论证。

② 企业应该设立专门的部门和组织，及时搜集和了解各类市场信息和变化因素的具体资料，对企业定额进行不断地补充、完善和调整。

③ 对企业定额要进行科学有效的动态管理，建立完整的定额库和资料库，

针对不同的工程，灵活使用企业定额。

④ 编制企业定额时，应考虑政府对企业的各项管理费用。

⑤ 企业定额要尽可能做到多种计价模式都能兼容。

⑥ 要了解政策，调整思路，紧跟市场，尽早制定和完善适合本企业使用的企业定额。

企业定额管理系统结构如图7-2所示。

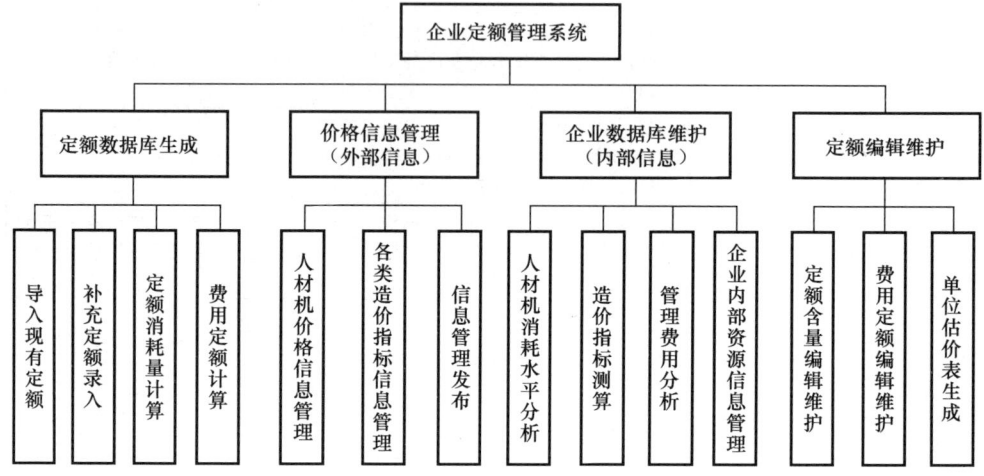

图7-2　企业定额管理系统结构图

案例7-6、案例7-7、案例7-8为企业各类内部定额的案例。

案例7-6：某装饰公司干粘石施工综合定额见表7-12

干粘石施工综合定额　　　　　　　　　　　　表7-12

工作内容：包括清扫、打底、弹线、嵌条、筛洗石渣、配色、抹光、起线、粘石等。　　　　单位：10m²

编号	项目			人工			水泥	砂子	石渣	108胶	甲基硅醇钠
				综合	技工	普工			kg		
147	墙面墙裙			2.62	2.08	0.54	92	324	60		
148	混凝土墙面	不打底	干粘石	1.85	1.48	0.37	53	104	60	0.26	
149			机喷石	1.85	1.48	0.37	49	46	60	4.25	0.4
150	柱		方柱	3.96	3.1	0.86	96	340	60		
151			圆柱	4.21	3.24	0.97	92	324	60		
152	窗盘心			4.05	3.11	0.94	92	324	60		

附注：1. 墙面（裙）、方柱以分格为准，不分格者，综合时间定额乘0.85。

2. 窗盘心以起线为准，不带起线者，综合时间定额乘0.8。

案例 7-7：某装饰公司水泥砂浆抹灰投标报价定额见表 7-13

水泥砂浆抹灰投标报价定额　　　　　　　　　　　　　　表 7-13

工作内容：（1）清理、修补、湿润基层表面，堵墙眼、调运砂浆、清扫落地灰。
　　　　　（2）刷浆、抹灰找平、洒水湿润、罩面压光。

定额编号				13-11		13-12		13-13		13-14	
项目		单位	单价	墙面、墙裙抹水泥砂浆							
				砖墙				混凝土墙			
				外墙		内墙		外墙		内墙	
				数量	合价	数量	合价	数量	合价	数量	合价
综合单价		元		111.19		98.52		116.02		103.33	
其中	人工费	元		45.50		40.04		48.62		43.16	
	材料费	元		45.61		40.56		46.25		41.18	
	机械费	元		2.37		2.26		2.31		2.21	
	管理费	元		11.97		10.58		12.73		11.34	
	利润	元		5.74		5.08		6.11		5.44	
二类工		工日	20.00	1.75	45.50	1.54	40.04	1.87	48.62	1.66	43.16
材料	013004	水泥砂浆 1:2.5	m^3	199.26	0.086	17.14	0.082	16.34	0.086	17.14	0.082	16.34
	013005	水泥砂浆 1:3	m^3	176.30	0.142	25.03	0.136	23.98	0.135	23.80	0.129	22.74
	013077	801胶素水泥浆	m^3	468.22					0.004	1.87	0.04	1.87
	401029	普通成材	m^3	1599.00	0.002	3.20			0.002	3.20		
	613206	水	m^3	2.80	0.086	0.24	0.084	0.24	0.085	0.24	0.083	0.23
机械	06016	灰浆拌和机 200L	台班	51.43	0.046	2.37	0.044	2.26	0.045	2.31	0.043	2.21

案例 7-8：某市政路桥公司内部定额（局部）（表 7-14～表 7-21）

第 200 章　路基　　　　　　　　　　　　　　　　　　　　　　　表 7-14
2-1　清除表土
工作内容：机械清理、表土清理出路基范围、平整、压实。　　　　（单位：1000m^2）

项目	单位	稻田	耕地（有青苗）	耕地（无青苗）
基价	元	1000	220	150

2-2　挖除非适用材料　　　　　　　　　　　　　　　　　　　　　表 7-15
工作内容：机械装车、运输、卸车、平整、运距 3km 以内。　　　　（单位：m^3）

项目	单位	普通非适用材料	淤泥	每增加 1km
基价	元	6	12	0.6

2-3 路基填筑 表7-16

工作内容：整修便道、爆破、挖土、装车、运输（运距3km以内）、卸车、平整、晾晒、压实、检测修整边坡、边沟开挖。（不包括土场降水） （单位：m³）

项目	单位	土方	石方	土方每增加1km	石方每增加1km	弃方外运
基价	元	10	22	0.7	1.2	16

项目	单位	弃方外运每增加1km	路基石灰土（不包括石灰材料）
基价	元	1.2	16

2-4 软土地基处理 表7-17

2-4-1 粉喷桩、强夯

工作内容：机械调配、钻孔、喷粉（喷粉量按设计用量计算）、养生、夯实、检测。（单位：m、m²）

项目	单位	粉喷桩	强夯	
		人工、机械费（不包括水泥）	1000km	1500km
基价	元	12	11	

2-4-2 预应力管桩 表7-18

工作内容：机械调配、打桩。 （单位：m）

项目	单位	预应力管桩（$D=30cm$）	预应力管桩（$D=40cm$）
		人工、机械费	人工、机械费
基价	元	15	16.5

2-4-3 土工隔栅、无纺布、复合土工布 表7-19

工作内容：平整场地、人工摊铺。 （单位：m²）

项目	单位	土工隔栅A、B		无纺布		复合土工布	
		用料系数	人工、机械费	用料系数	人工、机械费	用料系数	人工、机械费
基价	元	*1.05	1	*1.1	1	*1.1	1

2-4-4 土工膜（真空预压） 表7-20

工作内容：平整场地、人工摊铺。 （单位：m²）

项目	单位	土工膜（二层）					
		用料系数	人工、机械费	材料费	人工、机械费	材料费	人工、机械费
基价	元	*1.25	7				

2-4-5 塑料排水板、砂（碎石）桩、沉管灌注桩 表7-21

工作内容：插打费。 （单位：m）

项目	单位	塑料排水管				砂（碎石）桩	沉管灌注桩
		深（m）	宽（cm）		损耗		
			10	15			
		10-15	0.75	0.85	1.1	15	
基价	元	15-20	0.7	0.8	1.08		

7.5.2 企业标准

企业标准是对企业范围内需要协调、统一的技术要求、管理要求和工作要求所制定的标准。《中华人民共和国标准化法》规定：企业生产的产品没有国家标准和行业标准的，应当制定企业标准，作为组织生产的依据。企业的产品标准须报当地政府标准化行政主管部门和有关行政主管部门备案。已有国家标准或者行业标准的，国家鼓励企业制定严于国家标准或者行业标准的企业标准，在企业内部适用。

企业标准有以下几种：

(1) 企业生产的产品，没有国家标准、行业标准和地方标准的，制定的企业产品标准。

(2) 为提高产品质量和技术进步，制定严于国家标准、行业标准或地方标准的企业产品标准。

(3) 对国家标准、行业标准的选择或补充的标准。

(4) 工艺、工装、半成品和方法标准。

(5) 生产、经营活动中的管理标准和工作标准。

企业标准化是企业生产、经营、管理的重要组成部分，有利于加快新产品的研究开发，缩短生产周期，有利于节约原材料和能源，也是稳定和提高产品质量的重要保证和不断提高企业技术水平的重要途径。

在建筑企业中编制并实施项目管理标准，可以把项目管理的成功做法和经验，通过在相同或相似管理模块内进行管理复制，使项目管理实现从粗放式到制度化、规范化、流程化的方式转变，从而达到降本增效的目的。这种作用主要体现在以下几方面：

(1) 企业标准能够将复杂的问题流程化，模糊问题具体化，分散的问题集成化，成功的方法重复化，实现工程建设各阶段项目管理工作的有机衔接，整体提高项目管理水平。

(2) 通过总结项目管理中的成功经验和做法，不断丰富和创新项目管理方法和企业管理水平。

(3) 通过对项目管理经验在最大范围内的复制和推广，搭建起项目管理的资源共享平台，从而避免重复地试验、研制、开发。

(4) 通过在每个管理模块内制定相对固定统一的现场管理制度、人员配备标准、现场管理规范和过程控制要求等，最大限度地节约管理资源，减少管理成本。

(5) 通过推行统一的作业标准和施工工艺，有效避免施工过程中的质量通病和安全死角，为建设精品工程和安全工程提供保障。

(6) 通过对项目管理中的各种制约因素进行预先规划和防控，有效减少各种风险，避免重蹈覆辙。

（7）通过建立标准的岗位责任制和目标考核机制，对员工进行统一的绩效考量。

案例 7-9：某建筑公司施工现场安全管理标准图录（局部）（图 7-3）

第一节、水平洞口防护

1、边长在 25~200mm（含200mm）的水平洞口防护

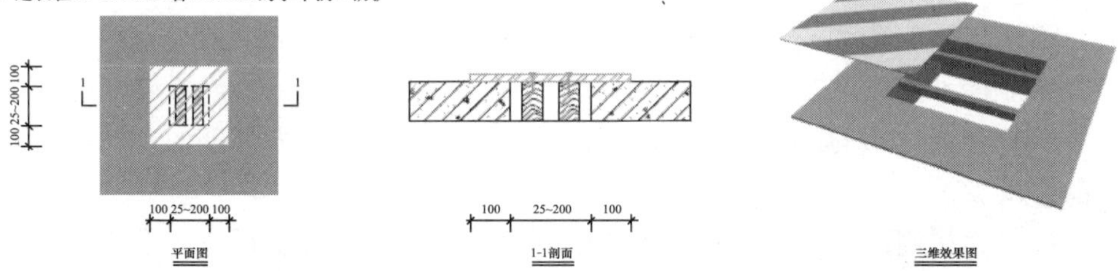

2、边长在 200~500mm（含500mm）的水平洞口防护

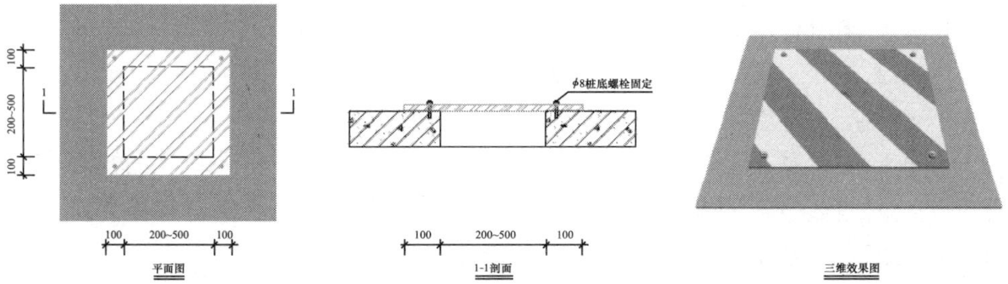

3、边长在 500~1500mm（含1500mm）的水平洞口防护

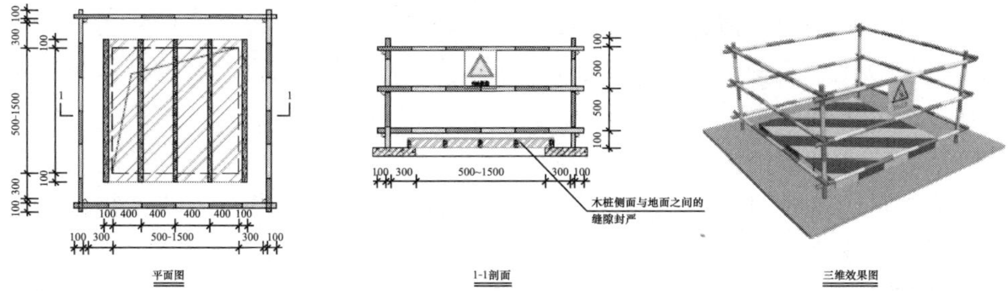

4、边长在 1500mm 以上的水平洞口防护

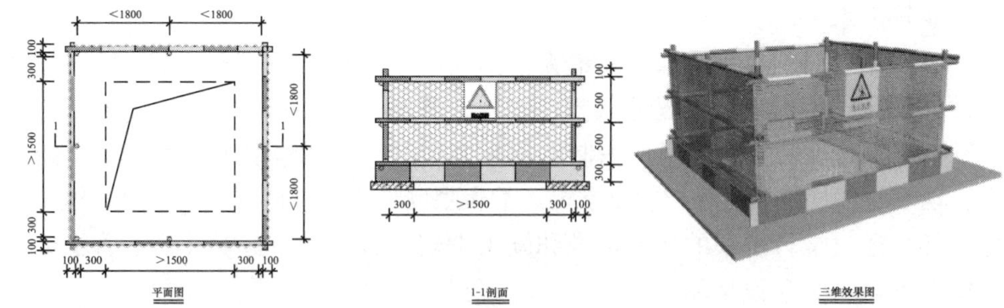

图 7-3　施工现场安全管理标准图

7.5.3 记录表单

项目成本管理的记录和表单除本章第 7.1.3 节和案例 7-3 所述外，还应包括为成本管理全过程中需记录、收集和分析的相关数据设计的各类表单。主要有：

(1) 成本估算和预测类记录和表单。
(2) 项目策划类记录和表单。
(3) 变更、签证类记录和表单。
(4) 项目管理过程控制、检查、审计类记录和表单。
(5) 用于成本分析和考核的原始记录和表单。
(6) 其他。

参 考 文 献

[1] 全国一级建造师执业资格考试用书编写委员会. 建设工程项目管理. 北京：中国建筑工业出版社，2011.

[2] 任汉波，李书源. 建设项目成本控制与案例. 北京：中国铁道出版社，2011.

[3] 朱宾梅. 施工企业会计. 北京：冶金工业出版社，2005.

[4] 任汉波，赵连奎，沙明元. 工程项目责任成本管理与控制. 北京：中国建材工业出版社，2001.

[5] 李书源，高晓兵. 工程项目经济核算与成本控制. 北京：中国铁道出版社，1993.

[6] 叶浩文，邹俊，王灵伦，余川华. 工程成本控制操作方法. 武汉：武汉工业大学出版社，1996.

[7] 何成旗，鲍广鉴. 钢铁铸就辉煌. 武汉：武汉工业大学出版社，1997.

[8] 何清华. 项目管理案例，北京：中国建筑工业出版社，2008.